ㅣ내일안
당에잠아나서
니다. :)"
, (오타없) -

군검사 도베르만 1

군검사 도베르만 1

지은이 윤현호
펴낸이 임상진
펴낸곳 (주)넥서스

초판 1쇄 인쇄 2022년 5월 13일
초판 1쇄 발행 2022년 5월 20일

출판신고 1992년 4월 3일 제311-2002-2호
10880 경기도 파주시 지목로 5 (신촌동)
Tel (02)330-5500 Fax (02)330-5555

ISBN 979-11-6683-272-7 14680

www.nexusbook.com

너의 충실한
사냥개가 되어주마

군견사
도베르만 1

윤현호 대본집

BOOK CAT

차례

작대기 하나의 이등병부터 다섯 개의 별을 단 참모총장까지,
범죄자가 군인이라면 민간 법원이 아닌 군사법원에서만
그 죄를 물을 수 있다.

그동안 숱한 법정물이 쏟아졌어도 군인이 범죄자 혹은 피해자로
법정에 등장하는 드라마를 찾기 힘든 이유가 여기에 있다.
군사법원이 메인 무대였던 드라마가
지금껏 단 한 편도 없었기 때문이다.

군사법원은 문자 그대로 '군인들만의 세상'이다.
피고인부터 피의자, 검사, 심지어 판사까지
모조리 군대의 계급으로 엮여 있다.

판사가 판결을 내렸어도 판결문의 잉크가 채 마르기도 전에
부대의 책임 지휘관이 마음대로 형량을 줄일 수 있다.

〈군검사 도베르만〉은 돈과 복수를 위해 군대에 온 두 군검사가
군대 내 거악을 물리치고
정의를 바로 세우는 한국 최초의 군법정 드라마다.

계급의 무게에 따라 진실의 저울도 달리 움직일 수 있는 군대를
무대로 기존 법정물이 한 번도 보여 주지 않은 군법정을
처음으로 조명해 보고자 한다.

작가의 말

드라마 〈군검사 도베르만〉의 시작은 영화 〈변호인〉이었습니다.

〈변호인〉 시나리오를 쓰기 위해 70–80년대 법정을 취재하면서 군사법원이라는 공간을 접했습니다. 법률 지식이 전혀 없는 부대 지휘관이 군판사석에 앉아 판결을 내리고, 이미 내려진 판결을 부대 지휘관이 재량으로 죄를 감경할 수 있는 곳.

군인들의 죄는 군인이 해결하도록 제도화된 그 폐쇄성이 충격으로 다가왔으며, 언젠가 군사법원을 무대로 드라마를 써 보자 마음을 먹게 되었습니다.

그사이 다른 작품들을 쓰느라 시간이 지나는 동안 군사법원은 개정안을 통해 불합리한 조항들을 많이 덜어 냈습니다. 참으로 다행스러운 일이라고 생각됩니다.

〈군검사 도베르만〉은 제게 너무나 특별하고 의미 깊은 작품입니다. 제 기억에 총알처럼 박혀 있던 GOP에서의 복무 경험을 끄집어내 봤기 때문입니다. 코로나 발발과 더불어 2년 동안 작업실에 갇혀 대본을 쓴 때문인지는 몰라도 방송을 끝낸 지금 마치 두 번째 전역을 한 느낌입니다.

대본을 쓰는 내내 동고동락하며 모든 순간을 함께해 준 윤 주, 박다영, 추문정 작가.
험난한 일정과 코로나 속에서도 최고의 연출을 해 주신 진창규 감독님.
안보현, 조보아, 오연수, 김영민, 김우석 배우님을 비롯한 전체 배우님들.
스튜디오 드래곤의 이혜영 CP님과 이명진 PD님.
로고스필름의 박송해 총괄PD님과 채은누리 PD님.
법률 자문 해 주신 이지윤, 박지훈 변호사님.
이분들과 함께한 시간이 참으로 즐거웠습니다.

더불어 〈군검사 도베르만〉을 본방 사수 해 주신 시청자들께 진심으로 감사의 마음을 전합니다.

2022. 윤현호 올림

군검사 도베르만

인물관계도

볼트
노태남
반려견

용문구
로맨원
대표변호사

양종숙
부관

마군
적군

노태남
IM 디펜스
회장

설악
해결사

노화영
4사단
사단장

애국회

이재식
국방부
장관

홍무섭
4군단
군단장

원기춘
4사단 수색
대대장

안수호
4사단 병장

도배만
군검사

차우인
군검사

강하준
강스솔루션 대표

염상진
58사단 군수사관

서주혁
법무참모

윤상기
군수사관

안유라
군수사관

4사단 법무실

도배만(안보현)
| 미친개 군검사

"나 알지? 한번 물면 절대 안 놓는 거."

전역을 앞둔 육군 4사단 소속 법무장교. 계급 대위. 보직은 군검사.

10살 때 사고로 군인인 부모를 잃고 고모 손에 컸다. 중졸 학력으로 사법시험에 합격해 이제 좀 흙수저 탈출인가 싶었지만, 서초동 거대 로펌들은 중졸 학력에 썩은 개천 출신 도배만을 쳐다보지도 않았다. 하지만 여기서 포기한다면 '도베르만'이라는 별명이 붙을 리 없다. 무조건 성공으로 직행할 지름길을 찾는다!

그런 도배만의 앞에 국내 굴지의 대형 로펌 로앤원의 대표 변호사 용문구가 손을 내민다. 자신의 밑에서 5년간 군검사로 일해 준다면 고연봉과 로앤원 파트너 변호사로 스카우트하겠다는 제안이다. 군인이었던 부모의 사고로 인해 군대에 대한 강한 반감과 응축이 있었던 도배만은 돈을 위해 딱 5년만, 상처에 정면으로 맞서 군복을 입기로 한다.

직구가 안 통하면 변화구를 던지고 변화구가 안 되면 벤치클리어링이라도 일으켜 이길 판을 만들고 마는 투견 같은 성격. 남다른 근성과 능수능란한 언변, 잡초 같은 적응력, 짐승 같은 촉, 누구보다 뛰어난 만렙의 자기애. 도배만은 자신만의 무기로 날아다닌다. 그야말로 '로열' 한 목적으로 군대에 끌려온 로열패밀리의 자식들이 복무 중에 치는 각종 사건 사고들의 해결사로 등판한다. 계급사회의 끝판왕인 군대에서 높은 신분들이 마음 편히 갑질하도록 군검사 권력을 사적으로 이용한다. 검사로는 썩어 빠졌고 군인으로는 군기 빠진—돈만 잘 버는 군검사 도배만. 그에게 군대는 돈벌이 수단 그 이상도 이하도 아니었다.

그렇게 5년 뒤, 드디어 군검사 전역을 한 달 남겨 둔 말년장교 도배만. 퀴퀴한 국방색 군복을 벗어던지고 명품 슈트발 날리며 '민간인 법조계'에 화려하게 복귀할 순간만 기다리고 있는데, 신임 군검사 차우인의 등장으로 강력한 브레이크가 걸린다.

차우인(조보아)
| 일급 조련 군검사

"약한 척하지 마, 더 맞기 싫으면."

육군 4사단 법무실 신참 법무장교. 계급 대위. 보직은 군검사.

군대 안에서 자신이 맡은 사건을 수사할 때면 계급이 높든 말든 틀린 건 하나하나 따지고 조목조목 반박하는 담대함을 가졌다. 강한 눈빛에 당당한 태도는 어디에 있든 어떤 제복을 입고 있든 항상 빛이 난다. 싸가지 없을 정도로 거침없는 언변을 가졌으며 선천적으로 강자에 대한 두려움이 없다. 화려한 환경에 비해 필사적으로 조용한 학창 시절을 보낸 탓에 알려진 정보가 거의 없을 뿐, 그녀는 사실 굴지의 방산업체인 IM 디펜스 차 회장의 외동딸이었다. 비록 지금은 재벌딸 타이틀을 잃었지만 차우인이 군대 밖에 이뤄 놓은 것들은 차고 넘쳤다.

법무장교로 임관해 밟게 된 군사법원은 무법천지였다. '군법' 자체가 전시를 위해 만들어진 법이었던 만큼 군사법원은 법전이 아니라 상명하복으로 돌아가는 곳이었고, 그야말로 법 위에 계급이 존재했다. 몹쓸 관행과 수직적 위계를 따지는 군법정에 차우인은 새 바람을 일으킨다. 죄를 저질렀다면 가슴을 별로 뒤덮은 장군이든 작대기 하나 달린 이등병이든 평등하게 검사의 칼을 들이댄다. 군복 벗기겠다는 협박도 검사질 못 하게 만들겠다는 협박도 차우인에겐 통하지 않는다.

하지만, 차우인이 군대에 온 진짜 이유는 사냥감들을 잡기 위해서였다. 그래서 자신처럼 만만치 않은 사람이 필요했다. 바로 자신과 같은 운명의 도배만이었다. 유능한 사냥개가 필요했던 차우인은 도배만을 보고 확신한다. 자신이 도배만의 목줄을 쥔다면, 어제까지는 썩어빠진 군검사였던 도배만이 오늘부터는 적의 목덜미를 물어뜯어 버릴 사냥개가 될 거라고.

노화영(오연수)
| 최초의 여자 사단장

"난, 군복 입은 여자들이 꿈도 꾸지 못하는 곳까지 올라갈 거야.
내 위에 어떤 남자도 서 있지 않게 만들 거야."

창군 이래 최초의 여자 사단장. 계급 소장. 보직은 육군 4사단 사단장.

육사 출신으로 단 한 번의 비리 없이 양어깨에 별을 달았다. 비상한 머리와 포커페이스의 여왕으로 사람을 복종하게 만드는 카리스마가 대단하다. 군대라는 가장 견고한 유리 천장을 깨부순 여자 장군이기에 각종 매스컴의 중심에 있으며 여군을 넘어 여성들의 워너비로 추앙받는다. 누군가에겐 최종 목표일 수 있는 자리지만 노화영에게는 시작에 불과하다.

노화영은 군인으로서 완벽 그 자체였다. 선천적으로 오른손 검지 한 마디가 없는 건 문제가 되지 않았다. 누구보다 우수한 성적으로 육사를 졸업했고, 임관 후 모든 훈련에서도 단연 돋보였다. 단 하나, 여자라는 이유만 빼고. 아무리 날고 기어도 결국 가장 높은 곳에 오르지 못하는 현실을 경험한 뒤, 노화영은 자신의 위에 어떤 남자도 서 있지 않게 만들겠다 다짐한다. 자신이 가는 길에 방해가 된다면, 그게 아들일지라도 상관없다. 기꺼이 아들 손에 수류탄을 쥐여 주며 오로지 노화영의 아들임을 잊지 않게 교육시켜 줄 뿐.

악마는 여러 가지 탈을 쓰지만, 선의 탈을 쓸 때 가장 무서운 법이다. 권력을 가진 악녀. 그녀의 거대한 야심을 채우기에 어깨에 달린 별 둘 계급장은 너무 가볍다. 영관급 장교뿐만 아니라 정재계 주요 인사들을 총망라한 이너서클을 꿈꾸는 비밀 사조직 '애국회'의 유일한 여성 멤버이자 핵심 멤버. 게다가 자신의 명령을 사수하는 아바타인 용문구를 이용해 IM 디펜스를 쥐고 흔들며 '돈'이란 강력한 무기까지 장착했다. 허나, 노화영에게 이 모든 건 군복이 있어야만 완벽하다.

용문구(김영민)
| 특수부 검사 출신 변호사

"가진 자들의 급소라 이 말이지, 군대가."

국내 굴지의 로펌 '로앤원'의 대표 변호사이자 노화영 사단장과 IM 디펜스 노태남 회장의 법률 경호인.

어떤 상황에도 늘 온화한 미소와 품격 있는 태도를 잃지 않는다. 자신의 감정을 내세우지 않으면서 상대의 작은 것까지 포착하며 돌아가는 판을 예리하게 읽어 내는 동물적 감각. 냉철한 판단력으로 어느 것 하나 놓치지 않는 치밀한 성격. 허를 내두를 정도의 임기응변 능력과 안색 하나 변하지 않는 포커페이스의 소유자. 검사 혹은 상대 변호사와 치열한 심리전을 벌이는 법정에서 단연 최고의 진가를 발휘한다. VIP 의뢰인의 승소를 위해서라면 악행도 미소 지으면서 저지를 수 있다.

특수부 검사 시절, IM 디펜스 차 회장을 검거한 적이 있지만, 수사 도중 차 회장이 사고로 사망하면서 수사가 종결됐다. 당시 평검사가 대어를 잡았다며 검찰 안에서 화제를 모았는데 이후 용문구는 뜻밖에 검사 옷을 벗고 로앤원을 차린다. 이후 로앤원의 대표 변호사이면서, IM 디펜스 신임 회장 노태남의 변호인으로 움직인다. 그러다 대형 사고를 친 노태남에게 도피처로 군대에 입대할 것을 제안한다. 공석인 된 IM의 주인 자리에 입주한 용문구, 그의 숨겨둔 욕망이 고개 들기 시작한다.

노태남(김우석)
| IM 디펜스 회장, 13번 훈련병

"남들 다 패스하는 군대를 내가 왜 가야 돼?"

20대 초반에 굴지의 방산업체 회장 자리에 올라서인지 위아래를 잘 조절하지 못한다. 상대가 누구든 반말과 존댓말을 섞어 쓴다. 타고난 감정 조절 장애에 아주 기본적인 사회성까지 결여되었다. 어머니 노화영의 탐욕과 악마성을 고스란히 물려받았지만, 머리와 판단력까지는 닮지 못해 각종 사건 사고를 대책 없이 저지르고 다닌다. 노화영이 낳고 길러 낸 괴물이라는 점에서 그의 존재는 측은하기도 하다.

특권층으로 태어나 다른 사람들을 우습게 여기는 선민의식에 절어 있다. 클럽 카르텔에서의 세나 성폭행 사건으로 전 국민의 공분을 산다. IM 디펜스 주가마저 흔들리는 그야말로 오너 리스크를 저지르고 나서야 사태의 심각성을 깨닫고 해결 방안으로 용문구에게 입대를 제안 받는다. 절대 가지 않을 거라 발버둥 쳤던 그 군대에? 용문구의 계획은 군법으로 무죄를 받은 뒤에, 복무 불가 판정을 받아 조기 제대한다는 전략. 죽을 만큼 싫었지만 뭐, 선택의 여지가 없었다.

그렇게 머리를 깎고, 입대를 하게 되는 노태남. 그때부터 노태남은 인생에서 처음 맛보는 생지옥을 겪는다.

| 도배만 주변 인물 |

도수경(강말금)
| 도배만의 고모

12년차 강력계 베테랑 형사.
타고난 유머 감각에 넉살 좋고 통 큰 배포를 가졌다. 경찰서 내에서 인정받는 브레인이자 행동대장이며 여자라고 내세우지 않고 차별받기도 싫어하는 합리적인 성격이다. 승진보다 검거를 더 좋아하고 체질상 나쁜 놈을 보면 혈압이 끓어올라 건강을 생각해서라도 꼭 잡으려고 한다. 평소 쓸고 닦기를 즐기고 주변을 늘 깨끗하게 유지하는 편이라 사회에서도 '범죄자 청소부'가 되고자 한다.
일찍이 부모님을 여의었고 오빠 내외와 한집에 살았다. 그러던 어느 날, 갑작스런 오빠의 사고로 졸지에 고아가 된 도배만을 맡았다. 하늘 아래 둘만 남겨진 슬픔과 학창 시절 일부러 사고 치는 도배만 때문에 속앓이를 많이 했다. 주위에서는 시집도 못 가고 조카 키우느라 평생을 바쳤다는 소리를 해 대지만 오빠와 언니 뒤를 이어 군검사가 된 도배만을 무척 자랑스러워한다.
부모님의 사건을 파헤치려는 도배만을 돕다가 인생의 가장 큰 난관에 봉착하게 된다.

설악(권동호)
| 해결사, 설악천지 대표

외모와 패션에 신경을 많이 쓰는 해결사.
구수한 사투리를 구사하며 전위 예술가가 꿈이었지만 타고난 재능이 없다고 판단해 접었다. 대신 예술적인 싸움을 하기로 작정하고 조폭 법인인 '설악천지' 대표가 되어 각계각층 필요한 곳에 부하들을 연결해 준다.

아버지를 감옥에 보낸 도배만에게 앙심을 품고 있다. 하지만 매번 당하고 그때마다 다시 일어난다.

도성환(이진수)・유정연(채송화)
| 도배만의 부모

20년 전, 육군 58사단 소속 군수사관으로 일했다. 불의의 차량 사고로 사망했다.

안수호(류성록)
| 군교도소에 복역 중인 군인

육군 4사단 소속 병장. 은행장 아들이란 사실을 티 내지 않아 아무도 몰랐을 정도로 성실히 군복무를 해 왔다. 후배 병사들에게 신임과 존경을 받았다. 그러던 중, 황제복무 의혹에 휩싸이면서 군교도소에서 복역하게 된다. 학창 시절에 큰 사건을 일으켰고 아버지 백으로 사건을 묻었다.

그 후로 그 일이 드러날 것을 우려해 성격까지 바꾸고 살았고 군대에 와서도 신임을 얻었지만, 믿었던 도배만에 의해 황제복무 사건에 휩싸이게 된다. 그에 대한 증오로 군교도소 안에서 복수를 계획한다.

염상진(이태형)
| 58사단 군법무실 소속 군수사관

계급 상사. 보직은 수사과장. 20년 간 군대에서 근무 중이며, 과거 군수사관이었던 도배만 부모의 부하로 근무했다. 사고가 일어난 후 내부 은폐 지시를 명령받고 오랜 기간 죄책감에 시달렸다. 도배만이 본격적으로 과거 사건을 파헤치려 하자 도배만과 차우인의 조력자가 된다.

| 차우인 주변 인물 |

강하준(강형석)
| 24시간 차우인을 돕는 조력자

방위산업체 강스 솔루션 대표. 일명 핸섬하고 부드러운 스티브 잡스. 천재적인 두뇌로 1인 벤

처기업으로 사회에 첫발을 내디뎠지만 사회는 냉혹했다. 투자설명회에서 번번이 퇴짜를 맞으며 쌓여 가는 은행 채무와 떠나가는 사람들. 사업자금을 모으기 위해 만든 도박 프로그램을 이유로 자신을 쫓는 미국 갱들까지. 그때 손을 내밀어 준 사람이 차우인의 아버지, 차호철 회장이다. 가장 어려웠던 시절 차 회장의 투자로 회사를 성장시킬 수 있었다.

성공한 방위산업체 대표가 된 강하준은 차우인을 다시 만나게 되고 그녀가 계획한 복수의 퍼즐을 완성해 주기 위해 24시간 움직인다. 천재적인 해킹 실력과 007 영화에 등장하는 첨단의 IT 장난감을 손수 개발해 가면서 차우인을 돕는다. 그녀에 대한 깊은 마음이 고개를 들지 않도록 자기 자신조차 속여 가면서.

차호철(유태웅)
| 의문사한 IM 디펜스 전 회장

IM 디펜스 전 회장이자 차우인의 아버지. 아내를 지병으로 잃고 홀로 남은 딸을 애지중지했지만 아주 강하게 키웠다. 딸에게는 존경받는 아버지, 직원들에겐 헌신하고 싶은 주군의 이미지로 남아 있다.

'우리 회사는 물건을 팔기 위해 직원을 고용하는 것이 아니라 직원을 고용하기 위해 물건을 만든다.'는 사훈이 대대적으로 회자되었다. 군사기밀 유출, 시세조작 스캔들에 휘말리며 회장 자리에서 물러났고, 얼마 뒤, 원인을 알 수 없는 차량 사고로 운명을 달리했다.

한세나(유혜인)
| 모델 지망생

아이돌 가수 알렌의 팬으로 인스타 DM을 보냈다가 알렌의 답장을 받고 성덕이 된다. 알렌과 만날 수 있다는 사실에 들떴지만 그것이 그녀의 불행의 시작이었다.

팽 여사(남미정)
| 다방 아지트 주인

부대 근처에 위치한 오래된 다방의 여주인. 말이 없고 표정과 행동으로 마음을 나타낸다. 커피는 커피 자판기를 통해 판매하지만, 얼음만은 직접 작게 깨서 제공하는 조금 독특한 영업 방식을 고수한다. 중요한 손님에겐 화려한 꽃무늬 트레이에 쌍화차를 내주기도 한다.

이재식(남경읍)
| 국방부 장관

주름이 자글자글한 가는 눈, 거부할 수 없는 위압감과 특유의 능글거림이 혼재한 눈빛을 가졌다. 아버지의 뒤를 이어 육군 내 비밀 사조직인 애국회를 이끌고 있다. 신임 국방부 장관으로 취임했으며, 정치권에 대한 큰 욕망을 가지고 있다. 자신이 원하는 것이라면 뭐든 하는 충신 노화영에 대한 신뢰와 애정이 깊다.

홍무섭(박윤희)
| 육군 제4군단장

계급 중장. 보직은 군단장.
육사 출신에 사법고시까지 합격하며 법무장교를 거쳐 지금의 자리에 오른 엘리트. 애국회 멤버 중에서 가장 자신의 속을 드러내지 않는다. 오랜 기간 이재식의 그림자로 지내 오면서 충성을 다했지만 노화영에 가려져 자신의 입지가 좁혀지고 있다. 겉으로는 너그러운 척하지만 언제라도 노화영의 약점을 잡는다면 제대로 내치고 싶은 마음을 가지고 있다.

허강인(정인기)
| 육군 제4부군단장

계급 준장. 보직은 부군단장.
노화영의 육사 동기로 학교 때부터 깊은 콤플렉스를 가지고 있다. 과도한 남존여비 사상에 젖어 있다. 남자 화장실까지 쳐들어온 노화영에게 꼼짝도 못 하고 얻어맞는 굴욕을 당한 후, 노화영에 대한 복수심을 불태운다.

원기춘(임철형)
| 육군 4사단 수색대대장

계급 중령. 보직은 수색대대장.
애국회 막내 격 멤버로 자신을 애국회로 이끌어 준 노화영에게 절대 충성한다. 전쟁 나면 부하들 총알받이 세워 두고 숨을 사람이라는 말을 들을 정도로 겁이 많고 자신의 이익만을 추

구한다. 자신의 본성과는 정반대의 인격과 행동력으로 주목받게 되며 일생일대 초유의 상황과 맞닥뜨린다.

양종숙(조혜원)
| 4사단 사단장 전속부관

계급 중위. 보직은 전속부관.

노화영의 곁을 24시간 지키는 수족 같은 존재. 명령이나 지시에 의문을 표하지도, 반하는 행동을 하지도 않고 묵묵히 사단장인 노화영의 명령을 따르고 깍듯이 보좌한다.

| 노태남 주변 인물 |

볼트(칸)
| 노태남의 애견

도베르만 종자의 맹견. 군견 출신이다. 새끼 때 군견병들의 학대로 탈출했는데 당시 부대 관사에 살던 고딩 노태남이 발견해서 키웠다. 서로 군대를 싫어한다는 공통점이 있다. 투견이지만 노태남에게는 순하다.

알렌(박상남)
| 아이돌 가수

인기 절정의 아이돌 가수. 팬들의 인기로 먹고살지만, 팬들은 상상조차 못한다. 그가 약물을 이용해서 여자들에게 추악한 짓을 저지른다는 것을.

| 4사단 법무실 |

서주혁(박진우)
| 4사단 군법무실 내 권위적인 법무참모

계급 소령. 보직은 4사단 군법무실 법무참모. 도배만과 차우인의 직속상관이다. 군법무실의 최고 실세. 상명하복을 절대적으로 따르는 내추럴 군인. 검사로서의 사명감보다 군인으로서의 프라이드와 충성심이 훨씬 강하다.

차우인의 임관과 노화영의 취임으로 여자들 중간에 낀 자기 신세를 한탄한다. 상관 노화영에 겐 꼼짝 못 하고 부하인 차우인만 들볶는다.

윤상기(고건한)
| 4사단 군법무실 소속 군수사관

계급 중사. 보직은 수사계장. 도배만의 충직한 부하. 유순하고 머리가 좋다. 타고난 친화력의 소유자로 검색과 컴퓨터, 운전과 정보의 도사다. 군에 와서 만난 도배만을 깊이 좋아하고 형처럼 따른다.

군내 규율과 명령을 지키고 합리적 사고를 하는 인물이며 마음이 얼굴에 드러나는 착한 스타일이다. 사사건건 부딪치는 도배만과 차우인 사이에서 완충재 역할을 하며 둘을 엮으려고 애쓴다.

안유라(김한나)
| 4사단 군법무실 소속 군수사관

계급 중사. 보직은 수사계장. 눈치 빠르고 날쌔며 싹싹하다. 해커를 할 정도로 컴퓨터 실력이 좋지만 법무실 안에선 드러내지 않고 있다.

집안 형편상 대학 진학을 못 하고 군대에 왔고 멋진 여군이 되려는 희망을 품고 열심히 군 생활을 한다. 남몰래 도배만을 짝사랑해 오다가 신임 검사로 온 차우인이 도배만과 붙어 다니자 알게 모르게 경계한다.

용어 정리

[몽타주] 따로따로 촬영한 화면을 적절하게 떼어 붙여서 하나의 긴밀하고도 새로운 장면이나 내용으로 만드는 일 또는 그렇게 만든 화면을 뜻한다.

[오버랩] 앞 화면에 뒤의 화면이 포개지는 기법. 대사에서 앞사람의 말을 끊고 대사가 나올 때 사용된다.

[인서트] 화면의 특정 동작이나 상황을 강조하기 위해 삽입한 화면 또는 삽입하는 것을 뜻한다.

[플래시백] 회상을 나타내는 장면. 주로 현재 일어나는 사건의 인과 설명 혹은 주인공의 현재 모습이나 성격에 당위성을 부여하기 위해 사용된다.

[C.U] 클로즈업(Close-Up)의 약어. 등장하는 배경이나 인물의 일부를 화면에 크게 나타내는 촬영 기법이다.

[E] 이펙트(Effect)의 약어. 등장인물의 얼굴은 보이지 않고 목소리만 들리는 경우에 주로 사용되며, 휴대폰 소리, 파도 소리 등 모든 효과음이 해당된다.

[F] 필터(Filter)의 약어. 전화기 너머의 목소리나 마음속으로 하는 이야기 등을 표현할 때 사용된다.

[Na] 내레이션(Narration)의 약어. 장면에 나타나지 않으면서 장면의 진행에 따라 그 내용이나 줄거리를 해설하는 일 또는 그런 해설을 뜻한다.

1화

1. (오프닝) 고층 스카이 라운지 레스토랑 + 빌딩 외벽 + 옥상 (낮)

차들로 가득한 대로와 빌딩 숲을 빠르게 질주하는 화면. 어느 고층 빌딩의 스카이라운지 통유리를 통과해 들어간다.

잔잔한 클래식 선율이 평화롭게 흐르는 레스토랑. 화목해 보이는 어느 3인 가족이 통유리 너머로 보이는 한강 뷰를 보며 스테이크를 썰고 있다. 젊은 엄마가 여자아이(5)에게 고기를 먹여 주는데-

콰쾅!!! 통유리 밖으로 누군가의 몸뚱이가 처박힌다. 여자아이를 테이블 아래로 숨기며 놀라 까무러치는 가족들. 밧줄에 두 발이 묶인 채 거꾸로 매달려 있는 도배만(30)이다! 그 위로-

도배만 (Na)   누군가 말했어. 세상을 거꾸로 보면 새로운 눈을 뜨게 된다고. 하늘은 호수가 되고. 산은 호수에 비친 그림자가 된다고 했지.

거꾸로 뒤집힌 지상의 모습이 호수에 잠긴 것처럼 보인다. 도배만, 매단 밧줄 따라 쭉 올라가면- 옥상 난간에 묶여 있다. 옥상의 누군가가 품에서 나이프를 꺼낸다. 밧줄에 예리한 날을 대는데-

도배만 (Na)   더럽게 꼬인 인생. 결국 이렇게 끝나는 건가?

이내- 툭 끊어지는 밧줄. 쏜살같이 추락하는 도배만의 모습.

도배만 (Na)   모든 걸 뒤집어서 다시 봐야겠어. 그래야 진실이 무엇인지 보일 테니까.

절체절명의 위기에 빠진 도배만의 모습에서 정전되듯 탁- 암전으로 덮이는 화면.

도배만 (Na)   어디서부터 얘기를 시작할까? 그래, 그때가 좋겠어. 내가 처음
                봤던 거꾸로 뒤집힌 세상.

2. 고등학교 건물 (낮)

화면 밝아지면- 평범한 고등학교 건물. 잠시 후- 1층 교실 유리
창을 뚫고 학생 하나가 바닥에 쿡 처박힌다. 그 학생 위로 선생
님도 떨어진다.

3. 교무실 앞 복도 - 운동장 (낮)

교무실 문이 열리더니 교복 입은 도배만(17)이 나온다. 마치 홍해
갈라지듯 학생들 사이를 뚫고 걸어가는 도배만의 모습 위로-

도배만 (Na)   세 번째 전학 갔던 학교마저 퇴학. 뭐, 이유는 다 같았지. 학칙
                위반과 학교 부적응. 학업 분위기에 방해가 된다나. 하긴 선생
                학생 가릴 것 없이 다 던져 버렸으니… 중요한 건 더 이상 받아
                줄 학교가 없다는 거.

도배만이 운동장으로 나오면 순경 도수경이 경찰차 옆에서 대
기하고 있다. 도수경을 발견하자 고개를 팍 숙이는 도배만.

4. 경찰차 안 (낮)

조수석의 도수경. 도배만은 투명 유리로 구분된 뒷자리에 앉아
있다.

도수경   (올라오는 화를 참으며) 배만이 너 퇴학, 일부러 맞는 거잖아. 내가
           모를 줄 알았어? 중졸이면 군대 안 가도 되니까.
도배만   (할 말 없는)
도수경   왜? 호적에서 네 이름 빼 달라고는 안 해? 그것도 면제 사윤데.

도배만	그것도 생각 안 해 본 건 아닌데…
도수경	(어이없는) 아닌데? (보다가) 왜? 차마 그건 못 하겠냐?
도배만	(잠시 보다가) 고모는 나한테 하나 남은 가족이잖아.
도수경	(후– 깊게 한숨 쉬더니) 어쩌려고 그래? 너… 계획은 있어?

5. 소년원 (밤)

수감된 학생들 사이에서 유독 튀는 고딩 도배만. 소등되자 딸깍– 손전등이 켜진다. 작은 불빛에 의지하며 법전을 읽어 내려가는 도배만.

도배만 (Na)	흙수저도 못 되는 나 같은 똥수저가 피라미드 계급의 꼭대기로 기어 올라갈 수 있는 유일무이한 방법. 사법고시.

6. 로앤원 건물 외경 (낮)

광화문 한복판에 있는 로앤원 로펌 건물이 보인다.

7. (교차) 로앤원 면접장 + 용문구의 로앤원 집무실 (낮)

'로앤원 신입변호사 채용 최종 면접' 안내판이 보인다. 도배만을 포함한 지원자 세 명과 면접관들도 앉아 있다.

인서트_____

집무실의 용문구. 세련된 헤어, 멋진 슈트, 명품 시계. 여유 있는 미소와 날카로운 눈빛. 그야말로 잘나가는 변호사의 모습. 집무실에서 모니터로 면접장을 보고 있다.

면접실. 면접관 1이 도배만의 이력서를 재차 확인한다. 그러더니–

면접관1	허허. 우리 로펌 면접에 중졸 지원자는 최초네요.

면접관2	중졸이 뭡니까? 지방대도 없습니다.
면접관3	중졸은 군대도 못 가는데 여길 지원하다니. 배짱 하난 좋네요.
도배만	(당당) 학력, 경력, 성별, 나이 철폐! 제가 로앤원에 지원한 이윱니다!
면접관1	(심드렁) 그래요? (다른 지원자에게 시선 돌리며) 부모님 직업이 어떻게들 되십니까?
지원자1	아버님이 대한상공회의소에 계십니다.
지원자2	어머니는 울산에서 국회의원 하시고, 법사위 소속입니다. 아버님은 서부지법 부장 판사로 계시구요.
면접관2	(환해지면서) 이거 다른 회사도 많은데 저희 로앤원에 지원해 주셨네요.
면접관3	(면접관2 보며) 우리가 두 분 면접을 봐도 되는 겁니까? 우리 로앤원이 이분들한테 면접을 봐야겠네요.

자기들끼리 화기애애하게 주고받는 분위기 속에 고립감을 느끼는 도배만 먼저 나선다.

도배만	저희 부모님께서는 군법무실에 수사관으로 복무하셨으며 (하는데)
면접관1	(끊고) 수사관이면 장교도 아니고… 그냥 직업군인이셨네요?
도배만	그렇습니다.
면접관1	(도배만 이력서 별 관심 없이 덮어 두면서) 근데 중졸이 사시 붙었다고 뉴스에서 인터뷰하자고 안 해요?
면접관2	(핸드폰 꺼내며) 도배만 씨 이름으로 검색하면 나오나?
도배만	(분노 누르며) 방송국에서 섭외 진짜 많이 왔는데 다 거절했습니다. 제 생각엔 로앤원이 절 채용하신 후에 인터뷰하는 게 좋을 것 같은데 어떠십니까? 학력, 스펙보다 능력으로 인재를 뽑는 회사라고… 로앤원 홍보에도 도움이 되지 않겠습니까? 하하하.
면접관1	우리 로앤원은 그런 언플 필요 없는데… 어쩌나.

면접관 2	어려운 시험 통과하고 나니까 세상이 다 자기 걸로 보이나 보네. 우리는 중졸이 사법시험 통과했다기에 하도 신기해서 (하는데)
도배만 (Na)	사법고시로도 넘을 수 없는 벽이 중졸이라는 걸 그때 깨달았다.
도배만	(끊으며, 차갑게) 그래서 사람을 (강조) 재미로 부르셨다?
면접관들	(움찔하는) !!
도배만	(의자 탁- 집어 들고 다가가며) 이력서 사진 보고 얼굴이나 한번 볼까 해서 재미로 여직원들 면접 본다는 얘긴 들어 봤는데.

한 손에 의자 집어 들고 있는 도배만 보며 침을 꿀꺽 삼키는 면접관들.

도배만	그걸 내가 당했네? 방송국은 다 걸렸는데 정작 여길 못 걸렸어.

도배만, 의자를 확 집어 던진다. 벽에 처박히는 의자.

도배만	내 얼굴 구경 실컷들 했냐? 나도 당신들 면상 똑똑히 기억할게!

집무실의 용문구. 문 박차고 나가는 도배만을 흥미롭게 바라보는데-

8. (몽타주) 도배만의 로펌 면접 탈락

각 로펌 면접에서 연이어 떨어지고 좌절하는 도배만의 모습들- 컷컷컷. 낙담한 얼굴로 면접장에서 나오는 도배만을 차량 안에서 용문구가 보고 있다.

도배만 (Na)	열 번째 로펌에서 떨어진 그날…

9. 편의점 (낮)

도배만 (Na)   내 인생을 뒤바꿀… 그가 나타났다.

도배만, 지친 모습으로 들어선다. 넥타이를 풀어 헤치고 컵라면을 고르는데- 라면하고 같이 먹을 볶음김치를 들었다 놨다 한다. 에라, 같이 들고 계산대로 간다. 그러다 김치를 슬그머니 빼는데- 점원과 눈 마주치자

도배만   (빵끗) 라면만 계산해 주세요.

10. 편의점 앞 벤치 (낮)

테이블에 앉아서 핸드폰을 보며 컵라면을 먹고 있는 도배만.

기자 (E)   군검사가 재판 관련 피의자에게 접대와 향응을 받은 혐의로 재판에 넘겨졌습니다. 군검찰 역사상 현직 군검사가 구속된 건 처음으로…

군복을 입은 군검사가 체포되는 핸드폰 화면 위로 '우리 고모' 글자가 뜬다.

도배만   하이~ 싸랑하는 고모~!
도수경 (F)   목소리가 쩌렁쩌렁한 거 보니까 또 떨어졌구만.
도배만   (허세) 제발 들어와 달라고만 하는데 조건이 안 맞는 걸 어떡해? 아무 데나 들어갈 거 같으면야 벌써 갔지! 고르고 골라야 (하는데)
도수경 (F)   (끊고) 일찍 들어 와. 저녁에 된장찌개에 소주나 한잔하게.
도배만   필승! 도수경 형사님!

다시 라면을 흡입하기 시작하는 도배만. 그때, 용문구가 맞은편

의자에 앉는다.

용문구 (볶음김치를 손수 까며) 김치도 없이 무슨 맛으로 라면을 드시나?

도배만 (용문구 보고 놀라서 컥컥 라면 뱉으며) 헉!!!

용문구 내가 누군지 아는 반응이네?

도배만 로앤원 용문구 대표 변호사님이시잖아요.

용문구 그래요. (잠시) 내가 그동안 도배만 씨 조사를 좀 했어요.

도배만 네? 면접 끝나지 않았습니까?

용문구 로앤원 면접은 끝났죠. 하지만 내 개인적인 면접이 아직 진행 중입니다.

도배만, 어리둥절하게 보더니 휴지로 입 닦으며 픽- 웃는다.

도배만 개인적인 면접? 로앤원 대표께서 왜요? 내 이력서 구겨 버릴 땐 언제고?

용문구 이름 도배만. 양친 모두 군인. 교통사고로 모두 사망. 10살 때 고모에게 입적. 오늘까지 총 열 군데 면접 봤지만 모두 탈락. 사시 준비하느라 빚은 눈덩이에 조만간 신용불량자가 될 예정.

도배만 (황당) 이거 완전 스토커잖아? (의자 박차고 일어나 버럭) 당신 뭐야?

편의점 점원이 놀라 뛰어나오자 용문구가 괜찮다는 손짓을 한다.

용문구 내 면접은 합격이에요, 도배만 씨. (생수를 까서 건네주며) 마셔요.

도배만 (엉겁결에 생수병 받아 든 채 용문구를 보며 기막힌) 하…

용문구 거절할 수 없는 제안이라고 들어 봤어요? 대부에 나오는 유명한 말인데 내가 그거 하나 하죠.

도배만 중졸이라고 족족 떨어져서 열받는데 지금 사람 가지고 장난합니까?

용문구	일단 들어 보고 결정해요. 좋은 기회니까.
도배만	(짜증) 기회요? 왜 그걸 나한테 주냐구요? 왜요?
용문구	설명해 드릴게. 도배만 씨가 내 파트너가 돼야 할 분명한 이유.

11. 용문구의 로앤원 집무실 [밤]

로앤원의 대표 변호사인 용문구의 집무실 안으로 들어서는 도배만. 마치 파리의 어느 고성을 그대로 옮겨 놓은 듯한 품격과 예술적 감각. 도배만, 그야말로 다른 세상에 온 기분이 들어 주눅이 든다.

용문구	이 방 만드는 데 15억쯤 들었나? 세상에 돈으로 해결되는 건 많아요. 난 돈으로 살 수 없는 것에 훨씬 관심이 많고.
도배만	(앉으며) 본론만 얘기하시죠.
용문구	군대 한번 갔다 와요. 군검사 어때요?
도배만	네?

하도 어이가 없어 잠시 웃다가 자리에서 일어나는 도배만.

도배만	돈 자랑 잘 들었습니다. 저 중졸이라 군대 면젭니다. 적게 일하시고 (과장) 이빠이~ 버십쇼!!
용문구	(나가려는 도배만에게) 아까 군검사 구속 뉴스 봤죠? 그 친구가 나랑 손발 맞추면서 땡긴 돈이 얼만지나 알아요?
도배만	(뒤돌아보는)
용문구	땡긴 돈의 10% 커미션. 그리고 면접 볼 때 당신 깔봤던 그 변호사들 연봉의 다섯 배. 그 정도면 인생 완전히 바꿀 수 있지 않아요?
도배만	(형식적인 미소로) 그렇겠네요. 그 돈이면 확 바꿀 수 있겠네.

도배만, 용문구에게 다가온다. 이미 예의를 날려 버린 표정.

| 도배만 | 법 공부하는 놈들이 머리는 좋아도 공감 능력이 떨어진다더니 틀린 말이 아니네. 내 신상 줄줄 파헤치면서 뭐 느끼는 거 없었어? |

달라진 기색의 도배만을 보는 용문구. 도배만의 과거가 끼어든다.

12. (과거) 지방 도로 (낮)

화면 밝아지면- 지방 국도를 달리는 차량이 보인다.

13. (과거) 차 안 (낮)

군복 입은 도배만 아빠(30대)와 엄마(30대)가 운전석과 조수석에 앉아 있다. 어린 도배만(10)이 아빠 군모를 써 보며 '충성' 하는데- 얼굴을 다 가린다.

| 어린 도배만 | 엄마! 나도 커서 군인 될 거야~ |
| 엄마 | (기뻐하는) 그래? 좋지!! |

아들 모습 보며 즐겁게 웃는 엄마와 아빠. 그때- 엄마 핸드폰이 진동한다.

| 엄마 | (액정 확인하더니 주저하며) 어떡하지? 회장님인데… |
| 아빠 | (고민하더니) 일단 핸드폰 꺼. |

엄마, 핸드폰을 꺼 버린다. 그러자 이번엔 아빠의 핸드폰이 시끄럽게 울린다. 조금 전의 행복한 분위기는 사라지고- 엄마와 아빠는 굳은 얼굴로 서로를 바라본다. 그때-

| 어린 도배만 | (소리치는) 아빠!!! 트럭!! |

덤프트럭이 중앙선을 넘어 도배만 가족의 차량을 향해 달려든다. 쾅!!! 덤프트럭의 측면을 그대로 받아 하늘로 높이 치솟는 차량. 비탈을 구르고 굴러- 뒤집힌 채 멈춘다.

세상의 소음이 모두 사라진 고요한 차 안. 벨트에 몸이 고정된 도배만, 눈을 뜨면 세상이 뒤집혀 보인다! 아빠는 죽어 있다. 조수석의 엄마만이 피투성이가 된 채 힘겹게 숨을 내쉬고 있다.

엄마	(도배만을 향해 손을 뻗으며) 배만아… 우리 아들.
어린 도배만	(울먹이며) …엄마.
엄마	(눈물 흐르는) 배만아… 미안해…

도배만의 뒤집힌 시야, 뒤집힌 세상에서 엄마의 몸이 축- 아래로 처진다.

어린 도배만	(울부짖는) 엄마, 눈 떠. 눈 뜨란 말이야.

문짝이 뜯기더니 누군가 도배만을 끌어낸다. 죽은 엄마를 향해 손을 뻗으며 울부짖는 도배만. 엄마의 모습이 멀어진다.

도배만 (E)	우리 부모님, 다 군복 입은 채로 돌아가셨어. 그것도 내 눈앞에서.

14. (현재) 용문구의 로앤원 집무실 (밤)

도배만	나, 군대라면 이가 갈리는 놈이야. 근데 내 발로 군대를 가라고? 5배가 아니라 50배를 줘도 안 가!!
용문구	(유심히 보는) 꽤 맷집이 있어 보이는데… 마음속엔 상처가 가득하군.

도배만, 허를 찔린 표정이다. 용문구, 탁자 위에 놓인 위스키 한 잔 따른다.

용문구   군대가 왜 노다지인지 알아? 대한민국에서 권력 쥐고 있는 놈들한테 군대는 시한폭탄이니까. 자식들이 면제받아도 문제, 가도 문제. 언제 터질지 모르는 의뢰인들의 폭탄을 제거해 주는 게 내 일이야. 쉽게 말해서 가진 자들의 급소라 이 말이지, 군대가.

용문구, 도배만이 끼고 있던 묵주 팔찌를 휙 빼 버리더니 던져 버린다.

용문구   어떤 신도 네 지갑을 채워 주지 않아.
도배만   돈을 채워 줄 테니 당신을 신처럼 대하라고?
용문구   혼자 여기까지 용케 올라오긴 했지만 네 뒤에 누가 있지? 한 번도 배경 같은 거 가져 본 적 없잖아. 어때? 내가 배경이 되는 건?
도배만   (표정 굳는) !!
용문구   5년만 군복 입다 제대하면 로앤원 파트너 변호사로 스카웃 약속하지. 물론 내가 원하는 수준으로 일을 했을 때 한해서야.
도배만   그 조건이면 당신 로펌에도 지원자 많을 텐데?
용문구   내가 필요한 건 네 상처라고 하면 너무 잔인한가? 그건 돈으로 살 수 없으니까.

15. 도수경의 집 (밤)

거실 스탠드가 켜져 있고- 도수경이 소파에서 잠들어 있다. 소주 한 병과 소주잔. 오래된 사진첩이 펼쳐져 있다. 너덜해진 얼굴로 들어오는 도배만. 소파에 툭- 걸터앉아 멍한 눈으로 도수경을 본다.

전 신에서 이어지는 상황.

용문구   뭐 좋아. 군대에 대한 증오심이든, 어릴 때 가졌던 동경심이든 5년 동안 그 안에서 일해 보면 깨끗이 정리될 거야. 아직 헤어 나오지 못한 부모님 사고의 그 울분 말이야.

다시 현재. 생각이 복잡한 도배만. 그러다 사진첩으로 시선이 옮겨진다. 오랜만에 들춰 보는 앨범이다. 엄마 아빠의 과거 군수 사관 시절의 사진들. 패기 넘치면서도 따뜻한 웃음을 짓고 있는 엄마와 강직한 표정에서 진실함이 보이는 아빠.

도수경   (잠이 어설프게 깬 목소리로) …왜 이렇게 늦었어?

도배만   (도수경 잠시 보다가) 나 취직했다, 고모.

도수경   (확 깨는) 진짜? (너무 좋아서 방방 뜨는데) 진짜? 어디 로펌인데? 응?

도배만   (고모가 남긴 소주잔 넘기며) 크… 쓰다…

도수경   숨넘어간다! 아… 어디냐니까?

도배만   군대.

도수경   (이게 뭔소리) 뭐? 너 그게 무슨 소리야?

사진첩 속 엄마 아빠에게 시선 돌리는 도배만. 그 위로-

도배만 (E)   엄마 아빠가 그토록 열정적으로 몸 바쳤던 군대. 거긴 어떤 곳 이야?

화면, 천천히 어두워진다.

16. 육군종합행정학교 대회관 (낮)

자막 - 5년 후

화면, 밝아지면- 국방부 관계자와 가족들이 가득한 대회관. 법무장교 임관식이 한창이다. 칼 각이 잡힌 정복을 입고 선서 중인 차우인(28)이 보인다.

차우인   (좌중을 압도하는 시선과 목소리) 선서합니다. 나 차우인은 이제 막 군문에 들어선 신임 장교지만 군사법 정의의 수호자로 사명감을 갖고…

맑고 영민한 눈빛과 당당한 표정. 누구라도 호감을 느낄 미모와 기품이 느껴진다.

차우인   우리 군의 기강 확립을 위한 엄정한 법 집행은 물론 지휘권 보장 및 장병들의 권익과 인권을 보호하는 직무에 최선을 다하겠습니다.

척- 절도 있는 경례로 선서를 마무리하는 차우인. 우레와 같은 박수가 쏟아져 나온다.

17. 육군종합행정학교 대회관 복도 (낮)

임관식이 끝나 복도로 나오는 참석자들. 그 무리 속에 차우인이 보인다. 차우인의 시선으로- 가족에 둘러싸인 신임 장교들. 차우인은 아무도 오지 않았다. 쓸쓸한 눈빛이 일순 스치는데- 이내 표정을 고친다. 목에 걸린 펜던트 목걸이를 꺼내 본다. 우인을 뜻하는 WI 알파벳이 선명하게 박혀 있다.

18. 산길(낮)

민간인통제선 산길. 부감으로 잡힌- 군용 지프차가 굽이굽이 비포장도로를 달리고 있다.

19. 전방 부대 외경(낮)

연병장을 중심으로 생활관과 기타 건물들이 배치된 전방 부대의 외경.

20. 연병장 - 부대 복도(낮)

먼지를 일으키며 나타나는 군용 지프차. 끼이익- 연병장에 멈춘다. 먼지가 걷히자 차량에서 나오는 도배만. 칼 각 잡힌 군검사 군복의 대위 계급장. 강한 눈빛과 절도 있는 자세와 당당한 태도. 5년 전의 도배만이라고 믿을 수 없다. 도배만 옆으로 따라붙는 군검찰수사관 윤상기(28).

윤상기   군검사님, 가시죠.

연병장에 있던 병사들의 경례를 받으며 생활관으로 향하는 도배만.

21. 부대 생활관(낮)

개인 정비를 하던 병사들 사이에 안 병장이 보인다. 한눈에 보기에도 선한 인상. 후임에게 뭔가를 친절히 가르쳐 주고 있다. 그때, 도배만과 윤상기가 들어서자 병사들 기립.

안 병장   (경례하며) 충성! 3소대 개인 정비 중입니다.

도배만   쉬어. 안수호 병장 맞지?

안 병장   (복명복창) 병장 안수호.

도배만	(안 병장과 함께 침상에 앉으며) 제대 얼마나 남았어?
안 병장	이제 막 병장 달았습니다.
도배만	힘든 건 없고?
안 병장	(긴장해서) 없습니다.

그러다 심하게 재채기를 한다. 당황해서 자세 다시 바로잡는 안 병장.

안 병장	(바짝 얼어서) 죄송합니다.
도배만	감기는 아닌 거 같고 비염 있나 봐?
안 병장	네, 알레르기 비염입니다.
도배만	전방이니까 제초 작업 많이 하지?
안 병장	그렇습니다.
도배만	잡초 베면서 꽃가루 막 날리고 아이고… 비염 때문에 힘들겠다.
안 병장	아닙니다. 참을 만합니다.

눈으로 안 병장 몸 구석구석 보다가 뭔가를 발견하는 도배만.

도배만	손목에 그건 무슨 상처야?
안 병장	야간에 초소 근무 서다 모기에 물렸습니다. 별거 아닙니다.
도배만	별거 아니긴 뭐가 별거 아냐? 전투 모기 우습게 보지 마. 그러다 말라리아 걸려서 고열로 의병제대 한다? 아, 그게 더 낫나?
안 병장	아… 아닙니다.
도배만	소대장한테 말해 놓을 테니까 밖에서 치료받고 와.
안 병장	…그래도… 됩니까?
도배만	당연하지.

나가는 도배만과 윤상기에게 경례하는 안 병장.

22. 생활관 밖 [낮]

도배만과 윤상기가 생활관에서 나오자 기다리고 있던 소대장이 붙는다.

소대장	군검사님께서 저희 소대는 무슨 일이십니까?
도배만	안수호 병장 보러 왔어.
소대장	안 병장 말입니까? 혹시 소원 수리라도 들어왔습니까? 그럴 리 없는데.
도배만	군 생활 잘하나 봐? 안 병장.
소대장	그럼요. 밑에 애들 얼마나 잘 챙기는데요? 전출 간 후임들도 안 병장 보고 싶다고 휴가 내서 면회 온다니까요.
도배만	은행장 아들이 대단하네.
소대장	(놀라서) 으… 은행장이요?
도배만	몰랐어? 안수호 병장 아버님이 구산은행 은행장인 거?
소대장	전혀 몰랐습니다. 본인이 말한 적이 없었습니다.
도배만	이거 괜히 내가 발설한 게 돼 버렸네. 소대장 혼자만 알고 있어. 갑자기 잘해 주고 티 내지 말고.
소대장	네, 대위님.

23. 차 안 [낮]

험한 산길을 내려오는 차량. 힘겹게 핸들 돌리고 있는 윤상기. 조수석의 도배만.

윤상기	(수다스럽게) 은행장 아들이 전방에서 빽이 치고 있다는 게 신기하네요. 보직도 평범한 소총수에 특혜받으려면 얼마든지 받을 텐데. 뭐, 연예인들이야 이미지 관리하고 과거 세탁한다고 일부러 전방 가고 그러지만 은행장 아들이 그럴 이유도 없고.
도배만	있을지도 모르지, 이유. (핸드폰에 대고) 대대장님, 도배만 대위입

니다. 여기 생활관에 비염 때문에 고생하는 병사가 있네요. 공기 청정기 보급이 필요해 보입니다.

24. 부대 생활관 (낮)

다른 날이다. 공기청정기 틀어 놓고 안 병장 혼자 평화롭게 책을 읽고 있다. 침상 한편에 수북하게 쌓아 놓은 에비앙 생수. 도배만이 들어온다.

안 병장   (벌떡 일어나 경례하는) 충성!

도배만   그래. (생활관 둘러보며) 소대원들 짐이 없네? 생활관 혼자 쓰는 거야?

안 병장   제대할 때까지 저 혼자 쓰라는 지시가 내려왔습니다.

도배만   비염은 어때? 공기청정기 틀어 놓는다고 완치되는 건 아니겠지만.

안 병장   많이 좋아졌습니다. 하지만… (말끝 흐리는)

도배만   왜?

안 병장   마음이 좀 불편합니다. 다녀가신 뒤로 제초 작업도 열외되고, 공기청정기 틀어 놓고 혼자 있으려니… (잠시 도배만 눈치 보고) 그래도 비염 때문에 힘들었던 건 사실입니다. (벌떡 일어나 경례하며) 조치해 주셔서 감사합니다, 대위님.

도배만, 대답하지 않고 주위를 둘러본다. 침상 위에 에비앙 생수를 꺼낸다.

도배만   (외제 생수 하나 건네며) 여기 정수기 관리 안 하는 거 같더라.

안 병장   (손 내저으며) 그냥… 정수기 물 마시겠습니다.

도배만   (뚜껑 따서 주며) 먹으라고 갖다 놓은 거잖아. 마셔. 에비앙이 별거야?

눈치 보며 조심히 마시는 안 병장. 꿀꺽꿀꺽– 순식간에 비워 버린다.

도배만   (피식 웃으며) 좋으면서 눈치 보기는…

그때– 생활관에 들어오는 소대장. 손에 플라스틱 통을 들고 있다. 소대장, 도배만 발견하고 살짝 당황하는 얼굴로 경례한다.

소대장   안 병장한테 이것만 전해 주고 나가겠습니다, 군검사님.

소대장이 놓고 간 플라스틱 통 안에는 잘 개어진 군복과 속옷이 놓여 있다.

도배만   안 병장 군복이네? 속옷도?
안 병장   세탁기가 고장이 나서 소대장님이 관사에서 해다가 주십니다. 제가 손빨래하겠다고 했는데…
도배만   안 병장이 군 생활 잘해서 다들 그러는 거야. 부담스러워하지 마.
안 병장   대위님은 정말 좋으신 분 같습니다. 제대하면 꼭 찾아뵙겠습니다.

환하게 웃는 안 병장의 얼굴 위로–

기자 (E)   구산은행 은행장 아들이 특혜를 받으며 군 생활을 하고 있다는 이른바 황제복무 의혹 제보에 따라 군검찰이 해당 병사를 기소해…

25. 차우인의 차 안 (낮)

운전대 잡고 있는 차우인. 조수석에 올려 둔 서류철과 군검사 신분증. 사이드미러에 걸린 군번줄이 차의 진동에 따라 흔들리고 있다. 틀어 놓은 라디오에서–

기자 (E)	조사를 하고 있다는 소식입니다. 금수저 병사의 황제복무 논란에 대해 군검찰이 어떤 결과를 내릴지 관심이 집중되는 가운데…

26. 부대 위병소 (낮)

차우인의 차량이 위병소 앞에 멈춘다. 위병소 근무자가 경례를 하면 차우인도 받아 준다. 위병소를 통과하는 차량.

27. 법무실 로비 (낮)

로비에 차우인이 들어서자 지나가던 군인들의 시선이 모두 쏠린다. 기다리고 있던 안유라가 빠르게 다가오는데-

안유라	차우인 군검사님이시죠? 안유라 계장*입니다. 앞으로 잘 부탁드립니다.
차우인	저도 잘 부탁드릴게요.
안유라	부대 안내해 드리겠습니다. 가실까요?

안유라와 함께 이동하는 차우인.

28. 법무실 복도 (낮)

걸어가며 대화하는 차우인과 안유라. 법무참모실 현판을 지나간다.

안유라	서주혁 법무참모님은 외근 중이시구요. 일반적으로 보통검찰부는 군검사 한 분이 배치되지만 저희 사단은 사건 사고가 좀 많아서 파견 형식으로 군검사 티오(TO)가 두 분입니다. 나머지 한 분은… (하다가) 마침 저기 오시네요. 도배만 군검사님이세요.

---

* 군검사의 손과 발 같은 존재인 검찰수사관은 계급에서 따라 계장이나 과장으로 불린다.

그 말에 고개를 들면- 도배만과 윤상기가 걸어오고 있다.

안유라   오늘 새로 오신 차우인 군검사님이세요.

도배만   쏘리. 내가 지금 취조 때문에 바빠서. (차우인 보고) 이따 인사하지.

차우인의 대답도 듣지 않고 바삐 걸어가는 도배만. 윤상기는 차우인에게 급히 경례를 하고 도배만을 따라간다.

안유라   (민망해서 웃으며) 황제복무 사건 아시죠? 매스컴이 집중된 사건이라 좀 예민하시네요. 제가 자료 보관실 안내해 드릴게요.

29. 조사실 앞 복도 [낮]

빠른 걸음으로 걷고 있는 도배만과 윤상기. 조사실 팻말이 보인다.

윤상기   (기분 좋은) 새로 오신 군검사님, 되게 이쁘시지 않습니까?

도배만   기자들은 다 연락했지?

윤상기   (살짝 무안) 네… 한 사람도 빼지 않고 쫙 돌렸습니다.

30. 조사실 [낮]

안 병장이 잔뜩 겁먹은 얼굴로 조사실에 앉아 있다. 도배만이 들어서자 벌떡 일어난다.

안 병장   대위님, 제가 무슨 특혜를 받았다면서… 황제복무라고 하는데… 대위님이 제일 잘 아시니까 오해 좀 풀어 주세요.

도배만   (미소로) 이해가 안 되면 되게 하고 오해가 있으면 푸는 곳이 여기야. 방 컨셉이 좀 그렇긴 해도. 일단 앉아 봐.

안 병장   (안심하고 앉으며) 네, 대위님.

도배만	여기선 대위님이 아니라 군검사님. 오케이?
안 병장	네, 군검사님.

도배만, 서류 펼치더니 본격적으로 취조를 시작한다.

도배만	긴장 풀어. 내 질문에 사실대로 네, 아니오로 대답하기만 하면 돼.
안 병장	네, 군검사님.
도배만	8인이 쓰는 생활관을 혼자 썼다는데 사실이야?
안 병장	제가 요청한 게 아니라, 전 그저 지시대로 (하는데)
도배만	(끊고) 네, 아니오로만 대답해, 안수호 병장.

안 병장, 고개 들어 도배만을 보는데- 생활관에서 보던 그 따뜻한 도배만이 아니다!

도배만	(차갑게) 생활관 혼자 썼어?
안 병장	…네, 그렇긴 한데…
도배만	(서류에 기입하며) 생활관을 단독으로 사용했다. (고개 들더니) 생활관을 단독으로 쓴 시기는 공기청정기가 설치된 직후고?
안 병장	(얼떨떨) …그 …그렇습니다.
	돌변한 도배만의 태도에 안 병장은 당황한 기색 역력한데-

31. 자료 보관실 (낮)
같은 시각. 자료 보관실을 둘러보던 차우인.

안유라	이젠 군검사님께서 생활하실 장교 관사 안내해 드릴게요.
차우인	거기 말고 조사실 먼저 가 보죠.
안유라	지금요? 도배만 검사님이 취조하고 계신데… 끝나고 보시면 안 될까요?

| 차우인 | 여기 투어 온 것도 아니고 관사는 제가 알아서 찾아갈게요. 한창 전쟁 중인 조사실로 가죠. 도배만 군검사님 스타일도 궁금하고. |

먼저 나가는 차우인. 난감한 얼굴로 따라 나가는 안유라.

32. (교차) 조사실 + 영상 조사실 (낮)

화면 가득 당황한 얼굴의 안 병장.

안 병장	그치만 공기청정기는 대위님, 아니 군검사님이 조치하신 거 아니었습니까?
도배만	(무표정하게) 내가? 왜?
안 병장	(표정 굳는) !!
도배만	혼자 쓰던 생활관에 외제 생수를 쌓아 놓고 마셨다는 증언이 있는데 이것도 사실이야?
안 병장	(억울) 제가 사 오라고 시킨 게 아닙니다.
도배만	누가 사 왔느냐가 중요한 게 아니라 생활관에서 외제 생수를 쌓아 놓고 마시는 특혜를 받았냐고 묻는 거야, 안수호 병장.
안 병장	…네, 마신 건 사실이지만…

그때- 조사실과 매직미러로 연결된 영상 조사실에 차우인과 안유라가 들어온다. 차우인, 매직미러를 통해 조사실의 도배만을 본다.

도배만	소대장한테 빨래 심부름을 시켰다는 증언도 있어. 사실이야?
안 병장	(벌떡) 정말 말도 안 됩니다. 제가 어떻게 소대장님한테 빨래 심부름을 시킵니까? 그냥 저를 배려해 주신 겁니다. 군검사님도 보셨잖아요?
도배만	배려? 글쎄. 소대장 증언은 정반대야. 진급에 불이익을 받을 거

같아서 어쩔 수 없이 했다고 증언했어.

안 병장   (눈빛 흔들리며) 그… 그럴 리가…

도배만   자기 부하의 빨래와 음료수 심부름을 했다는 사실에 심한 굴욕
감을 느꼈지만 어쩔 수 없이 했다고 했지.

안 병장   (눈빛 흔들리는)

도배만   그 외에도 (서류 보는) 제초 작업과 초소 근무 열외, 무단 외출,
불법 면회, 모기에 물렸다는 이유로 외출을 나갔다가 진단서도
제출하지 않고 다음 날 복귀. 이건 탈영에 해당하고…

영상 조사실에서 매직미러로 취조를 보고 있는 차우인.

도배만   지금 확인한 것들 중에 안 병장이 하지 않은 게 하나라도 있으
면 말해.

안 병장   (대답 대신 고개 숙이는)

도배만   (서류 밀며) 싸인해.

고개 숙인 안 병장, 테이블에 그의 눈물이 뚝뚝 떨어진다. 그 모
습 보던 도배만, 자리에서 천천히 일어나 안 병장 옆에 선다.

차우인   (혼잣말로) 왜 그러지?

도배만, 안 병장만 듣도록 작지만 분명한 목소리로 말한다.

도배만   억울하냐? 그러게 부모를 잘 만났어야지. 그랬으면 이런 더러운
꼴 안 당했을 거 아냐?

안 병장   (고개를 확 들어 도배만을 보는) !!

그 반응 예상했는지 도배만이 비릿하게 입꼬리를 올린다. 바로

그때- 매직미러창 너머 영상 조사실의 차우인 쪽을 바라보는 도배만.

차우인   (내가 보고 있는 걸 아는 건가) ??

매직미러를 사이에 두고 서로를 보는 도배만과 차우인의 모습에서-

33. 법무실 기자회견장 (낮)

화면 가득 도배만의 얼굴이 잡힌다. 단상에서 수사 결과를 브리핑하기 시작하는 도배만.

도배만   이번 구산은행장 아들의 황제복무 사건에 대한 국민적 관심과 사안의 엄중함을 느끼고 철저히 수사한 결과, 모든 혐의가 사실로 확인됐음을 밝힙니다.

도배만에게 쏟아지는 플래시 세례. 기자들은 빠르게 기사를 작성하기 시작하고-

도배만   저희 군검찰에서는 부모의 재력을 이용해 국가에서 모든 장병에게 공평하게 부여한 군 생활을 개인의 안위를 위해 활용하는 자들은 앞으로도 일벌백계할 것임을 분명히 밝힙니다. 아울러…

군인의 절도와 검사의 정의로움이 느껴지는 브리핑. 뒤에서 차우인이 도배만을 보고 있다.

도배만   이번 수사가 군복무의 특혜를 뿌리 뽑는 초석이 되기를 바랍니다. (방점 찍듯) 지금까지 군검찰 도배만 군검사였습니다.

도배만, 기자들을 향해 절도 있고 터프하게 경례를 때린다. 다시
한번 플래시 터지고-

34. 용문구의 로앤원 집무실 (낮)

용문구가 TV 뉴스를 보고 있다. 브리핑을 마친 도배만이 경례하
는 모습.

기자 (E)　　　문제가 된 병사의 아버지인 안병구 은행장이 책임을 통감한다
　　　　　　는 대국민 사과문과 함께 구산 은행장직을 사퇴했습니다.

용문구의 입가에 미소가 스며든다. 그 위로 탕탕! 총성과 함께-

노태남 (E)　　용 변호사님, 구산은행에서 상환 통보가 들어왔네요.

35. (과거) 클레이 사격장 (낮)

필드에서 클레이 사격을 하고 있는 노태남과 용문구. 훤칠한 키,
잘 관리한 체격, 훈남 그 자체인 노태남. 고글 쓰고 사격에 집중
하는 모습이다.

노태남　　　나 5천억 갚기 싫은데 어떡하죠? 그 돈 굴려서 떨어질 수익 생각
　　　　　　하면 후덜덜하잖아요. 지금이 단군 이래 가장 돈 벌기 쉬운 시대
　　　　　　아닙니까?
용문구　　　상환 결정은 작년에 바뀐 은행장 결정 사항입니까?
노태남　　　(끄덕)
용문구　　　그럼 은행장을 날려야겠네요. 이름이 뭐라구요?
노태남　　　안병구 은행장이에요.
용문구　　　먼지 좀 털어 보면 나올 겁니다. 빈자리는 회장님 사람으로 앉
　　　　　　히면 되고.

노태남	거기까지 오케이. 근데 문제가 있네? 은행장이 솜털 하나까지 깨끗해요.

엽탄을 장전하는 노태남. 총구를 들더니 방아쇠를 리드미컬하게 당긴다.

노태남	돈 문제 (탕) 여자 문제 (탕) 자식 문제 (탕) 비집고 들어갈 틈이 없어.
용문구	(미소) 사람은 절대 그럴 수가 없습니다, 회장님.
노태남	(피식 웃으며 보는) 그런가요? 전문가시니까 믿고 맡길게요.

36. (현재) 용문구의 로앤원 집무실 (낮)

만족스러워하는 용문구. 그때 노태남으로부터 문자가 들어온다.
〈용문구 변호사님 굿잡!〉

37. 법무실 기자회견장 복도 (낮)

몰려드는 기자들을 헤치며 복도로 나오는 도배만. 복도 저만치에 차우인이 서 있다.

차우인	도배만 군검사님.
도배만	법무참모님이 기다리고 계시니까 가면서 얘기하자구.

복도를 걸으며 대화하는 도배만과 차우인.

차우인	브리핑 잘 봤습니다. 앞으로 저도 많이 배우고 싶습니다.
도배만	조사실도 잘 훔쳐보셨고?
차우인	죄송합니다. 근데 안에서 안 보일 텐데요.
도배만	오늘 첨이니까 내가 살짝 팁을 줄까? 여기선 뒤통수에도 눈을

	달고 살아야 겨우 버틸 거야.
차우인	제가 운이 좋네요. 군검사님 같은 능력자 밑에서 시작할 수 있어서.
도배만	근데 어떡하냐. 그 운이 딱 절반만 좋네. 나 조만간 군복 벗거든.
차우인	아… 아쉽네요.
도배만	오자마자 조사실부터 훔쳐보고… 의욕이 넘치는 건 좋은데 절대 사고 치지 마. 나 무사히 전역할 때까지.
차우인	알겠습니다.

38. 법무참모실 [낮]

각이 베일 듯하게 군복을 입은 서주혁이 조금도 흐트러짐이 없는 자세로 동상처럼 앉아 있다. 신경질적인 눈매, 다부진 체격이 내추럴 본 군인의 느낌이다.

서주혁	(도배만 보며) 수사 잘했고, 브리핑은 더 잘했어.
도배만	넵.

서주혁, 시선 돌려 차우인 본다.

서주혁	차우인. 자네 같은 신임들이 군검사입네 하면서 올 때마다 내가 꼭 묻는 질문이 하나 있어. 자넨 군인인가? 검사인가?

그 모습 보고 있는 도배만. 그 위로-

플래시백_____

5년 전, 도배만이 임관 후 서주혁 앞에 서 있는 상황이다.

도배만	(여유만만) 저는 군검사복을 입었을 뿐… 군인입니다. (경례하는)

충성!

흡족한 미소 짓는 서주혁.

다시 법무참모실. 도배만은 차우인의 입에서 어떤 대답이 나올지 궁금한 얼굴이다.

차우인	질문의 요지를 파악 못 했습니다. 죄송합니다.
서주혁	계급이 먼저냐? 법이 먼저냐? 이 말이야. 명령과 법이 충돌할 때 무얼 우선시하겠냐고? 그렇게 말귀를 못 알아듣나?
차우인	전 군사법정에 서는 검사입니다.

그 말에 서주혁의 표정이 와락 일그러진다. 도배만은 흥미롭다는 얼굴이다.

서주혁	검사? 니가 왜 검사야? (강하게) 넌 군인이야.
차우인	전 그렇게 생각하지 않습니다.
서주혁	네가 지금 입고 있는 그 군복. 그거 벗어도 니가 검사야? 군법정에서 칼을 휘두를 수 있는 건, 그 군복에서 힘이 나오기 때문이야. 알겠나?
차우인	그래도… 저는 검삽니다.
서주혁	(표정 와락 굳는) !!
차우인	제가 상명하복 하는 군인이라면 저보다 높은 계급의 범죄자들을 법으로 심판할 수 없습니다. 그래서 저는 법정에서 군인일 수 없습니다.
서주혁	(어이상실) 니가 감히 (얼굴 가져가며) 누굴 심판해?
차우인	(끄떡없는) 범죄자라고 말씀드렸습니다.
서주혁	당장 나가!!

조금도 물러서지 않는 차우인. 도배만은 그 모습이 퍽 흥미롭다.

39. 법무참모실 복도 [낮]

법무참모실을 나오자마자 차우인 앞에 탁 서는 도배만.

도배만	(어이 없다는 얼굴로) 야, 너 정신 차려. 여기 군대야, 군대! 신임이 첫날부터 법무실 최상급자를 들이받으면 어떡해?
차우인	들이받은 적 없습니다. 질문에 대답했을 뿐입니다.
도배만	봐, 지금도 내 눈치 안 보잖아. 너…
차우인	(보는)
도배만	너 계속 그러면 군 생활 힘들다. 장교든 병사든 군대는 똑같이 군대야. 군대는 사회생활의 정점이고 (하는데)
차우인	(확- 차갑게) 충고는 됐습니다. 어차피 군복 벗으실 분 아니십니까?
도배만	(비아냥) 늙어 터진 말년은 상대 안 하시겠다?
차우인	넘겨짚지 마시죠.
도배만	하… (강한 어조) 전역 전날까지 확실히 굴려 줘야겠네. 따라와.

먼저 성큼성큼 걸어가는 도배만. 차우인도 뒤를 따른다.

40. 법무실 [낮]

도배만과 차우인이 법무실로 들어온다. 안유라와 윤상기*가 업무를 보고 있다.

차우인	앞으로 잘 부탁합니다.
윤상기	차우인 군검사님~ 충성! 뭐든 불러만 주시면 최선을 다해서 (하

---

* 법무실에서 군검사들은 사복과 군복을 혼용하는 반면, 안유라와 윤상기 같은 검찰수사관은 예외 없이 군복을 착용한다.

	는데)
도배만	(끊고) 그… 취조 미뤄 둔 병사 있지? 그 취조, 차우인 군검사한 테 넘겨.
윤상기	네? 그놈 취조를요?
안유라	오늘 오셨는데 숨 돌릴 시간은 주셔야죠. 이제 퇴근인데.
도배만	검사한테 퇴근이 어딨어? 안 그래? 차 (강조) 검사?
차우인	네, 군검사는 당연히 퇴근보다 사건이 먼접니다.
도배만	난 군인이라 일과 시간 끝나서 칼퇴합니다. 차우인 검사님은 오늘까지 사건 파악해서 내일 바로 취조 들어가 주시고…
차우인	(자신감) 네, 알겠습니다.

그때, 도배만 핸드폰에 들어오는 문자. 〈용문구 변호사 - 우리 와인 한잔해야지.〉 문자 보고 씩 웃는 도배만. 법무실 식구들에게 윙크하고 나간다.

윤상기	(찝찝한 얼굴로 서류 건네며) 이놈 되게 거친 놈입니다. 취조할 때 조심하세요.
안유라	(차우인 눈치 보는) 도 검사님께… 뭐 잘못하신 거 아니죠?
차우인	전 사건 가리지 않습니다.

41. 로앤원 로비 (밤)

경쾌한 발걸음으로 로비에 들어서는 도배만과 윤상기. 윤상기가 로비에 남으면- 보안 요원이 도배만에게 깍듯한 인사로 게이트를 열어 준다. 신분증을 찍고 들어오는 변호사들과 대비되는 도배만의 모습.

42. 용문구의 로앤원 집무실 (밤)

테이블에 세팅된 와인. 그 옆에 와인이 담긴 박스가 보인다.

비서	도배만 군검사님 오셨습니다.

도배만, 들어오면 용문구가 미소를 지어 보인다.

도배만	(90도로 인사하며) 약속하셨던 5년의 마침표로 이만하면 괜찮았습니까?
용문구	거기 소대장이 큰 역할을 했던데 뭘 먹인 거야?
도배만	빨래 심부름 말입니까? (웃음) 멕인 거 없습니다. 나중에 문제 생기면 큰일 나게요? 전 그저 그냥 흘리기만 했어요. 아버지가 은행장이라고.
용문구	나머지는 자기들이 다 알아서 움직인 거다?
도배만	작업 근무 빼 주고, 휴가 보내 주고. 배려를 가장한 특혜가 쏟아진 거죠.
용문구	(피식) 누가 군바리들 아니랄까 봐…

와인 박스를 열어 보는 도배만. 안에 지폐 다발이 채워져 있다.
저절로 미소 지어지고-

도배만	여기 로앤원 언제부터 출근할까요?
용문구	(와인 넘기며) 5년 구른 짬밥 안 아까워? 이번에 스타 군검사 됐잖아.
도배만	5년 전에 저한테 하신 말씀… 혹시 기억나십니까? 군대에 대한 증오심이든 동경심이든 정리하라는 거.
용문구	그래. 어느 쪽이야?
도배만	(지폐 다발 꺼내 냄새 맡으며) 둘 다 아닙니다. 전 여기서 나는 이 꼬리꼬리한 냄새가 좋을 뿐입니다.
용문구	(미소) 막상 가지게 되면 돈은 별것도 아니지. 차라리 그 안에서 막강한 권력을 가지는 게 어때?

테이블에 올려 둔 용문구 핸드폰이 진동한다. 'IM 디펜스 노태남 회장' 화면을 보게 되는 도배만.

용문구	(정중하게 핸드폰에 대고) 네, 회장님.
노태남 (F)	일도 잘 처리해 주셨는데 좀 봐야죠?
용문구	지금 회장실로 가겠습니다.
노태남 (F)	회사 말고 카르텔로 오세요. 축하할 일이니까.
용문구	그러죠. (핸드폰 끊는)
도배만	변호사님 각 잡게 만드는 사람이 누군지 궁금하네요. 저도 좀 소개해 주시죠.
용문구	(차가운) 아직 때가 아니야.
도배만	(애써 미소) 뭐, 알겠습니다. (와인 박스 들고 일어나며) 그럼 제가 차려 드린 밥상, 체하지 않게 꼭꼭 씹어 드시고 오세요.

도배만, 가려다가 멈춰 선다. 용문구에게 쐐기 박는데-

도배만	약속한 5년에서 단 하루라도 넘기시면 안 됩니다.

43. 로앤원 로비 (밤)

도배만, 핸드폰으로 '노태남'을 검색하며 걸어나온다. 화면에 뜨는- 노태남과 'IM 디펜스' 사진과 기사들.

도배만	뭐야? 나보다 어린 놈이… 회장이네?

기다리던 윤상기. 핸드폰에 시선을 놓지 못하는 도배만이 보인다. 노태남이 볼트를 끌어안고 있는 사진들.

도배만	(읽는) 소문난 애견인으로 알려져 있고 집에 항상 수의사와 애견

	조리사가… 나 참… 개가 부러워지려고 그러네.
윤상기	(앞에 서며) 뭘 그렇게 보십니까?
도배만	용문구 뒷배가 누군지 오늘에야 알게 됐다.
윤상기	누군데 말입니까?
도배만	(핸드폰 보여 주는) IM 디펜스 노태남 회장.

44. 클럽 카르텔 외경 (밤)

45. 클럽 카르텔 라운지 (밤)

목줄도 안 한 도베르만(이하 볼트)이 클럽 안을 어슬렁거리며 돌아다니고 있다. 볼트의 걸음에 따라 화려하고 럭셔리한 클럽 카르텔 여기저기가 보이고- 클럽 안 사람들, 볼트를 슬슬 피한다. 테이블에서 술 마시던 20대 남자가 볼트를 발견한다.

| 20대 취객 | (버럭) 야! 누가 개새끼 풀어놨어. 빨리 안 묶어. 확! 죽여 버리기 전에. |

그러자, 누군가 취객 앞에 턱 앉는다. 보면- 노태남이다.

노태남	넌… 술맛 떨어진다고 니 애새끼 목줄 채우라고 하면 아 예, 정말 죄송합니다, 하면서 채울 거냐?
20대 취객	이 새끼가 지금 뭐라는 거야?
노태남	대답해.
20대 취객	아아, 저거 니 개냐? 야 이 새끼야. 왜 개를 여기다 풀어놔서 (하는데)
노태남	(취객 목 탁- 잡는) 다시 묻는다. 언놈이 술맛 떨어지게 했으니까 (흥분해 가는) 니 애새끼 죽여 버린다고 하면…
20대 취객	(숨 막혀 컥컥) !!!

노태남	죽일 거냐고?
20대 취객	(누그러져서) 그게… 그러니까 나는 그냥 클럽에 개가 돌아다니니까…
노태남	내 말 씹어? 어? (서슬 퍼런) 죽일 거냐고!!! 니 애새끼!
20대 취객	(쫄아 드는) 죄… 죄송합니다.
노태남	아니, 용서는 나한테 빌 게 아니지. 상처는 우리 볼트가 입었는데.

휘이익- 크게 휘파람을 불자 어딘가 있던 볼트가 잽싸게 뛰어 노태남 앞에 멈춘다. 카르텔에 들어서는 용문구. 분위기 심상치 않은 노태남을 발견했다.

노태남	빌어.
20대 취객	(아우… 씨…) 미안… (안 나오는)
노태남	얼른!!
20대 취객	(어쩔 수 없이 형식적으로) 미안… 하다.
노태남	용서를 빌려면 눈을 맞추고 제대로 해야지. 우리 볼트가 오케이 할 때까지.

20대 취객. 결국- 노태남에게 질려서 바닥에 무릎을 꿇는다.

노태남	(웨이터에게) 이 새끼 내보내. 목줄 채워서.

그러다 뒤에 서 있던 용문구를 발견했다.

용문구	(고개 숙이더니) 여기 좀 처리하고 가겠습니다.
노태남	(휙 가는) 그러세요.

볼트가 앞서면 노태남이 밀실로 향한다.

46. 클럽 카르텔 밀실 (밤)

카르텔에 있는 밀실이다. 술을 마시고 있는 노태남과 용문구. 노태남, 진정이 된 모습.

노태남	은행장 아들, 얼마나 억울할까? 죄 없는 애를 영창 보냈잖아요.
용문구	자기 아버지한테 피해가 안 가도록 본인이 다 했다고 인정했습니다.
노태남	그 군검사, 죄책감 안 드나? 아무리 용 변호사님이 시킨 거지만…
용문구	(엷게 웃는)
노태남	검사라기보다 군인이네, 군인. 까라면 까는 군바리.
용문구	제가 어느 쪽으로 쓰느냐에 따라 다릅니다.
노태남	그건 변호사님 생각이죠. 그 군검사 속까지는 모르는 거 아니에요?
용문구	속은 몰라도 하나는 분명합니다. 오로지 돈에 충성한다는 거.
노태남	(웃으며) 우리 용 변호사님 한참 머셨네.
용문구	(보는)
노태남	꼰대 같이 사람을 겉으로만 키우니까 그렇죠. 이 세상에 돈에 충성하는 사람은 없어요. (볼트 만지며) 사람은 사람한테 충성하게 만들어야죠.

그때- 꽃미남 연예인 알렌(남, 20대)과 모델처럼 늘씬한 세나(여, 20대)가 들어온다.

알렌	(소파에 앉으며) 어라? 손님 있었네? (용문구 보며) 변호사님, 안녕하세요? (세나에게) 앉아.
세나	(불편한 얼굴) 응? 으응…
노태남	용 변호사님은 그만 가 보셔도 될 거 같은데 (술병 소리 나게 따르는) 우리 술 마시고 놀 건데 꼰대가 껴 있음 재미없거든.
용문구	(일어서며) 보고 끝냈으니 일어나려고 했습니다, 그럼.

노태남	(일어나는 용문구를 향해) 그 군바리 검사 한번 보고 싶네요.
용문구	자리 한번 만들겠습니다.
노태남	아니, 그런 거 말고. 나하고 둘만 보고 싶은데…
용문구	(멈칫) 그러죠. (문 열고 나가는)

47. 클럽 카르텔 복도 (밤)

용문구, 천천히 복도를 걸어 나가는데- 자존심이 퍽 상한 얼굴이다.

48. 국군 교도소 외경 (밤)

국군 교도소 건물이 보인다.

49. 국군 교도소 가족 접견실 (밤)

면회가 끝난 시간이라 작은 조명이 전부인 가족 접견실. 도배만이 혼자 앉아 있다. 잠시 후 문 열리면서 들어와 앉는 안 병장.

도배만	날 왜 불렀지? 아직 진술할 게 더 남았나?
안 병장	(눈에 핏발 선) 왜 내가 짓지도 않은 죄로 여기 있어야 합니까?
도배만	고작 그거 물으려고 이 밤중에 불렀냐? 그럼 더 이상 할 말 없고.

탁- 냉랭하게 자리에서 일어나는 도배만. 안 병장이 도배만을 붙잡는다.

안 병장	군검사가 증거 조작해서 멀쩡한 사람 죄인 만들어도 되는 겁니까? 당신이 그러고도 군검삽니까? 예?
도배만	(입꼬리 올리며) 그게 억울하냐?
안 병장	(흐느끼며) 네, 너무 억울해서 미쳐 돌아 버릴 것 같습니다.
도배만	벌써 잊었어? 넌 그럴 자격 없는 놈이잖아.

안 병장	(멈칫) !!
도배만	그럼 이제 알았겠네. 너한테 맞아 죽은 친구가 얼마나 억울했 을지.

플래시백_____

법무실. 도배만, 자신의 책상에서 안 병장의 자료를 보고 있다.
자료 박스에서 USB를 꺼내 안에 담긴 파일을 재생해 보는데-
과거 노래방. 고등학생 안 병장이 한 학생을 무참히 때리는 모
습들 컷컷. 피투성이가 된 몸으로 서서히 죽어 가는 학생.

안 병장	억울하냐? 그러게 부모를 잘 만났어야지. 그랬으면 이런 더러운 꼴 안 당했을 거 아냐?

의식을 잃었는데도 주먹질하는 안 병장. 옆에 있는 친구가 핸드
폰으로 찍고 있다.

다시 가족 접견실.

도배만	학폭으로 사람 죽이고 이름 개명하고, 군 생활 착실히 하면 과 거가 세탁될 거라고 생각했어? 세상은 그리 만만하지 않아.
안 병장	(차갑게 돌변해) 그게 이번 일하고 무슨 상관인데?
도배만	이제야 니 진짜 얼굴이 나오네? 그동안 그 얼굴 숨기고 군 생활 하느라 힘들었지?
안 병장	(분노) 하루아침에 사람을 이 지경으로 만들어 놓고… 정의의 사 도 흉내라도 내려는 거야?
도배만	정의? 그런 건 나하고 안 어울리지만, 덕분에 죄책감이 덜해졌 달까?
안 병장	이 개새끼가!!

확- 달려드는 안 병장의 목을 잡아 테이블에 눌러 버리는 도배만.

도배만   내 예감엔… 우리 인연이 여기가 끝이 아닐 거 같다.

안 병장   (컥컥 숨이 막히는)

도배만   다시 보자구.

안 병장 풀어 주는 도배만. 군복 매무새 다듬더니 가족 면회실
을 나선다.

50. 클럽 카르텔 밀실 (밤)

술잔과 술병이 즐비하고 약병이 보이는 테이블. 소파에 앉아 있
던 세나, 불안 초조해하는 얼굴이다. 벌떡- 자리에서 일어난다.

세나   (알렌에게) 오빠, 나 그냥 먼저 갈게. 이런 데라고 얘기 안 했잖아.

알렌   왜? 편하게 있어. (노태남에 기대는) 이 형, 되게 좋은 형이야.

노태남   (느끼하게 보며 술 마시는)

세나   저 그냥 커피 마시러 나온 건데… 이런 분위기인 줄 몰랐어요.
죄송해요.

노태남   (피식) 너 왜 그래? 다들 여기 들어오고 싶어 줄을 서는데.

세나   (일어나며) 저 가 볼게요. (백 챙기는데)

노태남   (술잔 아래로 하나씩 떨어뜨리며) 맘에 안 들면 커피 시켜 줄까? 신
경 써서 풀세팅까지 했는데 성의를 봐서라도 한 잔은 해야지?

알렌   (세나 달래며) 내 입장도 있는데 한 잔만 하고 가, 세나야.

노태남   (인터폰 연결) 여기 커피 한 잔 가져와.

웨이터가 커피 가져온다. 세나 앞으로 놓이는 커피 잔. 세나, 한
모금 마시고-

노태남	우리 볼트도 한번 쓰다듬어 줄래?

세나, 다가가 볼트를 쓰다듬자 좋아하는 볼트. 안심이 되는 세나 표정. 알렌이 그 틈을 이용해 몰래 술잔에 GHB*를 한 방울 떨어뜨린다. 그 잔을 받아 자기 앞으로 끌어 놓은 노태남. 둘의 호흡이 한두 번 솜씨가 아니다.

노태남	(세나에게 술잔 건네며) 저놈하고 어떻게 아는 사이야?
세나	(기분 약간 나아지는) 알렌 오빠 연습생 시절부터 완전 팬이었어요. 근데 오빠한테 인스타 디엠 와서 완전 좋았죠.
노태남	(미소) 그랬구나. 자… 마셔.

기분 누그러져서 술잔을 넘기는 세나. 그걸 보는 노태남의 모습에서-

51. 경찰서 정문 [새벽]

젊은 의경이 초소에서 꾸벅꾸벅 졸고 있다. 퇴근하던 차량이 초소 앞에 멈춰 서더니 유리창 찌잉- 열리면 도수경이다.

도수경	어이! (캔커피 던지며) 정신 똑바로 차리고!
의경	(엉겁결에 캔커피 받는)
도수경	(장난스레 경례하며) 수고!

도수경, 다시 차를 출발시켜 지나가려는데 갑자기 차 앞으로 무언가 뛰어든다. 급브레이크를 밟고 고개를 들자- 치마가 찢기고 얼굴이 상처와 피투성이인 세나다.

---

* 일명 '물뽕'으로 불리는 무색무취의 데이트강간 약물.

세나   (한 발 한 발 힘겹게 내딛으며) 저… 좀 살려 주세요.

세나, 그 자리에서 쓰러진다. 도수경, 차 문을 급하게 열고 나가 세나를 부축하는데.

52. 법무실 복도 - 법무실 (낮)

점심을 먹은 도배만과 윤상기, 안유라가 느긋하게 복도를 걷고 있다.

윤상기   장교씩이나 돼서 아직도 군기를 잡습니까? 지금 그 병사 취조받
           을 상태 아니잖아요.
도배만   너도 그랬잖아? 안유라 계장 처음 왔을 때, 군기 잡았어? 안 잡
           았어?
안유라   현장 나가서 시체 냄새 맡게 하고, 머리카락 찾으라고 3일 밤낮
           을 야산 뒤지게 했죠.
윤상기   내가 언제?
안유라   그랬잖아요? 내가 아직도 그 냄새만 생각하면 (욱)
윤상기   (쩔쩔매는) 그게 다 수사에 필요해서 시킨 거고… 내가 그렇게
           했으니까 오늘날 안 계장이… (히죽) 최고의 수사관이 된 거지.
도배만   (둘의 아웅다웅 보며 피식 웃는) 차 검은 취조 잘하고 있겠지?

그때 우당탕- 법무실 문이 벌컥 열리며 군인들 뛰어 나온다. 놀
란 도배만, 법무실로 들어가면 병사가 뒤에서 유리 파편을 차우
인의 목에 대고 있다. 도배만, 난장판이 된 법무실을 눈으로 재
빨리 훑는다. 박살 난 진열장 유리가 보이고-

차우인   (위협을 느끼며) 취조하다가 갑자기… 흥분했어요.

아! 그럴 줄 알았다는 표정으로 눈을 감는 윤상기와 안유라.

차우인   이쪽으로 오지 마세요. 내가 처리할게요.
도배만   (다가가는) 가만히 있어!
병사   (소리 지르는) 가까이 오지 마. 오지 말라고!!!

흥분한 병사. 유리 파편으로 차우인의 얼굴을 찌르려는 순간, 도배만, 황급히 병사의 손목을 잡아채더니 업어치기 해 창밖으로 던진다.

53. 법무실 일각(낮)

와장창! 3층 유리가 깨지며 떨어지는 병사. 주차되어 있던 군용 차량 지붕 위로 떨어진다. 윤상기와 안유라가 바로 뛰어나오고- 차우인도 급히 나온다. 윤상기가 주도해서 병사를 포박한다. 잠시 후, 느긋하게 걸어 나오는 도배만.

윤상기   (병사 잡아끌며) 따라와!

윤상기, 안유라가 병사 데리고 가면- 남겨진 도배만과 차우인.

차우인   제 잘못입니다. 처분 내리시면 달게 받겠습니다.
도배만   그래도 그 상황에서 침착하던데. 보기보다 대단하네. (잠시) 근데 방금…
차우인   네?
도배만   (뭔가 말하려다) 아니야.

도배만, 뒷말 남겨 둔다. 어쩐지 석연치 않은 뭔가가 남아 있는 얼굴인데-

54. 법무실 [낮]

책상에서 서류를 검토 중인 차우인. 자리에 앉아 업무 보는 척하던 도배만이 차우인을 곁눈질로 보고 있다. 그런 도배만을 윤상기가 의구심 가득한 눈으로 보는데-

55. [점프] 법무실 [밤]

어둑해진 법무실. 서류를 탁 덮는 차우인. 가방을 들며 자리에서 일어난다.

차우인   그럼 먼저 퇴근하겠습니다.
안유라   (같이 일어나며) 저두요.

도배만과 둘만 남게 되자 도배만 옆으로 다가와 탁 붙는 윤상기.

윤상기   (수상쩍은) 군검사님.
도배만   너 왜 그러냐? 아까부터 나만 쳐다보고.
윤상기   혹시? (부끄러워 몸이 꼬이는데) 군검사님… 우히히히히…
도배만   (끊고) 근데… 차우인 아까 좀 이상하지 않았어?
윤상기   이상하다… 이상하다… 라… 보통 그렇게들 시작이 되긴 합니다.
도배만   내가 보기엔 좀 이상해. 아니다. 정확한 단어가 생각이 안 나. 이상한 건 맞는데 이상하지 않고 뭐지? (생각) 그게 뭐지?
윤상기   (맞구나 싶은) 우리 군검사님… 돌 같은 심장에 드디어 꽃이 피는구나~

56. 부대 주차장 [밤]

주차장으로 걸어가며 대화하는 차우인과 안유라.

안유라   저하고 한잔 꺾고 가실까요?

차우인	(난감) 어떡하죠? 오늘 좀 중요한 일이 있어서…
안유라	(걱정스런) 아까 많이 놀라셨을 거 같아요. 이게 다 도배만 군검사님이 취조를 시켜 가지고… 제가 한잔 사 드리려고 했죠.
차우인	저도 아쉽네요. 나도 오늘 도 군검사님 엄청 씹고 싶었는데 (미소)

안유라, 차우인 목에 걸린 펜던트 목걸이에 눈이 간다. 알파벳 WI가 새겨진 모양.

안유라	(펜던트 보며) 더블유… 아이? 이름 이니셜인가 봐요?
차우인	네, 제 이름 두 글자예요.
안유라	예뻐요. 잘 어울려요.
차우인	(엷게 웃는)
안유라	푹 쉬세요~ 전 가 볼게요~

남겨진 차우인, 안유라가 멀리 사라진 걸 확인한다.

57. 차우인의 차 안 [밤]

차우인, 뒷좌석에 놓아둔 백팩을 들어 안에서 뭔가를 끄집어낸다. 보면 가발이다. 그것도 짙은 빨간색. 가발을 머리에 둘러쓰더니 백미러 보며 서둘러 화장을 한다. 그 위로-

도배만 (E)	어딘가 찜찜해. 수상해.

58. 법무실 [밤]

화면 가득, 의구심 가득한 도배만의 얼굴. 어두운 법무실에 도배만과 윤상기만 있다.

도배만	차우인 신상 파일 좀 가져와 봐.

윤상기	(빙고) 그쵸. 바로 그거죠. 상대에 대한 궁금증. 팔 수 있는 한 지구 끝까지 신상을 파 보고 싶은 그 욕구!
도배만	(때릴 듯 손 쳐들며) 당장 가져와.
윤상기	그래도 짝사랑과 스토커의 차이를 잘 구분해야 됩니다. 그게 굉장히 다른 거라서.
도배만	너 얼른 안 튀어 가?

뭔가를 던지려고 하자 잽싸게 밖으로 도망치는 윤상기.

59. 알렌의 주상복합 아파트 외경 [밤]
서울 중심가의 고급 주상복합 건물이 보인다.

60. 알렌의 주상복합 아파트 [밤]
술에 취한 알렌이 보인다. 양주 병과 지폐 다발이 어지럽게 놓인 테이블에서 또래 친구들 셋(멀대 외 친구들)과 카드를 치고 있다.

멀대	(알렌 얼굴에 난 손톱자국 보더니) 낯짝은 또 왜 그러냐?
알렌	(피식 웃으며) 카드나 치셔.
멀대	(활짝) 너 설마… (카드장 팍 놓더니) 카르텔 야동… 신작 나온 거야?
알렌	(빙글 웃으며) 신작은 무슨.
멀대	(확신 들어서) 이 새끼! 맞네, 맞어. 이게 얼마 만에 나온 최신판이냐?
친구1	단톡방에 바로 올려라. 강퇴 처맞기 싫으면.
알렌	그런 거 없으니까 카드나 쳐! 이 자식들아!
멀대	(알렌 앞에 돈다발 던지며) 오~ 숨기는 거 보니까 되게 쎈 건데?

그때, 현관 초인종이 요란하게 울린다. 알렌이 인터폰으로 가서 확인하면 모니터 화면에 여자가 보인다. 하이힐에 몸매가 드러

나는 원피스 차림, 차우인이다!

알렌	(버럭) 여기 여자 부르지 말랬잖아. 누가 불렀어?
멀대	안 불렀는데? (친구들 보며) 누가 불렀냐? (모니터 속 차우인을 보더니) 이야, 죽이는데~

알렌이 현관으로 가서 문을 열면- 빨간 가발에 커다란 선글라스를 쓴 차우인이 서 있다. 목에 걸린 WI 펜던트.

알렌	너 뭐야?
차우인	안녕하세요. 노태남 회장님이 보내서 왔습니다.
알렌	니가 태남이 형을 어떻게 알아? 그런 말 없었는데…
차우인	(미소 지으며) 회장님께서 기본에 팁까지 많이 주셨거든요. (찡긋)
알렌	(보더니) 그래? 일단 들어와.

차우인이 걸어 들어온다. 친구들은 카드를 내려놓고 눈을 떼지 못하는데. 차우인, 소파에 턱- 앉으며 다리를 꼰다.

알렌	태남이 형이 원래 좀 이게 (손가락으로 위아래) 심해. 오늘도 뭔가 기분 탓에 과잉행동을 한 거 같은데 (짜증) 여기는 함부로 알려주고 그러면 안 되는데… 아우 진짜.

알렌, 차우인을 경계하면서도 날씬한 다리에 눈길이 간다.

알렌	너… 여기 네 발로 찾아온 거 맞지? 나중에 딴소리하면 죽는다.
차우인	(목소리 돌변) 내 발로 찾아온 거 맞아.
알렌	갑자기 반말? 너 원래 이렇게 성격이 (미소) 급해?
차우인	응. 본론으로 바로 들어가자고. 전치 8주 나왔다.

알렌	(뭔 소린가 하며 보는) 뭐? 누가?
차우인	세나 말이야.
알렌	(눈 커지는)
차우인	너랑 노태남이 카르텔에서 세나한테 한 짓. 폭행 강간으로 8주! 심리 치료는 그보다 오래 걸리겠지. 아마 평생?
알렌	(인상 확 굳어지며) 너… 누구야?
차우인	여자를 약으로 기절시키고 핸드폰으로 촬영… 그리고 단톡방에 공유.
알렌	(표정 차갑게 굳는)
차우인	촬영한 핸드폰 내놔. 죽기 싫으면! 이 구더기만도 못한 새끼들아.

그 말에 알렌을 비롯해 모두의 표정이 험악해진다. 하나하나 얼굴을 똑바로 쳐다보고 있는 차우인. 알렌, 성큼성큼 현관으로 걸어가 문을 열어 복도를 확인한다.

인서트_____

복도에는 아무도 없다.

문을 걸어 잠그는 알렌. 멀대, 양주 병을 들고 다른 놈들도 무기가 될 것을 든다.

알렌	(골프채 들며) 간도 크게 여길… 혼자 왔네?
차우인	그래. 말로 해서는 안 듣겠지. 뭐 나도 말만 하려고 온 건 아니야.

각자 무기를 쥐고 차우인에게 다가오는 놈들. 소파에서 천천히 일어나는 차우인. 알렌이 차우인을 향해 골프채를 휘두르는데-

61. 법무실 [밤]

차우인 관련 서류를 읽어 보고 있는 도배만.

도배만   고등학교를 캘리포니아에서 나와 스탠퍼드 로스쿨에 들어갔지
         만 중퇴. 이후 3년 동안 기록이 전혀 없다가 국내 사법시험을 봐
         서 합격.

         그 위로 '와장창' 유리 깨지는 시끄러운 소리 겹쳐지면서—

62. 알렌의 주상복합 아파트 [밤]

알렌이 휘두른 골프채가 유리 장식장에 박혀 있다. 차우인이 몸
을 돌려 피한 것. 그 과정에서 WI 펜던트가 바닥에 떨어지고—

알렌   (골프채 뽑아 들며) 하… 운 좋은 년이네.
차우인   (여유롭게) 넌 운이 나쁘네. (벽체 만지며) 방음이 좋아서 니 곡소
         리가 밖으로 나가지 않겠는데?
알렌   주상복합이 원래 층간 소음 없거든!! 근데 이 미친년이!!!

알렌이 다시 골프채를 휘두르자 가볍게 탁 잡아채는 차우인. 골
프채를 뺏어 알렌의 목울대를 그대로 쳐 버린다. '끄아아악' 게
거품 물며 바닥에 나뒹구는 알렌. 고통스러워한다. 그 위로—

도배만 [E] 그 뒤로 국내 로펌에 들어가거나 법정에 선 경험도 아예 없고.

친구들, 각자 양주 병과 과도를 들고 차우인에게 달려든다. 양주
병을 뺏어 놈의 머리를 작살내고— 과도를 뺏어 놈의 허벅지에
깊이 찔러 주고— 강한 타격의 발차기. 투두둑— 관절꺾기로 온몸
을 비틀어 주는 차우인.

으아아악- 고통의 신음을 토하며 바닥을 기는 알렌의 친구들. 빨간 가발에 선글라스를 착용한 차우인의 현란한 액션. 그 위로-

도배만 (E) 그렇다고 군인 체질도 아니야. 체력검정을 턱걸이로 겨우 붙었어. 몸 쓰는 일은 젬병. 그 흔한 태권도 단증 하나 없어.

차우인이 알렌에게 다가간다. 이젠 완전히 겁을 집어먹은 알렌. 그 와중에 한때 권투를 배웠던지 두 팔을 눈높이로 올리며 자세를 취한다.

차우인 (픽 웃으며) 나도 가드 좀 올려 볼까? 오랜만에?

차우인도 숙련된 자세로 가드를 바싹 올린다. 휙휙 날아드는 알렌의 주먹을 가볍게 피하는 차우인. 알렌의 얼굴에 살인 주먹을 살벌하게 퍽퍽- 꽂아 버린다. 피 뿜으며 바닥에 처박히는 알렌.

차우인 일어나.
알렌 (신음과 울음이 뒤섞인) 끄흐흐흐…
차우인 (버럭) 질질 짜지 말고 일어나. 더 처맞기 싫으면.

그러자, 벌떡 일어나는 알렌. 맞을까 봐 소리 없는 울음을 내고 있다.

차우인 핸드폰 내놔.

알렌, 핸드폰 꺼내 건네려다가 주저하는데.

알렌 이게 근데 태남이 형도 연관된 거라 가만있지 않을 텐데요.

차우인	(대답 없이 가만히 보는)
알렌	노태남… 상대할 수 있으시겠어요?
차우인	(핸드폰을 낚아채더니) 내가 바라는 게 그거야.

차우인, 핸드백에 핸드폰 넣더니 주사기와 투약제를 꺼낸다. 알렌의 목에 그대로 주사기를 쑤셔 박는 모습 위로-

도배만 (E)	차우인. 대체 왜 군검사가 된 거지?

63. 법무실 (밤)

서류를 탁 덮어 버리는 도배만. 자리에서 일어나 윤상기 옆으로 가서 앉는다.

도배만	여기 적힌 거 말고 더 들은 거 없어?
윤상기	제가 군내 정보통인 거 아시죠? 전화 다 돌렸는데 아무도 몰라요. 법무관 동기들하고 교류가 전혀 없었대요.
도배만	(좀 이상한) 그래?
윤상기	근데 가만 보니까 짝사랑도 아니고 스토킹도 아니고 뭡니까? 대체 뭐가 그렇게 걸리십니까?

그 말에 도배만, 책상 서랍에서 대검을 꺼내더니 다짜고짜 윤상기의 얼굴을 향해 찌른다!

윤상기	(놀라서 눈 질끈 감으며) 으아아!!!

윤상기가 눈을 뜨면- 코끝 바로 앞에 대검이 아슬아슬하게 멈춰 있다!

윤상기	(울상) 갑자기 왜 이래요? 군검사님… 점점 이상해지셔.
도배만	겁을 안 먹었어, 차우인은.
윤상기	네?
도배만	이게 바로 내 모든 의문점의 시작이야.

플래시백_____

52신 상황이다. 병사가 든 유리 파편이 차우인의 얼굴을 향하자 도배만이 탁 잡아챈다. 그러고는 차우인을 보는데 두 눈을 똑바로 뜨고 있다! 전혀 흔들림 없는 강한 눈빛이다. 그렇게 서로를 보고 있는 도배만과 차우인.

다시 법무실. 테이블에 대검을 내려놓는 도배만.

| 도배만 | 겁먹은 척을 한 거지. |

64. 알렌의 주상복합 아파트 [밤]

알렌과 멀대, 그 외 카드 친 녀석들이 피투성이로 기절해 널브러져 있다. 핸드폰을 찾아 누군가에게 전화를 거는 차우인.

| 차우인 | (핸드폰에 대고) 끝났어. 와서 처리해 줘. |

핸드폰 끊는 차우인. 혈투를 벌이는 과정에서 바닥에 떨어진 WI 펜던트 C.U 그것을 줍는 모습 위로-

| 차우인 (Na) | 시간을 거꾸로 되돌릴 수만 있다면. 그럴 수만 있다면. 그날로 다시 돌아갈 수만 있다면. |

65. (과거) **차호철의 IM 집무실** (낮)

IM 디펜스의 회사 팸플릿을 보면서- 스케치북에 회사 건물 그림을 그리는 어린 차우인(6). 마지막으로 IM을 채워 넣다가 문득 궁금해져서 고개를 든다.

어린 차우인   아빠, 그런데 왜 우리 회사는 이름이 IM이야?

커다란 책상에 놓인 'IM 디펜스 회장 차호철' 명패. 업무를 보던 차호철이 방긋 웃는다.

차호철   우리 딸 이름을 따서 지었지.
어린 차우인   (고개 갸우뚱) 으응? 내 이름은 우인인데?
차호철   우인이 영어 이니셜은?
어린 차우인   더블유(W)하고. 아이(I).

어린 차우인, 스케치북에 대문자로 크게 적는다.

WI

차호철   뒤집어 봐.

어린 차우인, 스케치북을 뒤집는 모습에서-

66. (현재) **알렌의 주상복합 아파트** (밤)

주워든 펜던트를 뒤집는 차우인.

차우인 (Na)   정의와 진실이 모두 뒤집힌 세상. 거꾸로 보아야 제대로 보인다.

펜던트가 거꾸로 뒤집히면서 비로소 드러나는-

IM

펜던트를 보는 차우인의 얼굴, 처연함이 느껴진다. 그러다 눈빛 바뀌고- 고개 돌리는데- 창 너머로 초고층 IM 그룹의 건물이 보인다. 처연함이 분노로 바뀐다.

차우인 (Na) 나는 아버지를 잃고 모든 것을 잃었다.

2화

1. (과거) **차호철의 IM 집무실** (낮)

어린 차우인   아빠, 우리 회사 이름은 왜 IM이야?

차호철   우리 딸 이름을 따서 지었지.

어린 차우인   (고개 갸우뚱) 으응? 내 이름은 우인인데?

차호철   우인이 영어 이니셜은?

어린 차우인   더블유(W)하고. 아이(I).

어린 차우인, 스케치북에 대문자로 크게 적는다.

WI

차호철   뒤집어 봐.

어린 차우인   (스케치북을 뒤집으니 IM이 드러나자) 우와! 아빠 최고!!

아빠에게 달려가서 풀썩 안기는 어린 차우인. 딸의 이마에 뽀뽀
를 해 주고- 즐거워하는 부녀의 모습. 화면, IM 창가 밖으로 나
오면-

2. (현재) **알렌의 주상복합 아파트** (밤)

차우인의 시선으로- 창밖에 우뚝 서 있는 IM 디펜스 건물이 보
인다. 유리창에 언뜻 비치는 어린 시절 자신과 아빠의 모습. 그
때- 띠리릭 현관문 열리는 소리와 함께 사라지는 환영. 차우인,
고개 돌리면- 강하준이 들어와서 현장을 쭉 둘러본다.

3. **법무실** (밤)

차우인 생각에 골똘히 잠긴 도배만.

도배만   차우인… 확실히 수상하단 말야.

윤상기	차우인 군검사님보다… 지금은 순서상 IM 디펜스가 먼저 아닐까요?
도배만	(그 말에 번쩍) IM? 노태남 회사?
윤상기	네, 저도 군검사님 닮아서 궁금한 거 못 참지 말입니다. 제가 조사 좀 해 봤습니다.

스크린에 프로젝트로 쏴 올린 IM 디펜스 자료들이 뜬다.

윤상기	30년 전 창립된 IM 디펜스는 방위 중소 기업이었습니다. 소위 말해 그 당시 알짜 중에 알짜 중소 기업으로 업계에선 유명했죠. 현재는 방산뿐만 아니라, 항공기 엔진, 로봇, 보안 시스템으로 사업 분야가 늘었구요.
도배만	규모가 확 커졌네! 주력이 방위 산업이면 군하고도 접점이 있으려나?
윤상기	물론 있습니다! 노태남 회장 어머니가 바로 노화영 장군입니다.
도배만	(놀라는) 뭐?

화면에 뜨는 노화영 사진. 칼각 잡힌 군복과 가슴을 뒤덮은 훈장들. 날카로운 눈매, 압도적인 기운이 느껴지는 얼굴. 형형한 눈빛만으로 사진을 뚫고 나온다.

윤상기	유리 천장을 뚫어 버린 여장부. 대한민국 창군 이래 최초의 여자 투스타. 총이 아니라 눈으로 사람을 죽인다고 할 만큼 오금 저리게 하는 분이죠.

노화영의 사진을 주의 깊게 보는 도배만.

도배만	어머니가 노화영 장군이라… 흥미로운데. 그런데 노태남 같은

어린놈이 어떻게 회장을 하고 있는 거지?

스크린에 IM 디펜스 자료들이 뜬다. (7화 원기춘의 고발 증언 영상 포함)

윤상기	안정적이었던 회사가 갑자기 군사기밀 유출, 시세 조작, 횡령 사건이 연달아 터지면서 주가는 바닥을 쳤고, 전임 회장이 체포됐었죠.
도배만	음… 작전에 걸려든 건가?
윤상기	네. 공매도 치는 헤지 펀드 세력에게 회사가 털려서 법정 관리까지 갔죠. 그때 IM 디펜스가 헐값에 인수됐는데 그 주인공이 바로…
도배만	노태남이라는 거고?
윤상기	네. 하지만 노태남은 그저 얼굴마담일 거라는 소문이 있구요.
도배만	뒤에 누가 더 있다는 건데… 옛날 주인은 회사 뺏기고 어떻게 됐어?
윤상기	지금부터는 많이 찜찜한 대목입니다.

윤상기, 동영상을 띄운다. CCTV 화면으로 파고드는 비주얼.

4. 도로 - 경사로 〔낮〕

도로 펜스를 뚫고 공중으로 솟구치는 차량. 경사진 언덕을 무섭게 굴러떨어진다. 공중에서 차체가 몇 번을 뒤집히고서야 멈추는데. 잠시 후, 콰쾅- 폭발 일어나며 거대한 불덩이가 된다.

윤상기 〔E〕	재판을 받던 차호철 회장의 신변에 문제가 생겼습니다.

5. 법무실 (밤)

스크린에 떠 있는 사진. 이미 모두 타 버려 차량 골조만 앙상하게 남아 있다.

윤상기   사고 현장에서 차호철 회장은 사망했고, 조수석에 타고 있던 가족은 크게 다쳐 의식불명에 빠졌다고 합니다.

도배만   뭐가 찝찝하단 거야?

윤상기   사건 담당 검사가 바로 용문구 변호삽니다.

도배만   !!!

스크린에 용문구의 검사 시절 수사 발표 기자회견 뉴스가 나오고 있다.

용문구 (E)   돈이 많다고 판결 결과가 달라진다면 만인에게 평등해야 할 법이 다 무슨 소용일까요? 저희 검찰은 국민의 사법 불신을 심화시킨 차호철 피고인에 대한 엄정한 처벌을 내릴 것을 약속드립니다.

차호철이 수사관들에게 둘러싸여 법정에 들어가는 자료 화면.

윤상기   젊은 평검사에 불과했던 용문구 검사가 대어를 잡았다고 큰 화제였죠.

도배만   노태남과 용문구. 이번에 내가 날려 버린 구산은행장 수법하고 똑같네.

윤상기   수법이요?

도배만   하나, 사업상 제거해야 하는 적이 생긴다. 둘, 없는 죄를 만들어 덮어씌운다. 셋, 재판 가기 전에 사회적으로 매장시킨다. 넷, 노태남은 그 자리를 차지하고 용문구는 떨어지는 콩고물을 받아

먹는다.
윤상기   맞습니다. 용문구가 검사 옷 벗자마자 로앤원을 설립했으니까요.
도배만   노태남이 차려 준 거지. 회사를 통째로 먹게 해 줬는데.

6. 알렌의 주상복합 아파트 지하 주차장 [밤]

탁- 검은색 밴 차량의 뒷문을 닫는 차우인. 운전석에 앉은 강하
준 뒷모습. 차량이 떠나면- 언제 혈투를 벌였냐는 듯, 빨간 머리
에 선글라스, 멀쩡한 모습의 차우인이 보인다. 옆에 세워 둔 자
기 차에 타는 모습 위로-

윤상기 (E)   근데… 차우인 군검사님… 이 뭐가 그리 의심스럽습니까?

7. 부대 연병장 [새벽]

조금씩 어둠이 걷히고 새벽이 밝아 오는 부대 연병장을 걸어가
는 도배만과 윤상기.

윤상기   근거도 희박하신 거… 같은데… 진짜로 뭐가 있습니까?
도배만   감. (잠시) 내 뼛속 깊이 새겨진 감. 아주 어릴 때부터 남을 의식
하고 산 후유증이랄까? 나도 모르게 훈련이 된 거지.
윤상기   (보는)
도배만   뭔지 모르지만 뭔가 있다는 느낌.

의심이 가시지 않은 도배만의 얼굴 위로 차우인의 내레이션이
시작된다.

차우인 (Na) 의심을 한다는 것은… 믿음이 시작되었다는 말이다.

8. 〔교차〕 도배만의 차 + 차우인의 차 〔새벽〕

새벽녘의 한적한 도로. 각기 반대 방향에서 달려오는 도배만과 차우인의 차. 터널로 들어선다.

차우인 (Na)   어둡고 긴 의심의 터널을 통과하기만 한다면 의심은 강한 믿음으로 바뀌기 때문이다.

차가 터널을 빠져나오면 운전대 잡고 있는 도배만의 얼굴 위로-

차우인 (Na)   제아무리 굳건하게 쌓아 올린 믿음도 의심이라는 균열이 생기는 순간 유리잔처럼 부서진다.

전속력으로 달리는 차우인의 차량.

차우인 (Na)   그리고 깨진 것은… 칼날이 된다.

그때- 핸드폰이 울린다. 액정에 뜬 '한세나' 연결하면.

세나 (F)   언니.
차우인   (걱정스러운) 세나야, 좀 어때?
세나 (F)   (울먹이며) 저… 부탁이 있어요.
차우인   내가 지금 병원으로 갈게.

블루투스 끊는 차우인. 그 위로 며칠 전 과거가 끼어든다.

9. 〔과거〕 경찰서 민원실 〔새벽〕

문을 열고 급히 들어오는 차우인. 옷과 머리가 엉망인 채 의자에 앉아 있는 세나가 보인다.

차우인	(놀라서) 세나야!
세나	집에… 연락할 수가 없었어요. 언니밖에… (북받치는)

흐느끼는 세나. 차우인이 다가가 세나를 안아 준다.

차우인	괜찮아… 진정해, 세나야.
세나	(울먹이는)
차우인	아무 일도 없을 거야. 내가 왔으니까 이젠 괜찮아.

세나, 그 말에 감정이 복받쳐 울기 시작한다. 꼭 끌어안아 주는 차우인. 둘의 모습을 뒤에서 도수경이 안타까운 얼굴로 지켜보고 있다.

10. [과거] **경찰서 일각** [새벽]

차우인과 도수경이 경찰서 일각에 서 있다. 도수경이 명함을 내민다.

도수경	강력 1팀 도수경 형사라고 합니다.
차우인	차우인이라고 합니다. 경위를 말씀해 주실 수 있을까요?
도수경	한세나 씨 진술에 의하면 성폭행을 당했다고 합니다.

짐작했던 말이 도수경의 입에서 나오자 차우인의 눈빛이 떨린다.

차우인	세나가 피의자를 특정했습니까?
도수경	아직 아닙니다. 누군지는 아는데 겁을 내는 것 같습니다.
차우인	다른 사항은요?
도수경	약물에 의한 마취 상태였던 것 같고, 장소는 강남에 있는 카르텔이라는 클럽이었구요.

차우인	(다시 짚는) 카르텔이라고 하셨습니까?
도수경	(차우인을 살피며) 네. (잠시) 한세나 씨가 친한 언니라고 하던데… 검사시라고요.
차우인	아… 군검삽니다.
도수경	(놀라며) 군검사요? 어느 사단에…
차우인	(급해서) 일단 세나 병원에 입원부터 시킬게요.
도수경	네, 병원 연락처 저희한테 주시면 (하는데)
차우인	(끊고) 제가 다시 연락드리겠습니다.

짧게 고개 숙이고- 세나가 있는 경찰서 안으로 들어가는 차우인.

11. [현재] 병실 [낮]

차우인이 병실에 들어온다. 침대에 누워 있는 세나, 먹지도 자지도 못해 멍한 얼굴이다.

차우인	(안타까운 얼굴로 세나의 손을 잡으며) 세나야.
세나	(고통스러운 얼굴) 저 괜한 짓을 한 거 같아요. 경찰에 신고한 거요.
차우인	…
세나	동영상에 찍혔어요. 그놈들이 핸드폰으로 찍었어요. (눈물 뚝뚝 떨어지는) 저 이제 어떡해요? 그걸로 협박하면, 인터넷에 올리기라도 하면… 생각만 해도 미쳐 버릴 것 같아요.
차우인	세나야.
세나	언니. (눈물 글썽) 부탁 하나만 할게요. 언니 군검사잖아요? 맞죠? 검사라고 하면 그놈들도 겁내지 않을까요?

차우인, 세나를 보다가- 망설이다 결심하고.

차우인	그 동영상, 나한테 있어.

세나	(동공 커져서) 네?
차우인	그 동영상 아무도 못 봐. 경찰에도 아직 말하지 않았어.
세나	(놀라) 동영상이 어떻게 언니한테 있어요?
차우인	지금은 말해 주기 곤란해. 때가 되면 다 말해 줄게.

차우인, 가방에서 동영상 파일이 담긴 USB를 꺼낸다.

차우인	지금 중요한 건 널 위해서도 날 위해서도 이 동영상이 필요하다는 거야.
세나	언니를 위해서도요?
차우인	이거 없이는 재판 시작하지 못해. (세나 손에 USB를 쥐어 주며) 하지만 선택은 네가 해야 돼. 세상 누구도 모르게 묻어 두고 싶은지, 그놈들에게 대가를 치르게 하고 싶은지.

차우인과 세나, 두 사람의 시선이 허공에서 잠시 얽힌다.

세나	(보다가) 저 그냥 묻어 둘래요. 다시는 떠올리기도 싫어요.
차우인	(어쩔 수 없는) 네 선택이 그렇다면 그렇게 하자.
세나	문제 삼지 않으면 그놈들도 절 그냥 두겠죠?
차우인	내가 널 지켜 줄게. 아무 걱정하지 마.

눈시울 붉어지는 세나. 그런 세나를 안타깝게 보는 차우인.

12. 병원 로비 [낮]

병원 로비로 나오는 차우인. 대형 TV에서 뉴스가 나오고 있다.

기자 (E)	내일 열릴 예정이었던 아이돌 가수 알렌의 콘서트가 전격 취소되었다는 소식입니다. 소속사에 따르면 알렌이 일체의 모든 연

락을 끊고 잠적했다는데요. 팬들의 항의가 빗발치자 소속사는
환불 요구에 응하겠다고…

뉴스를 보며 로비를 걸어 나가는 차우인.

13. 노태남의 차 안 [낮]

고급 외제 차량의 뒷좌석. 노태남의 출근길이다. 노태남, 옆에
앉아 있는 볼트의 머리를 쓰다듬어 주는데 핸드폰이 울린다.

노태남   (핸드폰에 대고) 네.
용문구 (F)   회장님, 뉴스 보셨습니까?
노태남   무슨 뉴스요?
용문구 (F)   알렌이 사라졌습니다.
노태남   !!

14. IM 디펜스 로비 [낮]

노태남이 볼트와 함께 로비에 들어선다. 최고 명품으로 휘감은
복장, 검은 선글라스. 회장이라기보다 철없는 졸부 청년의 모습.
볼트의 하네스엔 다이아몬드가 박혀 있다.
보안 직원들, 노태남과 볼트가 지나갈 때마다 허리를 90도로 숙
인다. 걸어가는 내내 알렌에게 핸드폰을 걸어 보는데- 계속 받
지 않는다.

노태남   (짜증 꽉) 이 새끼… 뭐야!

15. 노태남의 IM 집무실 [낮]

노태남과 볼트가 집무실에 들어오면, 기다리고 있던 용문구가
일어나 고개를 숙인다. 럭셔리한 의자(차호철 회장 의자)에 앉는

볼트.

용문구   아직도 연락이 안 됩니까?

노태남   (핸드폰으로 알렌 번호 다시 눌러 보지만) 안 받아요, 안 받아.

노태남, 귀찮다는 듯 핸드폰을 테이블에 툭 던진다.

노태남   알렌 새끼 잠수 타는 거 특기잖아요. 콘서트 앞두고 스트레스 터진 거지.

용문구   잠적은 종종 했지만 그럴 때도, 회장님 전화를 꼭 받았죠.

노태남   그치. 내 성격 잘 아니까…

용문구   잠적이 아닙니다. (매섭게 보며) 그날 카르텔에서 무슨 일이 있었죠?

노태남   (날카롭게) 거기서 카르텔이 왜 나와요? 거기랑 아무 상관없어요.

용문구   그동안 회장님 사건 사고들 모두 일이 터지기 전에 막아 왔습니다. 오죽하면 제 스스로 회장님의 법률 대리인이 아니라 법률 경호원이라고 할까요? 법정 가기 전에 해결 보는 게 제 방식입니다.

노태남   특수부 검사 출신 아니랄까 봐 아주 사람을 쫙쫙 쪼시네. 일 처리할 땐 좋았는데, 막상 내가 당하니까 기분이 아주 엿같네.

용문구   그날 같이 있었던 여대생… 과 관련된 일이죠?

노태남   (찔려서 획- 용문구 째리는데) …

용문구   (쐐기 박듯) 이번에도 또… 찍었습니까? 동영상?

노태남   (개짜증) 아… 증말. 내 사생활을 어디까지 말하라고요! 네?

흔들리지 않는 용문구의 표정을 보면서 은근슬쩍 시선 돌리는 노태남인데-

16. (과거) 클럽 카르텔 밀실 (밤)

전 신의 노태남이 얼굴이 겹쳐지면서- 약에 취한 모습으로 술
잔을 넘기고 있다. 옆자리 알렌은 세나에게 강제로 키스를 하고
있다.

세나   …아… 오빠, 제발. 이러지 마. 제발.

약 기운 때문에 마음대로 몸을 가눌 수 없지만, 필사적으로 반
항하는 세나. 노태남이 그 모습을 키득거리며 보고 있다. 몸부림
치던 세나, 손톱으로 알렌 얼굴에 깊게 상처를 낸다. 뺨에 선명
하게 그어지는 손톱자국.

노태남   야, 너 얼굴 기스 났다.
알렌   뭐? (얼굴 만져 보고) 아!! 너 돌았어?

노태남, 세나의 따귀를 때리고 벽으로 내던진다. 악- 소리 내며
바닥에 뒹구는 세나.

노태남   니 오빠 공연 며칠 안 남은 거 몰라? 응? 팬이란 년이 얼굴을 할
            퀴면 어떡해? 니가 이러고도 알렌 팬이야? 이 미친년아!!
세나   잘못했어요. 그러니까 제발 나가게 해 주세요. 제발.

노태남, 양주 병을 들어 벽에 내리친다. 윗부분이 깨진 양주 병
을 들고 울먹이는 세나에게 다가가는 노태남.

노태남   (알렌 보며) 쟤 표정 나온다. 지금 딱 찍어야 돼. 핸드폰 줘 봐.

그 말에 알렌이 자기 핸드폰을 꺼내 노태남에게 건넨다. 알렌이

세나에게 다가가 강제로 옷을 벗기려 든다. 그 장면을 촬영하는 노태남의 모습에서.

17. (현재) 노태남의 IM 집무실 (낮)

용문구, 아뿔싸 예상이 맞았구나 하는 얼굴이다.

용문구	(생각 가다듬고) 일부러 알렌 핸드폰으로 찍은 겁니까?
노태남	핸드폰에 가급적 뭐 남기지 말라면서요? 맨날 잔소리하잖아?
용문구	(애써 감정 누르고) 애초에 시작을 말았어야죠.
노태남	됐죠? 난 다 말했어요. 이제 용 변이 알아서 하시고.

용문구, 생각을 정리하는 얼굴이다.

용문구	알렌이 동영상과 함께 사라진 거군요. 일단 알렌부터 찾아보겠습니다.
노태남	(인사하고 나가는 용문구를 향해) 그 사람더러 찾아보라고 해요.
용문구	(멈춰서더니) 누구 말입니까?
노태남	황제복무 처리했던 군바리 검사. 실력 좋던데.
용문구	(돌아선 채 대답 없는)
노태남	왜요? 싫어요?
용문구	(뒤돌아서) 군검사도 검삽니다. 도배만이 회장님 사적인 영역에 깊이 들어오는 거… 좋지 않습니다.
노태남	그러니까 해 보라구요. 조만간 시킬 일이 하나 있거든. 사적인 영역으로.
용문구	(멈칫) !!

18. 수제 양복점 (낮)

재단사가 도배만의 치수를 잰다. 팔 길이, 가슴 넓이, 다리 길이

등. 거울 보며 이리저리 비춰 보며 감탄한다.

재단사　　　체격이 어쩜. 비율도 좋으시고. 간만에 작품 하나 만들어 보겠는데요? 언제 입으실 건가요?

도배만　　　(빙긋) 제 느낌에 조만간 입을 일이 생길 것 같아서 미리 마련해 두는 겁니다.

치수 재기가 끝나자, 입고 온 사복으로 갈아입는데, 그때- 핸드폰 울린다. '용문구 변호사'

도배만　　　(핸드폰에 대고) 네, 변호사님.

용문구 (F)　지금 바로 내 집무실로 좀 오지.

19. 용문구의 로앤원 집무실 [낮]

도배만이 들어선다.

도배만　　　(꾸벅) 바로 달려왔습니다. 무슨 급한 일이라도…

용문구　　　알렌이라고 알아? 아이돌 가수.

용문구, 태블릿에 알렌 사진 띄워서 도배만에게 보여 준다.

도배만　　　알렌… 이름은 들어 봤습니다.

용문구　　　실종됐어. (하다가) 아니, 아직 실종으로 단정하긴 이르고 연락 두절이라고 해 두지.

도배만에게 주상복합 도어 록 키를 건네는 용문구.

용문구　　　알렌이 친구들하고 카드 치는 아지트가 있어. 거기부터 찾아봐.

도배만	네, 알겠습니다. (바로 나가려고 하는데)
용문구	찾으라는 이유, 궁금하지 않나?
도배만	(돌아서며 미소로) 아이돌 가수를 저한테 찾으라는 이유. 사람이 사라졌는데 왜 경찰서 안 가고 저한테 왔는지 묻지 않냐구요?
용문구	그래.
도배만	(각 잡힌) 군인은 궁금해하지 않을 것을 궁금해하지 않는다. 군인은 명령에 따를 뿐이죠. 되묻지 않습니다.
용문구	(피식 웃는)
도배만	무엇보다… 하나도 궁금하지 않습니다.

그렇게 말 남기고 가는 도배만. 남겨진 용문구의 얼굴 위로-

도배만 (E)	완전 궁금해 미치겠는 게 생겼다! 상기야!!

20. 알렌의 주상복합 아파트 로비 - 복도 [낮]

로비에 들어서는 도배만. 복도를 걸어가며 윤상기와 통화를 하고 있다.

윤상기 (F)	뭡니까? 우리 군검사님 궁금한 건 1분도 못 참으시는데.
도배만	아이돌 가수 하나 신상 좀 파 봐라. 알렌이라고.
윤상기 (F)	알렌이요? 요즘 대세 그 알렌이요?

통화하는 틈틈이 복도 주변을 살피는 도배만. 천장에 박힌 CCTV 위치를 확인한다.

도배만	사생활, 주변 사람, 여자관계. 최근 한 달치 행적까지 탈탈!!
윤상기 (F)	근데 왜 군검사님 목소리가 신나게 들리죠?
도배만	알렌이라는 놈. 아무래도 노태남 회장 사람인 거 같아. 용문구

변호사가 숨기고 있지만… (허세) 내 촉은 누구도 못 따라와.

윤상기 (F) 바로 신상 털기 들어가겠습니다, 충성.

도배만 (미소로) 그래. 완전 충성이다.

21. 알렌의 주상복합 아파트 보안실 [낮]

한쪽 벽면이 모니터들로 가득한 보안실. 도배만이 보안 요원의 말을 듣고 있다.

보안 요원 한밤중에 화재 신고가 나서 난리도 아니었어요. 주민들 다 대피하고, 소방차 출동하고 아주 생난리였다니까요.

도배만 화재 신고요?

보안 요원 누가 장난을 친 건지, 실수를 한 건지 야간 근무자들 다 출동해서 사고 처리 마치고 돌아와 보니까…

도배만, 한쪽에 위치한 컴퓨터 서버랙 쪽으로 시선을 돌린다.

도배만 씨씨티비 자료가 다 지워져 있었군요?

보안 요원 네, 딱 한 스팟만 빼고.

도배만 거기가 어딥니까?

보안 요원 10층 복도 쪽 8번 카메라.

도배만 그 자료 좀 볼 수 있을까요?

보안 요원 (힐끔) 그건 좀 곤란한데요. 그 집이 아이돌이 사는 데라… 특별한 사유가 없으면.

도배만 (봉투 찔러 넣으며) 사유는 적당한 걸로 골라 적으시죠.

22. [점프] 알렌의 주상복합 아파트 보안실 [낮]

모니터 앞에서 CCTV 녹화 자료를 돌려 보던 도배만. 화재 신고가 나기 직전 알렌 방에 들어가는 여자 모습이 찍혀 있는 걸 발견한다. (그 뒤는 신호 없음으로 녹화되지 않았다.)

프린트 버튼을 누르자 찌지지직- 사진이 인쇄되어 나온다. 사진을 꺼내 드는 도배만. 각도 때문에 얼굴은 보이지 않고 강렬한 빨간 머리와 선글라스가 인상적이다!

23. 알렌의 주상복합 아파트 (낮)

삐리릭- 도어 록 열리는 소리 들리면서 도배만이 알렌의 주상복합에 들어선다. 내부는 깨끗하다. 매의 눈으로 내부를 살펴보는 도배만. 그때, 대리석 바닥 구석에서 뭔가를 발견한다. 깨진 유리 조각인데 피가 말라붙어 있다! 면봉으로 닦아 내 보는데-

도배만   피…

장갑을 끼고 소파 아래 바닥을 쓰윽 쓸어내린다. 그러다 도배만의 손가락이 멈춘다. 주머니에서 핀셋을 꺼내 소파에 붙어 있는 빨간 머리카락 한 올을 집는다.

도배만   …이거구나. (사진 속) 빨간 머리.

증거 수집 비닐에 머리카락을 집어넣는 도배만. 비닐 안에 담긴 빨간 머리카락으로 확대해 들어가는 화면.

24. 차우인의 차 안 (낮)

전 신의 머리카락 화면 받아서- 글로브 박스 안에 있는 빨간 가발이 보인다. 차우인, 빨간 가발 옆에 있는 휴지를 꺼내고 문을 닫는다. 운전대 잡고 있는 차우인, 차량이 백화점 주차장으로 들어간다.

25. 백화점 명품 시계숍 (낮)

진열장에 전시된 값비싼 명품 시계들을 보고 있는 차우인. 점원이 다가와 안내를 한다.

차우인　직장 상사에게 선물할 건데 어떤 게 좋을까요?

점원　직장 상사요? (미소로) 혹시 미래에 남자 친구로 발전할 분이신가 보죠?

차우인　(미소로) 불쾌하네요, 그런 말은.

점원　(바로 꾸벅) 죄송합니다. (다시 미소) 너무 고가인 브랜드는 받으시는 분이 부담을 느끼실 수 있겠지만… 저희 제품은 실용적이면서도 가격대도 적정선이라 마음에 드실 겁니다.

그때, 차우인의 눈에 시계 하나가 들어온다.

차우인　(손가락으로 가리키며) 이게 좋겠네요.

26. 법무실 (낮)

선물 상자를 풀어 보는 도배만. 그 시계가 담겨 있다. 단박에 놀라는데-

도배만　이걸 나더러 받으라고? (어이없는) 이건 선물이 아니고 뇌물이야.

말은 그렇게 하지만 시계에서 눈을 떼지 못하는 도배만.

차우인　곧 떠나실 상관한테 뭐 하러 뇌물을 드리겠습니까? 취조 때 구해 주신 보답입니다. 제가 신세 지고는 못 사는 성격이라.

도배만　물론 마음은 물건으로 보여 주는 게 맞아. 맞지만 이건 좀…

차우인　도 군검사님 취향도 모르고 해서 제 맘에 드는 걸로 골라 봤습니다.

도배만	(흠) 취향은 정확히 맞췄네.
차우인	그럼 전 사격 훈련하러 나갑니다.
도배만	(진정성 없이) 어어. 이봐, 차 검. 시계 가져가야지.

나가는 차우인. 보고 있던 윤상기와 안유라가 달려와 시계를 본다.

윤상기	(생각에 잠긴) 시계를 준다… 그것도 제법 비싼 시계를… (안유라 보며) 이건 부하가 상사에게 주는 걸 넘어서는 거 맞지?
안유라	이런 시계는 남친한테도 못 해 주죠. 결혼 상대라면 모를까.
윤상기	(!!) 겨… 겨… (생각) 과연 뭘까?
안유라	(갸우뚱) 과연 뭘까요? 차우인 군검사님 속이 뭘까요?
윤상기	(고민하다가 안유라랑 눈 마주치고) 그치 그치? 나랑 지금 같은 생각하는 거지? 맞지? 아우 간지러. (갑자기 가슴 근처를 벅벅 긁는데) 여기가 간지러워서 미치겠다. 으히히히.
안유라	(쿵짝 맞는) 심장 간지러운 거 그거 진짜 참을 수 없죠.
도배만	(소리 빽-) 둘 다 일 안 해?

도배만, 시계 상자를 챙겨서 밖으로 나가는데-

27. 법무실 앞 복도 [낮]

도배만이 복도로 급하게 나오자 차우인이 보인다.

도배만	(따라붙으며) 차우인.
차우인	어? 어디 가세요?
도배만	사격장 간다면서? 나도 사격 할당 채우려고.
차우인	아, 네.

사격장을 향해 걸어가는 두 사람. 약간은 어색한 분위기. 도배만이 먼저 입을 연다.

도배만   나도 시계에 상응하는 걸 선물하고 싶은데 뭐가 필요해?

차우인   주고받으면 선물한 보람 없습니다. 그리고 전 필요한 게 없고.

도배만   그래? …허, 이거 참…

차우인   제대하시면 이제 못 뵙잖아요. 그냥 몸의 일부처럼 24시간 차주시고 아껴 주시면 감사하겠습니다.

28. 국군 교도소 외경 (낮)

29. 국군 교도소 면회실 (낮)

설악(남, 35), 면회실 의자에 앉아 누군가를 기다린다. 찰랑거리는 생머리. 외모에 신경을 많이 쓰는 예술가 느낌의 조폭. 잠시 후, 면회실 문이 열리더니 설악 앞에 앉는 누군가. 안 병장(황제복무)이다.

설악   (잔뜩 힘주며) 나가 이렇게 오라 가라 헌다고 오는 사람이 아닌디.

안 병장   보다시피 내가 나갈 처지가 아니라서.

설악   나가 뭘로 밥 먹고 사는지나 알고 부른겨?

안 병장   대화 안 되는 놈들, 제발 말로 해 달라고 빌게 만드는 일.

설악   (우쭐하며 둘러보는) 요 안에서도 정보가 훤~한개벼. 근디 여는 왜 들어오셨댜?

안 병장이 사진을 꺼내 설악 쪽으로 밀어 준다. 도배만 사진이다.

안 병장   이 새끼 알지?

설악   (허허헝 코웃음) 알다마다요. 사자성어로 불구대천이란 말이 있어.

안 병장	난 그런 말 몰라.
설악	아닐 불. 하늘 천. 같은 하늘 아래 숨 쉴 수 없을 정도의 원수라는 뜻이지라.
안 병장	그래서 당신이 적임자야. 둘 사이 악연, 이번 기회에 확실히 정리해.
설악	악연은 쌍방일 때나 악연이고. 나는 일방으로 당한 거라 그리 퉁치면 나가 한이 맺히지. 근디 뭔 소리를 하려고 이리 똥폼을 잡는겨?
안 병장	죽여, 도배만.
설악	(멈칫) !!!

테이블에 놓인 도배만 사진 위로 총성이 울린다. 탕탕탕.

30. 부대 실내 사격장 (낮)

K5 권총이 불을 뿜고 있다. 방음용 헤드셋을 착용한 도배만과 차우인이 사격을 하고 있다. 쏘는 족족 과녁지 중앙에 탄착군이 형성되는 도배만. 반면 차우인의 총알은 과녁지를 제대로 맞히지 못한다.

도배만	(권총 내리며) 내가 몇 달만 늦게 제대했으면 노하우 제대로 전수해 주는 건데. (잘난 체) 운이 없네.
차우인	(건성) 그러게요. 아쉽네요.
도배만	원래 그렇게 리액션이 건조해? 무슨 말에도?

차우인, 무시하고 과녁지를 향해 쏘지만 빗나간다. 도배만이 권총을 내려놓더니 차우인 뒤에 선다.

도배만	어차피 전쟁 나갈 것도 아니니까 부담 없이 스포츠로 접근합시다.

차우인	(이거 뭐지? 싶은)
도배만	모든 스포츠의 기본은 자세야.

뒤에서 자세를 잡아 주는 도배만. 차우인, 예상치 못한 행동에 약간 당황한다.

도배만	하나! 상체의 긴장을 풀고, 양발은 어깨너비보다 조금 더 벌리고, 팔꿈치와 무릎을 살짝 구부려서 이등변 삼각형을 만들어. 그래야 총구의 흔들림을 최소화하고 사격 반동을 흡수할 수 있어.
차우인	(자세 취하는)
도배만	그리고 가장 중요한 건, 두 번째. 누구 하나를 떠올려서 저 앞에 세워. 방아쇠를 당장 당기고 싶은 사람.

그때 도배만 핸드폰이 울린다. 차우인에게 계속 하라는 손짓하며 나간다. 혼자 남겨진 차우인, 누군가를 생각하는 듯한 표정인데- 차우인의 상상으로 표적이 나타난다. 얼굴이 흐릿해서 누군지 식별이 불가능하다. 이내 권총을 빠르게 집어 들더니 도배만이 교정해 준 자세로 방아쇠 당긴다. 탕탕탕- 세 발 연속 명중, 과녁지 한가운데가 너덜너덜해진다.
한편, 사격장 너머 유리창에서 그 모습 보고 있는 도배만. 명중된 과녁지와 차우인 번갈아 보며- 놀라서 어안이 벙벙하다. 대체 뭐지? 하는 얼굴로 차우인을 뚫어지게 보는 도배만.

31. 설악의 차 안 [낮]

설악, 뒷좌석에 몸을 기댄 채 조금 전 안 병장과의 면회를 떠올린다.

플래시백_____

29신과 이어지는 장면이다. 국군 교도소 면회실, 안 병장이 차가

운 얼굴로-

안 병장	죽여, 도배만.
설악	(놀라서 주위를 둘러보더니) 거, 사람들 들어!
안 병장	(피식) 쫄긴. 여긴 싸제 감옥하고는 달라.
설악	(목소리 낮추는) 아무리 그랴도 검사를 어떻게 담군다는겨?
안 병장	이번 일 잘해 주면 나랑 인연이 될 수 있어. 어때?

다시 차 안. 설악, 생각을 정리한 듯한 얼굴이다.

부하1	형님, 어디로 모실까요?
설악	(결심이 선) 단톡방에 있는 아들 다 모이라고 혀.
부하1	네, 알겠습니다.

32. 용문구의 로앤원 집무실 [낮]
도배만이 용문구에게 보고를 하고 있다.

도배만	어젯밤 알렌이 친구들이랑 아지트에서 있었던 것까지는 확인이 됩니다. 같이 카드 쳤던 친구들도 모두 연락 두절. 씨씨티비 뒤져 봤는데 자료는 다 삭제되고 보안실 서버하고 독립된 카메라에서 건진 겁니다.

도배만, 테이블에 사진을 올려놓는다. 빨간 머리 여자(차우인) 사진이다.

도배만	그 시각, 유일한 방문객입니다. 누군지 알겠습니까?

빨간 가발과 선글라스로 중무장해서 여자의 얼굴을 알아보기는

힘들다.

용문구   (사진 보는) 이게 전부야?
도배만   하나 더 있습니다.

도배만, 유리 조각이 든 비닐 팩을 꺼낸다. 용문구의 시선이 유리 조각에 엉겨 붙어 있는 피에 꽂힌다.

도배만   현장에서 입수한 알렌 물건을 가져다가 DNA 대조해 봤습니다.
용문구   결과는?
도배만   알렌의 혈흔이었습니다.
용문구   (표정 굳어지는)
도배만   이거 단순한 연락 두절로 보기엔 점점 스케일이 커지는 것 같은데요.
용문구   함부로 넘겨짚지 마.
도배만   네.
용문구   알렌이나 찾아내.
도배만   알겠습니다. 단서를 더 모아 보면 그때 퍼즐이 맞춰지겠죠.

33. 로앤원 로비 [낮]

로비로 나오는 도배만. 핸드폰이 울린다. 받아 들면-

윤상기   군검사님, 좌표 찍혔습니다.
도배만   어딘데?
윤상기   클럽 카르텔이라고 들어 보셨습니까?
도배만   카르텔?

34. 클럽 카르텔 앞 (낮)

불 꺼진 카르텔 간판 앞에 서 있는 도배만. 그 위로-

윤상기 (E) 이틀 전 알렌이 여자 한 명이랑 왔었답니다.

35. 클럽 카르텔 내부 (낮)

도배만이 천천히 들어선다. 지나가던 종업원을 붙잡는데-

도배만 말씀 좀 묻겠습니다. 여기가 가수 알렌 단골 클럽이죠?
종업원 (군대 말투로 곤란한) 그건 왜지 말입니까?
도배만 이틀 전에 알렌이랑 같이 왔던 여자가 누군지… 좀 알고 싶은데.
종업원 (도배만 밀어내며) 가시지 말입니다.

그렇게 실랑이를 벌이다 그제야 도배만 얼굴을 확인하는 종업원.

종업원 혹시… 황제복무 수사하신 군검사님 아닙니까?
도배만 (놀라는) 어? 알아보네요?
종업원 (각 잡고 경례 붙이며) 충성!
도배만 (엉겁결에 경례 받으며) 쉬어.
종업원 도배만 대위님, 저 4사단 본부에서 작전병으로 군 생활하다 제
      대한 지 한 달 됐습니다.
도배만 아, 그랬어?
종업원 (작게) 뭐가 궁금하십니까?
도배만 알렌과 동석한 여자, 그리고 혹시 그날… (핸드폰으로 노태남 검색
      해서 사진 보여 주는) 이 사람도 같이 있었나?

36. 클럽 카르텔 앞 (낮)

어깨 힘주며 만족스러운 얼굴로 나오는 도배만.

| 도배만 | (혼잣말) 역시 예상한 대로 노태남 회장하고 관련된 거였어. 이젠 알렌만 찾으면 되는데… 대체 이놈 어디 있는 거야? |

37. 산길 (밤)

차우인이 운전하는 차량이 외진 국도의 산길을 타고 있다.

38. 폐군부대 외경 (밤)

주둔 병력이 떠나 폐쇄된 군부대 모습이 보인다. 철조망은 심하게 녹슬어 있고, 연병장은 관리를 안 한 탓에 잡초로 무성하다. 연병장 한가운데 도착하는 차량. 차우인이 내린다. 알렌의 아지트를 급습했던 그 차림이다. (빨간 가발과 선글라스)

39. 폐군부대 컨테이너 막사 (밤)

컨테이너 막사로 들어오는 차우인. 알렌과 멀대 외 친구들이 밧줄로 꽁꽁 묶여 포박되어 있다. 놈들을 향해 걸어가는 차우인의 얼굴 위로—

40. (과거) 몽타주 (밤)

알렌의 주상복합 아파트. 피떡이 되어 쓰러져 있는 알렌과 친구들. 차우인, 알렌의 목에 주사기를 쑤셔 박는다. 친구들에게도 찔러 넣는다.

| 차우인 | (정신을 잃어 가는 알렌을 보며) 니가 한 짓, 이번엔 직접 당해 봐. |

복도로 나와 화재 버튼을 누르는 차우인. 건물 전체에 사이렌이 울린다. 보안실 직원들이 일제히 밖으로 나가면 잠시 후 들어오는 차우인. 폐쇄회로 영상이 녹화되는 하드랙에서 하드를 모두 빼 버린다.

41. 〔현재〕 폐군부대 컨테이너 막사 〔밤〕

차우인이 알렌에게 다가가 입 가리개를 내린다. 세나에게 긁힌 손톱자국 선명한데 – 알렌, 오랫동안 가리개로 입을 다물지 못한 고통으로 말을 잘 못한다. (대사는 자막으로)

알렌   (아파서 소리 제대로 안 나오는) 어… 어기(여기)… 어이야(어디야)?
차우인   어딜까? 여기가…
알렌   (턱과 입이 고통스럽다) 아… 이바…(씨발)
차우인   니가 평생 가 볼 일 없는 곳이야. 군대.
알렌   어? (뭐) 구대(군대)? 그에(그게) 대체… 무은(무슨) 마리야(말이야)?

차우인, 알렌의 어깨를 툭툭 친다.

차우인   이 어깨가 얼마짜리더라? 강남 전문 병원에서 견관절 다방향성 불안정. 쉽게 말해서 어깨 탈구 수술!
알렌   (놀라서) 어? (어깨 감싸 쥐고) 저이(저리) 가! 아암 아려(사람 살려)!
차우인   (어깨 더 세게 치며) 수술 비용으로 따질까?
알렌   아악… 아!!
차우인   아니면 면제받은 18개월 동안 니가 벌어들일 돈으로 매길까?

알렌, 더 이상 못 참고 '으아아' 하면서 차우인에게 달려드는데 – 피하던 차우인의 눈썹에 상처가 나고. 차우인, 주사기를 꺼내 든다.

알렌   으악… (다시 말 안 나오는) 아암 아려(사람 살려)!!!
차우인   (주사기 밀어 넣으며) 내가 다시 올 때까지 더 자자.
알렌   으아아아악!

42. 법무실 [낮]

도배만과 차우인이 회의 테이블에 둘러앉아 있다. 문이 열리면서 들어오는 서주혁. 두 사람, 기립하고 경례를 붙이는데— 한 박자 늦는 차우인. 서주혁, 날카롭게 보는데 (알렌에게 입었던) 눈썹 상처에 아주 작은 밴드를 붙였다.

서주혁	차우인 (얼굴 쳐다보며) 그 눈썹은…
차우인	(멈칫) 네?
서주혁	화장인가? 반영구인가? 아니면… 문신인가?
차우인	(알아듣고) 원래 눈썹입니다.
서주혁	그래? 눈썹은 통과. 하지만 두발 상태가 매우 불량해.
차우인	제 머리스타일을 말하시는 거라면, 군모 착용에 지장을 초래하지 않기 때문에 불량하지 않다고 생각합니다.

차우인이 반박에 표정이 와락 굳는 서주혁. 분위기가 싸해진다.

서주혁	도배만 대위, 국방부에서 정한 부대관리훈령 24조가 뭐였지?

그 말에 차우인— 또박또박한 말투로 대답한다.

차우인	가발 착용이나 머리 염색 등 군기강을 저해하는 행위를 해서는 안 되며 짧은 머리형은 뒷머리가 상의 카라 끝선에 닿지 않아야 하며 긴 머리형은 묶거나 틀어 올려서 머리핀이나 망으로 고정해야 한다, 라고 적혀 있습니다.
서주혁	(빈정대는) 잘 아네… 군검사씩이나 돼서 규정을 어길 생각이야?
차우인	(당당) 1988년까지는 여군은 출산을 할 수 없다는 군 내부 규정이 있었죠. 시대에 뒤떨어진 군대 규정은 바뀌어야 합니다.
서주혁	뭐?

도배만	죄송합니다. 제가 시정하게 하겠습니다.
차우인	(도배만 보는) 전 잘못한 게 없습니다.

서주혁, 표정 흔들리지 않는 차우인 보다가-

서주혁	내가 충고 하나 할까? 군대는 말이야… 똑똑한 군인은 좋아하지만 똑똑하고 정의로운 군인은 아주 (강조) 싫어해.
차우인	(표정 굳건한) …
서주혁	그중에서도 최악의 군인이 누군지 알아?
차우인	(지지 않고 보는)
서주혁	똑똑하고 정의로운데 여자인 군인이야. 딱 너지, 차우인.

서슬 퍼런 서주혁. 그대로 나가 버린다. 차우인, 눈 하나 깜짝하지 않는다. 도배만, 차우인 보며 '피식' (호감의 의미) 보내고 서주혁 따라서 나가는데-

43. 법무참모실 [낮]

서주혁이 군화와 양말을 벗는데- 도배만, 족욕기에 더운물을 받아 와서 서주혁의 발을 마사지한다. 조금 전 위세와 다르게 도배만에게는 편하게 대하는 서주혁.

서주혁	감히 직속상관한테 따박따박 말대답이나 하고 볼수록 괘씸해.
도배만	죄송합니다. 제대 연기하는 한이 있더라도 군인 만들어 놓고 나가겠습니다.
서주혁	썩은 나무에는 조각할 수 없는 법이야. 썩은 나무는 애초에 버려야지.
도배만	(보는)
서주혁	차우인 계속 저런 식이면 전출을 보내든, 징계 때려서 불명예

제대를 시키든 처리할 거다.

그 말에- 도배만, 잠시 서주혁을 보다 다시 마사지를 한다.

서주혁	(발 마사지 느끼며) 아으… 너 제대하면 이건 누가 해 주냐? (눈 감고) 난 여군이 싫다. 신성한 군복에 향수나 뿌리는 것들.
도배만	(피식) 그런 속마음 요샌 다 드러내시면 안 됩니다. 아까 차 대위한테 하신 말도 많이 위험하셨습니다.
서주혁	갈수록 군 생활이 꼬일라 그러는 건지… 이번에 새로 부임하는 사단장도 여자 장군이다. 걱정스럽네.
도배만	누군데 말입니까?
서주혁	노화영 장군.

그 말에 손을 탁 멈추는 도배만.

서주혁	그야말로 별들의 전쟁에서 남자들 모가지 다 날려 버리고 그 자리에 올랐다는 거 자체가 보통 여자가 아니란 거지.
도배만	(생각하는)
서주혁	(도배만 힐끔 쳐다보더니) 왜 너도 맘에 안 드냐?
도배만	(억지로 웃어 보이는) …아닙니다.
서주혁	하긴 어차피 떠날 놈이 뭔 상관이겠냐?

44. 차우인의 관사 [밤]

침실, 서재, 거실, 부엌, 화장실이 있는 공간. 생활에 필요한 최소한의 가구들만 보인다. 여자의 집이라기보다 여군의 집이다.

거실이 가장 넓은데- 차우인의 개인 체육관이라고 하기에 더 적합한 공간이다. 각종 운동기구들- 러닝머신부터 철봉, 각종 웨이트 기구, 홈짐 세트, 필라테스 기구들. 차우인, 철봉에 한 손으로 매달려 능숙하게 푸시업을 하고 있다. 오랜 시간 단련한 듯- 가볍게 동작들을 해낸다.

작은 장식장엔 젊은 차호철과 6살의 차우인이 권투 글러브를 끼고 크로스한 사진 액자가 보이고- 아버지와 찍은 다정한 사진들이 보인다. 불 꺼진 거실 창가에 달빛이 비치고- 헉헉 숨소리와 바닥에 뚝뚝 떨어지는 땀방울.

45. 도배만의 관사 (밤)

같은 시각. 차우인에게 받은 시계 상자가 탁자 위에 놓여 있다. 열어 보니 영롱하게 빛나고- 시계를 차 볼까 고민하다가 결국 차 보는 도배만. 그 위로-

차우인 (E)   몸의 일부처럼 24시간 차 주시고 아껴 주시면 감사하겠습니다.

플래시백_____

30신 상황이다. 차우인. 권총을 빠르게 집어 들더니 도배만이 교정해 준 자세로 방아쇠 당긴다. 탕탕탕- 세 발 연속 명중, 과녁지 한가운데가 너덜너덜해진다.

다시 현재, 생각에 잠긴 도배만.

도배만   차우인도… 단서가 더 맞춰지면 퍼즐이 완성되겠지.

그때- 책상에 올려 둔 핸드폰이 울린다. 액정에 떠 있는 '용문구 변호사'

46. 도배만의 관사 일각 (밤)

도배만과 용문구 뒤로 관사 건물이 보인다.

도배만	알렌 찾는 과정에서 여자 둘이 링크되더군요. 하나는 이미 보고 드린 정체불명의 빨간 가발. 다른 하나는 한세나라고 3일 전 클럽 카르텔에서 알렌 외 1인에게 불미스러운 일을 당했다고 경찰에 신고했습니다.
용문구	(순간 멈칫) 신고를 했다고?
도배만	(표정 주시하는) 한세나에 대해서는 알고 계셨군요?
용문구	그래.
도배만	그럼 알렌 외… 1인은 누굽니까?
용문구	그거까지 알 필요 없어.
도배만	(잠시) 노태남 회장인 거 알고 있습니다.

도배만의 말에 멈칫하는 용문구, 이내 피식 웃으며 도배만을 빤히 보는데-

용문구	답을 이미 알고 있는 질문을 했다?
도배만	이왕 알게 된 거 자세히 말씀해 주시는 게 변호사님께 도움되지 않겠습니까? 급한 일이신 것 같은데…
용문구	(보는)
도배만	한세나는 고소를 취하했습니다. 강북의 한 종합 병원에 입원 중이고. 조만간 알렌도 찾을 수 있을 겁니다. 그러려면 보상이 좀 필요한데…
용문구	바라는 게 뭐야?
도배만	노태남 회장님을 뵙고 싶습니다.
용문구	(보는) !!

47. IM 디펜스 외경 (낮)

48. IM 디펜스 로비 (낮)

도배만과 윤상기가 로비에 들어선다. 18신에서 맞춘 슈트를 빼입은 도배만. 그 위로-

용문구 (E) 내일 노태남 회장과 약속을 잡아 놓지. 하지만 그냥 형식적인 만남인 거 명심해.

로비 엘리베이터 앞에서 도배만을 기다리고 있는 용문구가 보인다. 용문구 뒤로 노태남의 대형 초상화가 걸려 있다.

윤상기 저 두 사람 사이로 들어가는 게 왠지 불안한데 차라리 군대에 평생 말뚝 박는 게 낫지 않을까요?

도배만 (웃는) 용문구 변호사 덕에 얼어 죽을 5년, 잘 먹고 잘 보냈지. 이제 나와서 더 잘 먹고 잘살 테니… 두고 봐라, 상기야.

윤상기 (걱정) 정말 괜찮을까요? 저도 군검사님 따라 나가야 하는데.

도배만 너 내 감 알지? (눈을 감고) 나를 위해 달려오는 노태남이라는 운명 같은 파도에 몸을 던진다. 다른 놈들은 죄다 빠져 죽었겠지만 나는 빠져 죽지 않는다. (눈을 번쩍 뜨더니 쐐기 박듯) 반드시 그 파도에 올라타고 말 거다!!!

로비 한 중간에서 조우하는 도배만, 윤상기와 용문구.

윤상기 (용문구에게 고개인사 하더니 도배만에게) 차에서 기다리고 있겠습니다.

보안 요원의 도움을 받아 엘리베이터에 탑승하는 도배만과 용문구.

49. IM 디펜스 엘리베이터 (낮)

두 사람, 말없이 각자 앞만 본다. 도배만, 잠시 시계를 보는데- 용문구가 슬쩍 본다.

용문구   오늘, 양복도 그렇고 노 회장 본다고 신경 많이 썼네? 특히 그 시계.

도배만   (시계 보이며) 이거… 선물 받았습니다.

용문구   혹시 여자?

도배만   할 일이 태산인데 그럴 시간이 어딨습니까? (문 열리자) 가시죠.

오히려 용문구보다 앞서 나가는 도배만.

50. 노태남의 IM 집무실 (낮)

도배만, 기세등등하게 들어온다. 노태남, 데스크에 앉은 채로 도배만을 응시하는데.

도배만   (허리 굽혀 인사하며) 군검사 도배만이라고 합니다. 불러 주셔서 영광입니다, 노태남 회장님.

인사를 받는 둥 마는 둥 소파에 푹 앉는 노태남. 옆에 볼트가 앉아 있다.

노태남   이름 특이하네요. 가만있자 뭐랑 비슷한 이름인데. 도배만… 도배만… 도베르만!! 우리 볼트도 도베르만인데? (볼트 보며) 그치, 볼트?

볼트   멍멍!

도배만   (과하게 웃는) 하하하. 어렸을 때부터 제 별명입니다, 도베르만.

노태남   놀림 좀 받으셨겠네. 하필 개랑 이름이 같아서.

도배만	하하하… 받은 적 없습니다. 그럴 것 같은 놈들은 미리 교실 밖으로 던져 버렸죠. 학생이든 선생이든 예외 없이.

용문구, 도배만을 째려보는데- 말 줄이라는 손짓. 오버하지 말라는 뜻.

노태남	(보다가) 본론으로 바로 들어가죠. 내가 바빠서.
도배만	네, 회장님.
노태남	그러니까… 병역 빼려는 놈들 감옥에 넣는 게 군검사님 일이죠?
도배만	(여유로) 그놈이 군인이면 제가 처리하죠. 혹시 주위에 신고하고 싶은 놈이 있습니까? 제가 당장 (하는데)
노태남	(끊고) 나 군대 좀 빼 줘요.
도배만	(황당해서) 네?
노태남	군대 가기 너무 싫어서 그래요.

예상치 못한 노태남의 요구에 용문구도 당황한다. 일순 굳어지는 도배만의 얼굴에서-

51. IM 디펜스 주차장 [낮]

운전석에서 편한 자세로 핸드폰을 보던 윤상기. 그때, 차창 너머로 SUV 차량(설악 일당)이 다가와 멈춘다. 짙게 선팅된 차량 내부. 윤상기는 핸드폰을 보느라 눈치를 채지 못한다.

52. 노태남의 IM 집무실 [낮]

다소 굳은 얼굴의 도배만.

도배만	역시 회장님이시네요. 군검사한테 병역 회피를 대놓고 부탁하실 줄이야.

용문구	(난감) 회장님, 그런 일이라면 제가 따로 알아보겠습니다.
노태남	용 변호사님은 잠시 빠져 주시고… 그럼 이렇게 바꿔 말해 보죠. 우리 군검사님 역량이 얼마나 되는지 (하는데)
도배만	(끊고) 절 테스트해 보시겠다는 말이군요.
노태남	테스트라는 단어에 거부감이 든다면 기회라고 생각하세요. 나 하고 같이 갈 수 있는 사람인지 아닌지 기회를 드리는 거라고.
도배만	(자존심 팍 상한 얼굴로 일어나며) 기회라…

도배만, 당장이라도 테이블을 뒤엎을 분위기 풍기는데- 용문구, 눈을 질끈 감는다. 하지만- 바닥에 무릎을 팍 꿇더니 허리를 넙죽 숙이는 도배만.

도배만	저는 기회를 판단하지 않습니다. 기회가 절 판단하겠죠.
노태남	(옅게 웃는) 오…
용문구	(버럭) 도배만! 함부로 대답할 자리가 아니야!
도배만	(거침없이) 그 기회, 한번 꽉 잡아 보겠습니다.
노태남	이렇게 바로 답을 들을 줄은 몰랐는데. 첨부터 날 놀라게 하는 사람이 있네. 군인 그 자체야, 우리 도베르만 군검사님!

기분 좋아진 노태남, 무릎 꿇고 있는 도배만을 일으켜 주며 어깨를 두드려 준다. 용문구는 뒤에서 둘의 모습을 냉랭한 얼굴로 지켜보고 있다. 묘한 구도를 이루는 세 사람의 모습에서-

53. IM 디펜스 주차장 [낮]

주차장으로 나오는 도배만과 용문구. 윤상기가 기다리고 있다. 심기가 매우 불편한 얼굴의 용문구.

| 용문구 | 그렇게 덜컥 수락하면 어쩌자는 거야? 그것도 군검사가! |

도배만	(대답 없이 보는)
용문구	방법 있어?
도배만	(미소 짓는) 방법, 없습니다.
용문구	그러면서 하겠다고 한 거야?

여유로 용문구를 보던 도배만. 갑자기 표정이 매서워진다. 그러더니-

도배만	쉽진 않겠죠. 하지만 제가 언제 누가 놔 준 길로 간 적 있었습니까? 길은 언제나 제가 간 뒤에 생겨났죠. 이번에도 만들어서 가겠습니다.
용문구	(표정 굳어지며) 뭐?
도배만	설마 제가 길을 찾을까 봐 걱정되는 건 아니시겠죠?

예리하게 각을 세우는 도배만과 용문구.

도배만	(고개 숙이며) 그럼 가 보겠습니다.

도배만, 운전석에 타더니 그대로 가 버린다. 거리 두고 그 모습 지켜보는 SUV 차량.

54. 노태남의 IM 집무실 [낮]

도배만을 보내고 다시 집무실에 들어오는 용문구.

용문구	(참지 못하고) 이 문제는 저하고 먼저 논의를 하셨어야죠!
노태남	(욱하며) 아 거… 진짜 요새 내 성질 건드리려고 작정하셨나?
용문구	군대 문제는 그렇게 단순한 문제가 아닙니다.
노태남	(버럭) 군대 가서 어디서 굴러먹었는지 모르는 새끼들하고 한솥

밥 먹으라고? 이 노태남더러? 그건 나 죽으란 소리잖아요!!!

들고 있던 물건을 벽에 던져 버리는 노태남.

용문구   딱 하나만 말씀드리겠습니다. 어머님께서 아시면 두고만 보지
않으실 겁니다.

노태남   (멈칫) !!

냉랭한 얼굴로 나가는 용문구인데.

55. 로앤원 대회의실 (낮)

용문구가 대회의실로 들어선다. 초대형의 웅장한 공간. 중앙에
대형 샹들리에가 번쩍거리고 대리석 테이블과 수입 의자로 꾸
며져 있다. 용문구, 가운데 상석으로 가서 앉으면 로앤원의 변호
사들 모두가 착석한다. 변호사들이 일어나서 브리핑을 시작하
는데, 용문구는 생각에 잠겨 있다. 회의실 소리 잦아들고- 도배
만의 말이 들려온다.

도배만 (E)   설마 제가 길을 찾을까 봐 걱정되는 건 아니시겠죠?

표정 와락- 일그러지며 두 손으로 테이블 쾅- 치는 용문구.

용문구   배은망덕한 놈!

순식간에 대회의실에 있던 변호사들이 용문구를 일제히 쳐다본다.

56. 법무실 (낮)

각자 자리에 앉아 업무를 보고 있는 도배만과 차우인. 서주혁이

들어선다. 모두 일어서는데-

서주혁   (도배만 보며) 오늘 사단장님 취임식이다. 차우인 대위 데리고 정
         복 착용, 시간 엄수해서 참석해! 이상!
도배만   네! 알겠습니다.

         서주혁, 차우인 한 번 째려보고 나가는데-

57. 병원 외경 [낮]

58. 병원 복도 [낮]

병원 복도에 들어서는 누군가의 구둣발. 다름 아닌 노태남이다!
용문구와 통화를 하며 걸어가고 있다.

노태남   병원 도착했어요. 근데 세나 여기 있는 건 어떻게 알아냈어요?
용문구 (F)   도배만이 입수했습니다.
노태남   (만족) 역시 군바리 검사.
용문구 (F)   요즘 같은 때 행여 신고라도 하는 날엔 문제가 정말 커집니다.
           제 말 명심하시고 절대 윽박지르지 마세요.

통화 끝나자 노태남의 시선에 '한세나' 표찰이 달린 병실이 보
인다. 피식- 입꼬리 올리며 병실에 들어가는데.

59. 병실 [낮]

세나가 입원한 병실에 들어서는 노태남. 침대가 비어 있다. 열린
창문으로 커튼이 살랑살랑 흔들리고 있다. 노태남, 창문으로 가
서 밖을 둘러보는데- 호수 공원 난간에 세나가 보인다.

60. 병원 앞 호수공원 (낮)

병원 건물이 뒤로 보이는 호숫가. 입원복 차림의 세나가 호수를 보고 있다. 잔잔하게 일렁이는 물결. 세나, 주머니에서 USB를 꺼낸다. 던질까 말까 계속 망설이는 얼굴. 바로 그때 등 뒤에서 들리는 소리.

노태남 (E)   세나야, 여기 있었니? 한참 찾았잖아.

놀라서 획 돌아보면 노태남이 서 있다. 순간- 얼어붙는 세나의 눈동자.

노태남   너, 경찰서 갔었다면서?
세나   (공포에 질리는) !!!

노태남, 가까이 다가와 세나의 흐트러진 머리칼 정리해 주는데-

노태남   사람이 말이야. 실수로 발 한 번 밟혔다고 남의 다리를 자르려고 하면 안 되는 거잖아. 안 그래?
세나   (겨우겨우) 제발… 제발… 이러지 마세요…

노태남의 손끝이 살짝살짝 세나의 얼굴에 닿는다. 치욕감에 눈을 질끈 감는 세나.

노태남   알렌이 없어졌어.
세나   (눈동자 커지는) !!
노태남   근데 내가 찾는 건 알렌이 아니라… 그 동영상이거든.

그 말에 세나는 손에 쥐고 있는 USB를 꼭 쥔다. 긴장감에 덜덜 떨리는 주먹.

노태남   혹시 알렌하고 너하고 짰니? 나 엿 먹이려고?
세나   (덜덜 떨며 고개 젓는)

그때, 노태남의 눈에 세나가 뭔가를 꽉 쥐고 있는 게 보인다.

노태남   아까부터 뭘 그렇게 꽉 쥐고 있어?
세나   (눈빛 흔들리는) !!
노태남   (다가서며) 뭐냐니까? 손 펴 봐!
세나   (뒤로 물러서며) 저리 가. 소리 지를 거야.

노태남, 세나의 손을 낚아채서 확- 비튼다. 세나, 비명 지르고-
주먹을 펴 보면- 아무것도 없다.

노태남   동영상 어디로 빼돌렸어?

세나의 발밑 바짓단에 USB가 아슬아슬하게 올려져 있다. 노태
남이 세나의 몸을 강제로 뒤지자 USB가 바닥에 툭 떨어지고- 세
나는 들키지 않으려 재빨리 노태남 몰래 USB를 발로 밟는다.

노태남   (버럭) 어딨냐구!!

세나의 목을 조르려고 하는 순간- 등 뒤에서 누군가의 목소리
가 들린다.

양 부관 (E)   노태남 회장님.

노태남, 짜증이 나는 얼굴로 확 돌아보면 여군(양종숙 부관)이 서 있다!

양 부관	사단장님께서 기다리고 계십니다.
노태남	(표정 와락 일그러지며) 뭐? 어머니가 여길? (뭔가를 직감한 얼굴로) 용 변호사…
양 부관	차량까지 안내해 드리겠습니다.

노태남, 당황한 모습으로 양 부관을 따라간다. 세나, 주변 둘러 보다가 발을 떼서 USB를 집는다. 울컥울컥 울음이 터져 나온다.

61. 병원 주차장 [낮]

양 부관을 따라서 주차장에 들어서는 노태남. 별 마크가 붙은 군용차량 앞으로 간다. 뒷좌석 유리창이 천천히 내려오면서 드 러나는- 훈장으로 가득한 육군 장군 예복을 입은 채, 미동도 없 이 앉아있는 노화영. 천천히 고개 돌려 노태남 본다. 덜덜 떨리 는 노태남의 손가락.

노화영	(짧지만 압도적) 타라.
노태남	(서슬에 눌려) 어… 어머니! 제가 다 말씀드리겠습니다.
노화영	용 변호사한테 얘기 들었다. 가면서 얘기하자.

노화영의 옆자리에 후다닥 올라타는 노태남. 눈동자도 못 움직 이는, 지금까지와는 확연히 다른 모습.

양 부관	사단장님, 출발하겠습니다. 사단본부까지 14시 41분 도착입니다.

출발하는 차량.

62. 차우인의 차 안 (낮)

운전대 잡고 있는 차우인. 조수석의 도배만 둘 다 정복을 차려 입었다.

도배만 법무참모님이 주시하시는 거 알지? 참모님한테 찍히면 군 생활 단단히 꼬이는 거야.

그때- 앞에서 가던 SUV 차량이 돌연 급브레이크를 밟고 급정거 한다.

도배만 (순간적으로) 윽!

차우인, 반사적으로 차를 도로 사이드로 돌려 멈춰 선다.

도배만 (놀라서) 차우인! 괜찮아?
차우인 (고개 들며) 괜찮습니다.

앞선 차량에서 누군가 나온다. 설악이다!

도배만 어라! (알아보며… 어이없는) 너였냐? 설악?
차우인 아는 사람입니까?
도배만 쟤 아버지가 예전에 부대 보급품 빼돌리고, 벽돌 공장에 병사들 보내서 노가다 일당 챙기고… 그래서 내가 감옥에 보내 드렸지.

차우인, 도배만의 얼굴과 험악한 얼굴로 걸어오고 있는 설악을 번갈아 본다.

도배만 위험하니까 잠깐만 차 안에 있어.

차우인	네.

차 문을 열고 밖으로 나가는 도배만. 혼자 남겨진 차우인. 도로 사이드에서 마주하는 도배만과 설악이 차우인의 시선에 담긴다.

63. (교차) 도로 사이드 + 차우인의 차 안 (낮)

도배만과 설악, 팽팽한 긴장감이 흐른다.

설악	도바리, 요새 피부에 레이저 쏘냐? 군바리 얼굴이 물광 피부네.
도배만	아버지 사식은 잘 넣고 있냐? 그러려면 니가 잘돼야지.
설악	(분노 올라오는) 이 개자식이.
도배만	행보관으로 20년 해드셨으니까 드신 만큼은 계셔야 할 거다.
설악	안 그라도 지금 너 담그고, 아버지 면회 갈 거여.
도배만	그래. 자주 찾아뵙는 게 효도다. 아니지… 깜빵에서 상봉하는 게 진짜 효도이려나?

그때- 주위에 탁탁 도착하는 차량들. 살벌한 덩치들이 우르르 쏟아져 나온다. 트렁크에서 각목과 철제빔을 착착 꺼낸다.

도배만	옷은 잘 입는 놈이 참 올드하네. 자율주행이 4단계까지 가능한 세상에 아직도 각목이냐?
설악	AI가 아무리 세상을 바꿔도 절대 우리를 대체할 수 없는겨! (덩치들에게) 뭐 허냐? 저 군바리 새끼 당장 끝내 부러!

도배만에게 달려드는 덩치들. 차우인은 시트를 뒤로 젖히고 편한 자세로 보고 있다.

64. 야외 주차장 (낮)

덩치들에게 밀려 야외 주차장으로 물러서는 도배만. 차들로 가득 찬 주차장에서 벌어지는 경쾌한 액션. 문짝이 찌그러지고, 유리창이 깨져 나가고-

도배만, 그 와중에도 차우인이 선물한 시계를 조심하면서 주먹을 날린다. 그 모습 보면서 픽- 웃는 차우인. 잠시 후, 차 문이 탁- 열리고 차우인이 천천히 걸어 나온다. 주변을 둘러보더니 망설임 없이 차량의 와이퍼를 쓱 뽑아서 으드득- 분지른다.

도배만 (차우인 발견하고) 어? 어? (어쩌려고 나와) 차우인! 나오지 마!!

차우인, 설악 일당들에게 뚜벅뚜벅 다가가는데-

설악 (와이퍼 보고 비웃으며) 왜? 회초리라도 쳐 주시려구유? 군인 아가씨?

덩치들이 깔깔거리며 즐거워한다. 어떤 놈은 종아리를 걷으며 때려 달라는 시늉도 한다.

차우인 20분 후에 사단장 취임식이 있다. 내가 지각을 아주 싫어하거든.

덩치 하나가 달려들자 와이퍼를 무기처럼 휘둘러 간단히 제압해 버린다. 이어 차우인에게 덤벼드는 덩치들.

조금 전, 도배만의 액션이 가볍고 경쾌했다면, 차우인의 액션은 피가 튀고 관절이 꺾이는 등- 아주 살벌하게 덩치들을 제거해 나간다. 그 모습에 설악은 입을 쩍 벌리고, 도배만도 놀란다.

1화 52신 상황이다. 병사가 든 유리 파편이 차우인의 얼굴을 향하자 도배만이 탁 잡아챈다. 그러고는 차우인을 보는데 두 눈을 똑바로 뜨고 있다.

다시 주차장. 도배만, 현란한 액션 보이는 차우인 보고 있다가-

도배만   그래, 차우인… 역시 내 의심이 맞았어.

차우인이 한눈판 사이 달려드는 덩치. 도배만이 달려들어 막아 준다. 이어, 도배만에게 달려드는 덩치도 차우인이 막아 준다. 도배만과 차우인, 액션 합이 은근히 잘 맞는다! 도배만, 마지막으로 설악의 손목을 꺾어 버린다.

설악   (고통의 비명) 으아아아아악!
도배만   (설악의 손목시계로 시간을 확인하며) 늦겠네. 나도 지각 싫어해.

결정타로 더 꺾는다. 우드득. 바닥에 털썩 주저앉는 설악. 그대로 손목 쥐고 달아나는데- 같이 우르르 내빼는 덩치들. 너덜너덜해진 와이퍼를 바닥에 탁- 던져 버리는 차우인.

도배만   대체 저런 건 (작살난 와이퍼 보며) 언제 배웠어?
차우인   군인이 양아치들 두들겨 패는 게 이상하십니까?

65. 차우인의 차 안(낮)

운전석에 앉는 차우인. 도배만은 욱신거리는 몸을 만지며 뒷자리에 탄다.

도배만	(괜스레 민망) 운전 좀 해. 난 좀 쉬어야겠다. 오랜만에 몸을 풀었더니…
차우인	그러시죠.

도배만, 뒷좌석에 앉아 눈을 감고 쉬려다가- 뭔가, 눈에 걸린다. 차우인의 차량 뒷좌석에 보이는 빨간 가발!! 도배만, 조심스레 그것을 손에 들어 보는데-

차우인	출발합니다.

선글라스 끼더니 시동을 거는 차우인.

인서트_____

사진 속 빨간 머리 여자의 모습. 선글라스를 썼다.

백미러에 투영되는 선글라스 낀 차우인. 그리고 뒷자리의 빨간 가발.

도배만 (E)	(눈빛 흔들리는) 차우인, 너… 뭐야…?

3화

1. 도로 (밤)

웨애애앵- 경찰차들이 사이렌 크게 울리며 도주 중인 한 차량을 쫓고 있다. 경찰차 선두에 도수경이 타고 있다. 도주 차량 운전석에 앉은 사람은 다름 아닌 도배만! 잔뜩 긴장한 도배만의 얼굴 위로-

도배만 (Na) 우리는 하루에도 수십 가지 판단의 갈림길에 서고 한순간의 선택은 운명을 바꾼다. 선택은 곧 운명이다.

2. (점프) 도로 (밤)

도로를 질주하는 도배만의 차량. 갑자기 계기판에 비상등이 들어오며 통제 불능이 된다. 브레이크 밟아도 듣지 않고. 결국 그대로 벽으로 돌진해 쾅- 박아 버리는데. 도배만에게 가해지는 강한 충격이 슬로우 걸리면서- 에어백 터지며, 산산조각 나는 차량.

도배만 (Na) 지금 나를 기다리고 있는 운명은 무엇인가?

벽에 부딪혀 뒤집히는 차량. 피투성이 도배만, 터진 이마와 코에서 핏물이 뚝뚝 떨어지고. 잠시 후- 문짝 뜯기는 소리 나며 열리는데. 헤드라이트 역광에 가려 형체만 보일 뿐 앞에 선 사람의 얼굴을 식별할 수 없다.

도배만 (Na) 운명을 받아들일 것인가? 거부할 것인가? 그것 또한 선택이다.

화면, 어두워진다.

3. 차우인의 차 안 (낮)

자막 - 9일 전

화면, 밝아지면- 뒷좌석에 앉아 눈을 감고 쉬려는 도배만. 뭔가 눈에 걸린다. 빨간 가발! 흠칫 놀라는 도배만.

차우인   (선글라스 끼며 시동 거는) 출발합니다.

도배만   (놀란 얼굴로 가발을 들면서) 이거… 혹시 밖에서 이런 걸 쓰고 다니나?

차우인   (백미러 틀어서 빨간 가발 보더니) 가끔 씁니다.

도배만   혹시 최근에도 쓴 적… 있어?

차우인   (웃는) 뭐가 그렇게 궁금하시죠? 그냥 저 같지 않아서 쓰는 겁니다. 다른 사람이 될 수 있으니까.

도배만   (눈에 의심이 번지면서) 다른 사람?

차우인   군복이 지겨울 때 기분 전환이죠. 근데 가발을 소지하는 것만으로 장교 복장 지침에 위배라도 됩니까?

도배만   …아니야. (잠시) 운전해.

도배만, 운전석의 차우인 몰래 빨간 가발 한 올을 떼려고 하는데-

차우인   도 군검사님!

도배만   (움찔해서 행동 멈추며) 어? (동작 정지) 왜?

차우인   저 앞에 신임 사단장님 차량이 가네요.

도배만, 재빨리 가발 몇 올 잡아 뜯으며 전방을 본다. 사단장 차량이 가고 있는 그 위로-

기자 (E)   노화영 소장은 그동안 여군에게 굳게 닫혀 있던 사단장 자리의

문을 힘차게 열었습니다. 그동안 여군 출신 2성 장군은 소수 있었지만…

4. 사단장의 군용차량 [낮]

각 잡고 운전하는 운전병보다 더 칼 같은 자세로 꼼짝없이 앉은 노태남. 지금껏 보지 못한 모습이다. 라디오에서 사단장 취임 뉴스가 이어진다.

기자 (E) 전방의 핵심 전투 보병 사단에 임명된 여군 사단장은 최초라 더욱 화제를 모으고 있는데요.

훈장으로 가득한 장군 예복을 입은 노화영. 그간의 화려한 경력을 한눈에 보여 준다. 전혀 흔들림이 없는 굳건한 시선과 강직한 입매가 그녀의 카리스마를 더해 주는데.

노화영 니가 사고를 크게 쳤다고 들었다.
노태남 (접먹고) 아 그게… 어머니 제가 모두 다 설명드리겠습니다.
노화영 입 다물어.
노태남 !!!
노화영 용문구 변호사 말이면 충분해. 니 말은 변명일 게 뻔하니까.

그 말에 노태남의 얼굴이 대번에 일그러진다.

노화영 (버럭) 사람들 앞에서 그런 표정 지을 거야? 오늘이 어떤 날인지 몰라?
노태남 (얼굴 바로 바꾸며) 시정하겠습니다.
노화영 넌 이 노화영의 아들이라는 걸 절대 잊어선 안 돼. 취임식 끝나고 내 방에서 니가 친 사고에 관해 얘기해 보자.

굳은 얼굴로 침을 꿀꺽 삼키는 노태남의 모습에서-

5. 사단 사령부 위병소 [낮]

위병소 입구에 쳐진 거대한 휘장막. '제34, 35대 4보병 사단장
이·취임식' 노화영의 군용차량이 위병소에 들어서자 위병소
근무 병사들이 우렁차게 경례한다. 잠시 후, 도배만과 차우인이
탄 차량도 들어온다.

6. 사단 사령부 주차장 [낮]

주차장에 멈추는 노화영과 도배만 차량. 노화영이 차에서 내리
자 기자들이 몰려든다.

기자   철옹성 같은 육군의 유리 천장을 최초로 깨신 소감은 어떠신가요?
노화영   여군이 별 따기 어렵긴 하죠. 남군 장군 100명 중에 여군 장군은
             1명 꼴이니 유리 천장보다는 방탄 천장이라는 표현이 더 맞겠
             네요.

             기자들 웃음소리와 더불어 플래시가 노화영에게 작렬한다. 그
             모습 보는 도배만과 차우인.

도배만   사단장 취임식에 저렇게 많은 기자가 몰리다니. 화제는 화제네.
차우인   (보는)
도배만   난 떠날 사람이니까 차 검이 잘 모셔. 롤 모델 삼기에 충분한 분
             이잖아?
차우인   최초의 여장군이 제 목표가 될 수는 없죠.
도배만   노화영 장군이 해냈으니까 난 더 높이 갈 거다… 그거네? 와우~
차우인   (대답 없이 노화영을 쳐다보는)

7. 사단 사령부 연병장 [낮]

사단장 취임식이 진행 중이다. 병사들이 도열해 있고, 한쪽에 병과별 장교들이 모여 있다. 법무실 식구들도 보인다. 도배만과 차우인, 서주혁, 그리고 윤상기와 안유라. 노화영, 쩌렁쩌렁한 목소리와 강한 기개가 독보적이다.

노화영 우리는 지금 전 세계에서 가장 폐쇄적이고 궁핍하지만, 핵무기를 보유한 가장 호전적인 동족과 마주하고 있습니다. 평화를 원한다면 전쟁에 대비하라고 했듯이, 평화를 위해 강력한 군대가 필요합니다.

차우인, 장병들 사이에 서서 노화영과 노태남 둘 다 지켜보고 있다.

도배만 (차우인 보며) 노화영 장군 같은 별들도 군검사로 수사할 용기 있어?
차우인 수사는 용기가 아니라 팩트로 하는 겁니다. 죄가 있다면 당연히 해야죠.
도배만 (엄지 척) 오, 역시 차우인!
차우인 군복 입은 범죄자를 법정에 세울 수 있는 직책은 오직 군검사 뿐입니다.
도배만 그게 말처럼 쉽진 않을 거야. 군인에게는 계급이란 게 있으니까.
차우인 법보다 높은 계급은 없습니다.

도배만, '말은 좋다' 하는 얼굴로 미소 짓다가 가족석에 앉아 있는 노태남을 발견한다. 차우인, 노태남을 보고 있는 도배만을 지그시 보는데-

8. 노화영의 사단장실 [낮]

새 주인을 맞은 사단장실. 커다란 책상 뒤로 태극기 휘장, 사단기가 나열해 있고 정면 벽에 〈愛國愛族〉 큰 액자가 보인다. 긴장한 얼굴로 들어오는 노태남. 안절부절한 모습으로 자리에 앉아 있는데- 시선을 돌리다가 훈장과 트로피로 가득한 진열장을 본다. 수류탄 장식물에 시선이 꽂히며 숨이 막혀 오기 시작하는데-

노태남 (E)   엄마… 지금 어디 가는 거예요?

9. [과거] 산길 [밤]

가로등 하나 없는 험준한 비포장도로를 군용 지프가 달리고 있다. 억수처럼 쏟아지는 장대비는 지프의 유리창을 연신 때리는데-

10. [과거] 군용차량 [밤]

운전대 잡고 있는 노화영. 중령 계급장이 달린 군복 차림이다. 조수석엔 교복을 입은 고등학생 노태남이 긴장한 얼굴로 앉아 있다.

노화영   니가 때린 아이는 실명이 됐다더구나. 니가 다시는 그런 일을 저지르지 못하게 만들어 주려고 한다.
노태남   어머니… 잘못했어요…
노화영   (끼이익- 브레이크 밟으며) 내려.

먼저 내리는 노화영. 잔뜩 겁먹은 얼굴로 차에서 내리는 노태남. 세찬 빗줄기 사이로 국방부 마크가 박힌 허름한 창고가 보인다.

11. [과거] 군부대 창고 [밤]

두려움으로 가득한 노태남이 창고에 들어선다. 각종 군용 물품들이 들어차 있는 창고다.

노태남   어머니, 무서워요. 여기.
노화영   손 내밀어.

노태남, 덜덜 떨며 두 손을 내민다. 노화영, 주머니에서 뭔가를 꺼내 노태남의 두 손에 쥐여 준다. 노화영의 손이 빠져나가자 드러나는 물건의 정체. 수류탄이다!

노태남   (눈 커지는) 어… 어머니, 이거… 이거 진짜예요?
노화영   수류탄에서 가장 중요한 게 뭔지 아니?

노태남, 손을 쥘 수도 놓을 수도 없다. 덜덜 떨리는 손.

노화영   화약이야. 50그램의 화약이 수류탄을 감싸고 있는 탄체를 부숴 그 파편이 사방으로 터지는 거야. 하지만 화약보다 더 중요한 게 있어.
노태남   …
노화영   바로 이 안전핀이야. 이걸 뽑아야…

그 말과 동시에 수류탄의 안전핀을 바로 획- 뽑아 버리는 노화영.

노화영   전쟁 무기가 되는 거니까.
노태남   (공포에 질린) 어머니, 지금 뭐 하시는 거예요!!!
노화영   (크게) 꽉 잡아. 손을 떼면 바로 폭발하니까.
노태남   (수류탄을 양손으로 꽉 쥐고 덜덜 떨며) 어… 어머니, 살려 주세요.

노태남, 다리에 힘이 풀려 무릎이 고꾸라진다. 수류탄을 놓칠 뻔하다가 가까스로 잡는데.

노화영   태남아. 난, 군복 입은 여자들이 꿈도 꾸지 못하는 곳까지 올라 가게 될 거다. 내 위에 어떤 남자도 서 있지 않게 만들 거야. 그러기 위해서 너는 완벽한 인간이 되어야 해. 내가 가는 길에 조금이라도 오점이 되어서는 안 돼.

노태남의 다리 사이로 오줌이 흘러 내려온다. 그걸 보고도 눈 하나 꿈쩍하지 않는 노화영.

노화영   대답해. 다음에도 내 말을 거역할 거야?
노태남   (울먹이며) 아니요. 절대 안 그럴게요, 어머니.
노화영   교훈을 얻었니?
노태남   (더 울먹이는) 네. 네. 얻었어요. 믿어 주세요.
노화영   아니. 고통이 동반되지 않는 교훈은 아무 의미가 없어.

노화영, 손목시계의 타이머를 맞춘다.

노화영   진짜 교훈이 되려면, 영원히 잊지 못할 기억을 함께 남겨 둬야 해.

손목시계를 풀어 바닥에 던지는 노화영. 액정에서 시간이 뒤로 가고 있다.

노화영   한 시간이다. 손을 놓는 순간 4초 후에 폭발한다는 걸 명심해.
노태남   (눈물 흘리며 절규) 제발, 제발요! 가지 마세요. 엄마! 엄마!

창고 밖으로 나가려는 노화영. 잠시 걸음을 멈춘다. 그러나 이내 다시 걷는데- 두꺼운 철문이 큰소리를 내며 닫히더니, 밖에서 자물쇠가 철컹- 채워진다. 안전핀 빠진 수류탄을 들고 혼자 남겨진 노태남.

12. (점프) 군부대 창고 (밤)

창고 문이 열리면서 노화영이 들어온다. 노태남, 온몸이 땀과 눈물로, 바닥은 오줌으로 흥건하고 다리는 후들거린다. 노화영, 다가와 수류탄에 안전핀을 다시 결합한다. 바닥에 툭- 떨어져 뒹구는 수류탄.

노화영	방금 전까지 널 죽일 수 있었던 물건이지만… 이렇게 안전핀을 꽂으면 그냥 쇳덩이에 불과해.
노태남	(정신이 멍하고 아득한데) …
노화영	오늘의 기억을 절대 잊지 마. (노태남 안아 주며) 내가 너의 안전핀이라는 걸 항상 명심해.
노태남	(눈물 흘러내리는) 네, 어머니.

노태남, 시선 내리면- 바닥에 떨어져 있는 수류탄.

13. (현재) 노화영의 사단장실 (낮)

진열장 속 수류탄 보며 온몸을 떠는 노태남. 약통을 꺼내 항불안제를 입 안에 털어 넣는데, 그때, 복도를 울리는 군홧발 소리. 노화영이 들어오자 노태남이 그 자리에 무릎 꿇고 바닥에 엎드린다.

노태남	어머니! 동영상은 세나한테… 잘 알아듣게 말했습니다. (덜덜) 저… 절대 문제 안 됩니다.
노화영	그 건은 용문구 변호사가 처리할 거야. 넌 더 이상 관여하지 마. (매서워지는 눈빛) 그런데 너… 군검사한테 뭘 부탁했다고?

| 노태남 | 그… 그거까지 용 변호사가 보고했습니까? |
| 노화영 | (차갑게) 감히 군검사한테 군대를 빼 달라고 해? |

노화영, 더 이상 참지 못하고 엎드린 노태남의 머리를 군홧발로 지르밟기 시작한다.

노태남	(아픔 참으며) 뒤탈 없게 하려고 군검사한테 맡겼습니다. 어머니에게 티끌 하나 안 묻히려고 말입니다.
노화영	(더 세게 밟는) 그 군검사놈이 누구야?
노태남	(부들부들 떠는) 저… 절대 말할 수 없습니다.
노화영	(무섭게 차분한) 내가 못 알아낼 거 같아?

노태남, 꺽꺽 울먹이기 시작한다.

| 노태남 | 저 정말 군대 안 가요! (그러다 벌떡 일어나며) 어머니가 계시는 여기는 절대로 안 올 겁니다. 죽어도! |

노태남, 그대로 나가 버린다. 얼음장처럼 차가운 노화영의 모습에서-

14. 부대 일각 (낮)

화가 머리끝까지 치솟은 노태남. 용문구와 통화하며 걸어가고 있다.

| 노태남 | (핸드폰에 대고 버럭) 도배만한테 군대 부탁한 걸 왜 보고해요? 왜!!! 어머니가 어떻게 나올지 뻔히 알면서!!! 나 미치는 꼴 보고 싶어서 일부러 그래요? 당장 튀어 와요! 당장!! |

노태남, 화를 참지 못해 핸드폰을 바닥에 던져 밟아 버리는데-

15. 노화영의 사단장실 [낮]

노화영, 감정을 가라앉히면서 심호흡을 하는 중이다. 잠시 후,
애국회 군인들이 들어온다. 표정 확 바꿔 환한 얼굴로 맞이하는
노화영.
홍무섭(50대, 이재식의 왼팔), 원기춘(40대 후, 지뢰 영웅, 이때는 두
다리 멀쩡), 허강인(50대, 노화영 육사동기). 다들 정복 차림, 가슴에
훈장과 약장이 빼곡하다.

홍무섭	(감탄) 이야~ 이건 뭐 노 장군이 몸에 맞는 옷을 제대로 입으셨습니다.
원기춘	(깍듯하게 꽃다발 건네는) 사단장님, 취임을 진심으로 축하드립니다.
노화영	(엷은 미소 지으며) 어서들 오세요.

제일 늦게 들어오는 허강인, 둘러보며 의자에 앉는다.

허강인	여자 사단장실은 이렇게 생겼구나. 축하해, 노화영. (하다가) (히죽) 농담입니다. (과하게 90도로 허리 숙이며) 사단장님! 충성!!

허강인과 노화영, 묘하게 시선이 얽힌다. 마침 잘됐다 싶은 맘에
홍무섭이 나서고-

홍무섭	창군 이래… 최초의 여사단장! 역시 대단하십니다. 쓸데없는 말들은 싹 무시해 치우시고 부디 이 나라의 안위만 생각해 주세요!
허강인	(은근 멕이는) 사단이 바로 서야 이 나라 군대가… (하는데)
노화영	(당당한) 이제 시작입니다. 여러분들이 그동안 노력해 마지않던 일들 지금부터 제가 하나하나 해결할 겁니다. 군대 수통 하나 바

구는 데 40년이 걸렸다고 하지요? 시대가 바뀌었으니 이제 제가 새로운 군대를 만들어 나갈 겁니다. 바로 여기 4사단부터요.

눈빛 빛나는 노화영의 모습을 바라보는 애국회 군인들, 다들 벨이 꼬이는데서-

16. 노태남의 IM 집무실 (낮)

노태남 앞에서 고개를 푹 숙이고 있는 용문구.

용문구   제 입장에선 어쩔 수가 없었습니다. 죄송합니다.

노태남   (버럭) 뭐요? 입장? 그 입을 아주 그냥 가로세로로 찢어 버리고 싶네요. 내가 누구 때문에 군홧발로 밟히고 왔는데!!!

용문구   전 회장님 신변에 일어나는 모든 일을 장군님께 보고해야 합니다. 장군님께서 정한 원칙이구요.

노태남   말끝마다 장군님, 장군님. (화 치미는) 그러니까 내 밑에서 일하지 말고 어머니에게 가시라니까요. 네? 중간에서 고자질이나 처하지 말고!

용문구   (고개 숙인 채 있는)

노태남   용 변, 아무것도 부족한 거 없잖아요? (막 나가는) 가끔 생각해 보면 도무지 이해가 안 돼. 그 나이에 가족도 없고, 우리 엄마한 테만 붙어서… 설마… 우리 엄마 좋아해요?

그 말에 숙였던 고개를 드는 용문구. 그 눈빛에서 날카로움을 느끼고 멈칫하는 노태남.

노태남   나가요! 꼴도 보기 싫으니까!!

용문구   (나가려다가) 병원 가신 일은 어떻게 되셨습니까? 동영상은요?

노태남   세나 년한테 없어요. 알렌이 가지고 있는 거지.

| 용문구 | 그럼 제 선에서 직접 확인해 보겠습니다. (나가는) |

17. [교차] 설악의 사무실 + 국군 교도소 휴게실 [낮]

화면 가득, 얼굴에 붕대를 칭칭 감은 설악. 안 병장과 핸드폰 통화를 하고 있다.

| 설악 | 너 도배만헌티 여군 보디가드 있는 거 알고 있었냐? |

화면 커지면- 사무실 가득, 설악 부하들이 문신 가득한 몸뚱이에 깁스와 붕대를 하고 있다. 국군 교도소 휴게실에서 통화하는 안 병장.

안 병장	여군? 당신들 지금 여자한테 당했단 거야? (어이없어) 총이라도 쐈어?
설악	총 맞었으면 원통하지나 않지. 그 여군한테 내 새끼들이 와이퍼 하나로 회초리질 당했당께! (버럭) 인자 나 혼자 갈 거여. 회를 떠 버리든지, 차로 밀어 버리든 넌 상관하지 말어.
안 병장	(피식) 타이밍 좋네. 도배만 그놈, 며칠 후에 제대한다. 제대하면 이제 검사도, 군인도 아니야.
설악	그 말은… 거시기… 더 이상 공권력이 없다는 얘기여?
안 병장	기껏해야 일개 변호사지.
설악	(입꼬리 올리며) 그렇다면 얘기가 또 달라지지.

18. 국과수 외경 [낮]

다음 날이다. 국과수 건물이 보인다.

19. 국과수 조사실*(낮)

조사원에게 빨간 가발 몇 가닥이 담긴 두 개의 비닐 팩을 내미는 도배만. 하나는 알렌의 주상복합에서 가져온 것, 또 하나는 차우인의 차 안에서 몰래 뗀 것이다.

도배만   이 두 개가 같은 가발인지 확인 좀 해 줘요. 결과는 언제 나올까요?

조사원   같은 공장 설비에서 생산되었더라도 사용감에 따라 결과가 다르게 나올 수 있습니다. 면밀히 검토하려면 시간이 좀 걸릴 것 같습니다.

도배만   네, 알겠습니다.

조사원이 비닐 팩을 들고 다른 방으로 들어가자 도배만과 윤상기만 남는다.

윤상기   알렌 실종에 차우인 군검사님이 연관됐다는 말입니까? (혼잣말) 이거 내 입에서 나온 말인데도 황당하네.

도배만   차우인 차에 있던 가발과 알렌 현장에서 확보한 가발이 같다면 빼박이야.

윤상기   낼 모레 제대하실 분이 차우인 군검사님한테 왜 이리 집착하십니까?

도배만   낼 모레 제대 제대로 하고 싶어서 그런다, 상기야.

윤상기   (보는)

도배만   알렌 찾아서 노태남한테 갖다 바치면 눈도장 확실히 찍는 거야. 거기에 군대까지 확실히 빼 주면 그땐.

윤상기   그땐…

도배만   로앤원 파트너 변호사 따위가 아니라 용문구 자리가 내 것이 되

---

* 부검을 포함한 과학수사는 군대 법무실에 따로 설치되어 있지 않아 국과수를 이용한다.

는 거지.

도배만의 얼굴을 보고 더 이상 농담이 아님을 직감하는 윤상기.

윤상기	그럼 전 뭘 하면 되겠습니까?
도배만	빨간 가발이 차우인이라면 알렌 일행을 실어 나르는 데 최소한 9인승 밴 차량을 사용했을 거야. 그 차량을 찾아. 그 차가 누구 차인지, 어디로 갔는지까지.
윤상기	그럼 군검사님은요?

20. 법무실 일각 (낮)

퇴근하는 차우인. 거리 두고 도배만이 따라가고 있다. 둘 다 군복 차림. 그 위로-

도배만 (E)	난 차우인의 진짜 정체를 쫓는다. 차우인이 정말 알렌 실종과 연관이 있는지. 그렇다면 이유가 대체 뭔지.

21. 도로 (낮)

도로를 주행 중인 차우인의 차량. 도배만이 뒤를 쫓고 있다. 저만치 앞서 차우인의 차량이 백화점 주차장으로 들어간다.

22. 백화점 주차장 (낮)

1층 VIP 구역에 내리는 차우인. 플래티넘 회원만 이용할 수 있는 발렛 서비스를 받는다. 밖으로 나가려던 도배만. 거울에 비친 자신의 군복을 본다. 이 차림으로 미행은 불가능.
트렁크 탁- 열자 사복이 뒹굴고 있다. 이것저것 줍더니 그 자리에서 갈아입는다. 속옷 사이로 드러나는 탄탄한 근육. 차우인을 놓칠세라 서두른다.

23. 백화점 곳곳 (낮)

백화점 로비에 들어서는 차우인. 도배만이 미행을 하고 있다. 차
우인이 투명 엘리베이터에 타고- 도배만도 옆에 있는 계단을
오른다. 쭉쭉 올라가는 엘리베이터 속 차우인. 땀 뻘뻘 흘리며
계단을 달리는 도배만.

24. 백화점 명품 의류 매장 (낮)

군복 입은 차우인이 명품 의류 매장에 들어선다. 화려함의 극치
인 매장과 대비되는 여군 모습이 이질적이다. VIP 담당 매니저
가 차우인에게 외제 생수와 마카롱을 고급 접시에 내온다. 차우
인을 힐끔거리는 사람들. 매니저가 미리 셀렉트한 옷들을 행거
에 가지고 들어온다.

거리 두고- 쇼핑하는 척하며 몰래 보고 있는 도배만. 차우인. 고
른 옷을 가지고 탈의실로 들어간다. 잠시 후에 새 옷을 입고 밖
으로 나오자- 도배만, 차우인의 사복 입은 모습에 자신도 모르
게 놀라고- 이어 미소가 번진다. 차우인에게 눈을 떼지 못하다
매장 안의 다른 여자 손님과 밀착되는데-

여자 손님   (소리치는) 지금 뭐 하는 거예요? 네?

그 소리에 본능적으로 그쪽으로 다가오는 차우인. 놀란 도배만
이 고개 숙이고 아무거나 손에 잡히는 명품백을 집어 들고 카운
터로 가는데- 바로 뒤에 차우인이 있다. 긴장한 모습으로 카드
꺼내는 도배만.

점원   780만 원입니다.

돌아볼 수 없어서 얼떨결에 신상 가방을 지불한다. 와락 구겨지

는 도배만의 얼굴에서-

25. 도수경의 집 [밤]

탁- 식탁 위에 명품 쇼핑백을 놓는 도배만. 도수경은 밥을 먹고 있다.

도배만   (힘없는) 자, 제대 기념 선물.
도수경   (샤넬 쇼핑백 보고 피식) 아직도 이런 거 카피해서 파는 데가 있네? 어디냐? 가서 확 덮쳐 버리게!
도배만   애석하게도 진품이야. 어흑, 피 같은 내 돈…
도수경   (눈이 휘둥그레) 뭐? 짝퉁이 아니라 진퉁이라고?

도수경, 숟가락 팽개치고 쇼핑백에서 가방을 꺼내는데- 자기도 모르게 광대가 승천한다.

도수경   (함성) 배만아!!! (가방 끌어안는) 배만아!!!
도배만   (소파에 누우며) 가방들은 좋겠군, 여자들이 저리 좋아하니.
도수경   장교 짬밥 꽉꽉 채우고 제대하더니… 니가 이제 효도 제대로 하는구나. 나 고생 끝났다! 너 나오면 이런 거 시즌마다 바꿔 줄 거지? 배만아?

한술 더 뜨는 도수경. 도배만, 적당히 표정 관리한다. 도수경과 같이 밥을 먹는데-

도수경   아, 맞다! 얼마 전에 우리 서에 사건 때문에 군검사가 잠깐 왔는데…
도배만   군검사?
도수경   그렇다니까. 도배만 군검사 아냐고 물어보려는 걸 얼마나 참은

줄 알아?

도배만 군검사가 한둘도 아니고… 관심 없어. 이제 군대 쪽으론 오줌도 안 눌 거니까.

26. [점프] **도수경의 집** [밤]

방에서 노트북을 보고 있는 도배만. 화면에 차우인의 증명사진과 신상명세서가 떠 있다.

도배만 미국 스탠퍼드 로스쿨 중퇴 이후 3년 간의 기록이 전혀 없어. 비어 있는 이 3년의 공백에 답이 있을 거야, 차우인.

고심하는 도배만. 그때 핸드폰이 울린다. 받아 들면-

병판의 (F) 도배만 군검사님이죠?
도배만 누구시죠?
병판의 (F) 병역 프로젝트 때문에 전화드렸습니다.
도배만 (멈칫) 이렇게 나눌 얘기가 아니네요. 지금 어디십니까?

27. **부대 근방 철로 육교** [밤]

오래된 철로 육교 밑. 지나는 사람 하나 없이 음침하다. 기차 지나가고- 그때, 마스크를 쓰고 항공 점퍼를 입은 남자 하나가 스윽 다가와 도배만 옆에 앉는다.

도배만 병무청에서 병역 판정해 주시는 닥터시라고?
병판의 그렇습니다.
도배만 우리 VIP께선 몸이 너무 건강한데… 가능하겠어요?
병판의 (웃는) 원래 병역 판정이라는 게 큰 고기만 빠져나가는 그물이죠.
도배만 법정하고 똑같지. 잔챙이만 남아서 걸리는 이상한 그물.

병판의	진단서만 확실하게 만들어 오세요. 제 선에서 원하는 판정 떨어지도록 처리하겠습니다.
도배만	그물값은 섭섭지 않게 쳐드리지.
병판의	돈은 필요 없습니다. 다른 걸 원합니다.
도배만	뭔데? 말해 봐.
병판의	제 의대 동기가 의료사고를 쳤어요. 지금 군검사님 4사단에 기소됐습니다!
도배만	내가 있는 사단에?

엷게 굳어지는 도배만의 얼굴 위로-

안유라 (E)	황철승 일병의 의료사고 사건 브리핑하겠습니다.

28. (몽타주) 사건의 개요

자막 - 황철승 일병 의료사고 사건

연병장에서 활발하게 축구를 하던 황 일병. 공을 차려다 갑자기 온몸이 굳어지더니 그 자리에 쓰러진다. 온몸이 딱딱하게 굳어지며 마비 증상이 오는데. 소대원들이 일제히 달려들어 마비된 황 일병을 업고 급하게 뛰는 모습 위로-

안유라 (E)	평소 독감 한 번 앓은 적 없이 타고난 건강 체질인 황철승 일병은 부대 연병장에서 축구를 하던 도중 갑자기 마비 증상이 왔고… 곧바로 군병원으로 이송됐습니다. 진단명은 사지마비라고 나왔구요.

29. 법무실 회의실 (낮)

도배만, 차우인, 안유라, 윤상기가 참석한 회의실. 스크린에 관련 사진과 자료들이 떠 있다.

차우인   원인이 뭐죠?

안유라   쓰러지기 하루 전, 경미한 디스크 증상 때문에 군병원을 찾았는데 그때 받았던 진료가 원인으로 보입니다.

스크린에 뜬 군의관 사진을 쳐다보는 도배만의 얼굴 위로-

30. [과거] 부대 근방 철로 육교 [밤]
27신과 이어지는 장면이다.

도배만   군검사가 죄인 만들겠다고 마음만 먹으면 수십 군데 압수 수색하고 공소장 변경해서라도 죄인 만들 수 있지. 물론, 그 반대도 가능하고.

병판의   (떠보는) 군검사님께서 일부러 재판에서 진다면 제 친구는 무죄가 될 수 있는 거죠? 아무 일 없었던 거처럼.

도배만   감히 군검사한테 딜을 할 정도로 우정이 깊은 거야? 대단한데?

병판의   (쓰게 웃으며) 우정은 개뿔. 좀 있음 그만두는데 그 새끼 아버지가 원장으로 있는 병원에 들어가려면 이 정도 성의는 보여야겠죠.

도배만   취직 때문이시다?

병판의   재판 결과 나오는 거 보고 병역 문제 처리해 드리겠습니다. 그럼.

병판의, 자리를 뜨려고 하는데-

도배만   당신 군의관 친구가 의료사고 낸 건 확실해?

병판의   네.

도배만   어떻게 확신하지?

병판의   그놈은 애초에 의사가 돼서는 안 되는 놈이에요.

그 말 남기고 사라지는 병판의.

화면 가득, 군의관의 인적 사항과 얼굴이 보인다.

안유라   현재 기소된 군의관은 혐의를 완강하게 부인하고 있는 상황입니다.

도배만   (일어나며) 바로 조사 들어가지. 피해자 진술부터 들어 보자구.

안유라   어? 맡으시게요? 차우인 군검사님이 진행하시는 걸로 알았는데.

차우인   군검사 임관하고 공식적인 첫 사건이니 제가 해 보겠습니다.

도배만   내 군 생활 마지막 사건이기도 해. 내가 마무리할게.

차우인   (보는)

도배만   무슨 문제 있나?

도배만과 차우인의 팽팽한 분위기. 중간에서 안유라가 살짝 눈치 살핀다.

차우인   (어쩔 수 없는) 알겠습니다. 저는 옆에서 인수인계 받겠습니다.

도배만   (안유라 보며) 황 일병 지금 어딨지?

안유라   군병원은 못 믿겠다고 해서 민간 병원에 입원 중입니다.

32. 민간 병원 외경 [낮]

33. 민간 병원 병실 [낮]

차우인과 도배만이 들어선다. 사지가 마비되어 움직일 수 없는 황 일병. 황 일병 모가 수저로 밥을 떠서 아들의 입에 떠먹여 주고 있다.

황 일병	어마… 미… 아. ㄴ… 해애… (엄마, 미안해.)

제대로 씹지 못해 흘러내리는 밥알들. 수건으로 입에 묻은 밥알을 떼어 주는 황 일병 모. 눈물이 하염없이 흘러내린다.

황 일병	(힘겹게) 어마… 우우ㄹ 지마… 나 다시… 이… 일… 어날 거야. 거거걱… 저… 엉 마… (엄마, 울지 마. 나 다시 일어날 거야. 걱정 마.)

눈시울 붉어진 채 웃음 짓는 황 일병. 그 모습, 뒤에서 잠시 지켜보던 도배만과 차우인. 차우인이 황 일병에게 다가간다.

차우인	4사단 군법무실 소속 차우인 군검사라고 합니다.
황 일병 모	(와락 손 잡는) 아이고, 군검사님. 제 아들 좀 도와주세요. (눈물)
차우인	(황 일병 보며) 진술을 할 수 있겠어요?
황 일병	(차우인 보면서 고개 강하게 끄덕이는) 에에… (예예)

황 일병 모가 뚜껑을 연 사인펜을 황 일병 입에 물려 주곤 그 앞에 스케치북을 가져다 대자 황 일병, 힘들게 노트에 적기 시작한다. 그 모습 안타깝게 보는 차우인.

34. (과거) 국군 병원 진료실 (낮)
황 일병이 의료사고를 당하기 전 상황이다.

황 일병 (E)	군의관님하고 간호장교 사이에 다툼이 있었습니다.

마비가 되기 전, 진료를 받기 위해 침대에 누워 있는 황 일병이 보인다. 진료실에 들어오는 군의관, 얼굴이 벌겋게 달아올라 있다. 차트를 보던 간호장교, 뭔가 이상한 냄새에 군의관 옆으로

가면- 술 냄새가 진동하는데

간호장교   군의관님… 혹시 술 드셨어요?
군의관   (시치미 떼는) 뭔 소리야? 취하긴 누가 취했다고 그래? (딸꾹)

군의관, 황 일병의 상태를 점검해 보려는데- 술이 덜 깨서 눈이
감긴다.

간호장교   술 드셨잖아요? 그런데 진찰을 하시면 어떡해요?
군의관   (인상 꽉) 이게 어디서 잔소리를 하고 그래? 당장 나가! (간호장교
           문으로 몰며) 너 없어도 나 혼자 할 수 있으니까 나가라고!

간호장교가 나가고- 진료대에 누워 있는 황 일병, 불안한 얼굴
이다. 다시 황 일병 앞에 앉는 군의관. 주사기를 집어 들더니 눈
감기면서 진료를 시작하는데-

35. (현재) 민간 병원 병실 (낮)
심각한 얼굴의 차우인. 옆에 있던 도배만이 황 일병에게 묻는다.

도배만   군의관이 주취 상태에서 진료를 했다고?
황 일병   (힘겹게 고개 끄덕이며) …네에…
차우인   (도배만 보며) 간호장교 진술을 받아야겠습니다.

36. 국군 병원 일각 (낮)
도배만과 차우인, 그 앞에 간호장교가 있다.

간호장교   제가 그 시간에 진료실에 없었던 것은 사실입니다만… 군의관
           님의 주취 상태 때문에 다툰 건 아닙니다.

차우인	황 일병 진술은 다른데요? 확실히 술 냄새를 맡았다고 했어요.
간호장교	그건… 뭔가 착각을 했겠죠.
도배만	(끼어드는) 병원에서 나는 알콜 냄새를 술 냄새로 착각했을 수도 있어.
간호장교	(얼른) 네, 맞아요.
차우인	그럼 진료실을 나간 이유는 뭡니까? 군의관하고 다툰 게 아니라면?
도배만	다른 진료실에 일손이 부족해서 갔겠지. 그렇죠?
간호장교	(보다가) …네.
도배만	군병원은 인력도 장비도 모든 게 부족해. 아픈 병사들은 차고 넘치지만.

자신을 변호해 주는 듯한 도배만을 간호장교가 의아한 표정으로 쳐다본다.

차우인	위증으로 수사 방해를 하면 죄가 무겁다는 사실을 알고 있죠?
간호장교	군의관님은 아무 잘못 없습니다. 정상적으로 진료하셨어요.

그렇게 말하고 죄책감에 시선을 내리는 간호장교인데.

37. (점프) **국군 병원 일각** (낮)

취조를 끝내고 돌아가는 도배만과 차우인. 그 뒷모습을 불안하게 보던 간호장교. 뒤돌아서는데- 군의관이 서 있다. 흠칫 놀라는 간호장교.

군의관	(위압적) 답변, 제대로 했어?
간호장교	시키시는 대로 했어요.
군의관	(흡족한) 그래, 잘했어.

38. 조사실 (낮)

다른 날이다. 조사실에 나란히 앉은 도배만과 차우인. 그 앞으로 심기 불편한 표정의 군의관이 보인다.

차우인   (매서운) 그날 술 마시고 진료했죠?

군의관   아니라니까요. 술 한 방울도 못 마셔요. 난 알콜 분해 효소가 없어요.

차우인   황 일병이 진술했습니다.

군의관   사지마비 걸린 환자 말을 믿어요? 증상 터지기 전에 감각 기관부터 이상 온 거잖아요.

차우인   멀쩡한 병사가 당신 처치 때문에 하루아침에 사지마비가 (하는데)

군의관   (버럭) 뭐요? 지금 군대 끌려와서 무료봉사하고 있는 날 돌팔이로 몰아?

도배만   진정하시죠. 최선을 다해 국가에 봉사해도 작은 실수 하나 꼬투리 잡아 문책하는 게 군대 아닙니까?

차우인   (어이없는 얼굴로 도배만 보며) 그게 지금 무슨…

군의관   아… (속 풀리는) 이 군검사님은 뭘 좀 아시네. (여유로워져서) 모든 환자는 자기 상태를 정확히 몰라요. 애초에 걔는 허리디스크 증세가 심했고, 그게 신경을 자극하고 있었을 겁니다.

도배만   그 병사가 디스크를 방치해서 마비가 왔다는 말이죠? 처치랑 상관없이.

군의관   바로 그거죠. 겉보기엔 멀쩡해 보여도 속병 든 사람들이 얼마나 많은데. 그런 환자들은 폭탄이라구, 폭탄. 멋모르고 손댔다가 옴팡 뒤집어써요. (크게) 바로 지금 나처럼!!

차우인   그게 의사로서 할 말인가요?

군의관   의사가 신입니까? 환자 몸에서 일어나는 이상 증상까지 어찌 다 예측해요? 여자 군검사님이 아무리 날고 기어도 재판 결과 미리 알 수 있어요? 모르잖아요!!!

기세등등한 군의관. 도배만은 입가에 엷은 미소를 짓는다.

39. 조사실 앞 복도 (낮)

조사실 밖으로 나오는 도배만과 차우인.

차우인   지금 수사를 하려는 겁니까? 방해하는 겁니까?

도배만   차우인 군검사는 그림을 좀 크게 보는 법을 배워야 돼. 변호사의 다음 수까지 미리 예상을 해야 법정 가서 이기지.

차우인   그래서 조사실에서 군의관 변호사 노릇하셨습니까?

도배만   군의관 앞에선 한마디도 못 하더니 나와서 왜 나한테 화풀이야? 그 정도로 해서 변호사랑 싸울 수 있겠어? 내가 그래서 이 사건 맡겠다고 한 거야! 자신 없으면 지금이라도 재판 들어오지 마!

먼저 자리를 뜨는 도배만. 그런 도배만의 뒷모습을 바라보며 답답해하는 차우인의 모습에서-

40. 보통군사법원 외경 (낮)

다른 날이다. 보통군사법원 건물이 보인다.

41. 보통군사법원 법정 (낮)

군검사석에 도배만과 차우인. 도배만, 법정 내부를 한 번 쓰윽 둘러본다. 그러다 군의관 변호사와 눈이 마주친다. 미묘하게 입가에 미소를 짓는 변호사. 스크린에 자료가 뜬다. 처참한 황 일병의 모습이 뜬다.

도배만   디스크 치료를 받기 위해 군병원을 찾았던 황 일병이 어쩌다 이렇게 되었을까요? 원인은… 바로 여기에 있었습니다.

도배만, 자기 자리로 가서 가방을 연다. 가방 안에 담겨 있던 약품 두 통을 꺼내 든다.

도배만 하나는 조영제가 들어 있고, 다른 하나는 에탄올이 들어 있습니다. 조영제는 신경차단술을 할 때, 조직과 혈관이 잘 보이도록 투입하는 약물이고, 에탄올은 의료 장비에 김이 서리는 걸 방지하려는 액체죠.

두 통을 들고 군의관 앞으로 가는 도배만. 그러더니 똑같은 약물통을 탁 내려놓는다.

도배만 피고인은 어느 것이 조영제인지 에탄올인지 구분할 수 있습니까? 똑같은 통에, 아무 라벨도 붙어 있지 않은데 말이죠.
군의관 (피식) 충분히 가능합니다.
도배만 그래요?
군의관 조영제와 에탄올은 액체의 점성이 달라서 눈으로도 구별할 수 있고, 주사기로 환자에게 주입할 때 들어가는 느낌도 확연히 다릅니다.
도배만 피고인이 만취된 상태에서도 구분할 수 있습니까? 술이 덜 깬 상태에서 조영제와 에탄올을 바꿔서 주입했을 가능성은요?
변호사 (벌떡 일어나) 피고인이 주취 진료를 하지 않았다는 사실을 당시 현장에 있었던 간호장교가 증언하고 있습니다. 간호장교의 증언 기록을 제출하겠습니다.
도배만 그럼 저도 기록을 제출하죠. 피해 병사의 신체에 기준치 이상의 에탄올 성분이 검출되었다는 보고서입니다.
변호사 신체에서 알코올이 검출되는 사례는 차고 넘칩니다. 효모로 발효한 빵이나 건강보조식품들에서도 알코올 성분이 검출됩니다. 이번 사건의 원인이라는 증거가 될 수 없습니다!

군판사	인정합니다.

뭔가 불리하게 돌아가는 분위기. 차우인이 불만스러운 표정으로 도배만을 보는데-

42. 보통군사법원 남자 화장실 (낮)

쏴아- 세면대에서 손을 씻고 있는 도배만. 걸어와 옆에 서는 변호사.

변호사	(피식) 저희 의뢰인 친구분한테 얘기 들었습니다.
도배만	…네.
변호사	근데 좀 살살하시죠. 예상외로 쎄게 나오셔서 살짝 긴장 좀 했습니다.
도배만	제대로 속여야죠. 재판이 장난도 아니고.
변호사	(허허) 그건 그렇죠.
도배만	증인 하나 세팅해 뒀으니까 적당히 장단 맞춰 주시면 끝납니다. 변호사님도 승소금 확실히 챙기실 거고.
변호사	증인이요? (의아하지만) 알겠습니다. 끝까지 잘 좀 부탁드립니다.

손에 묻은 물기를 탁 털더니 나가는 도배만 위로-

도배만 (E)	재판장님, 증인 신청하겠습니다.

43. 보통군사법원 법정 (낮)

화면 가득, 놀라는 얼굴의 차우인. 전혀 몰랐던 사실이다.

차우인	(도배만에게 소리 낮춰) 무슨 증인이요? 증인 채택 안 될 겁니다.
도배만	(피식) 과연 그럴까?

차우인	(대체 뭘 믿고 이러지 하는 표정으로 도배만을 보는)
군판사	오늘 공판에 군검사 측이 신청한 증인은 없다고 알고 있는데요?
도배만	증인이 증언을 하겠다며 방금 전에 연락을 해 왔습니다.
군판사	변호인 측 의견은 어떤가요?
변호사	당연히 인정할 수 없습니다. 사전 통보를 받지 못했습니다.

팽팽하게 대립하는 척- 하는 변호사와 도배만.

도배만	자기 직을 걸고 해야 하는 어려운 증언인 만큼, 증인을 설득하는 것도, 증인 스스로 마음의 결정을 내리는 것 또한 쉽지 않았습니다.
군판사	변호인, 어떻습니까? 증인 신문을 한번 들어 보는 건?
변호사	(못 이기는 척) …알겠습니다.
군판사	증인, 출석하세요.

법정 문이 활짝 열리면서 누군가 들어선다. 보면- 병판의다! 병판의 확인하자 자리에서 일어나는 군의관. 변호사가 괜찮다는 얼굴로 군의관을 앉힌다.

변호사	문제 될 거 없어요. (도배만 보며) 저 군검사가 디테일이 아주 좋네요.
도배만	(병판의가 증인석에 앉자) 본인 소개 부탁드립니다.
병판의	병무청 병역판정 의사로 복무하고 있습니다.

병판의의 정체에 차우인은 의문이 가득한 얼굴이다. 도배만을 흥미롭게 보기 시작하는데.

도배만	피고인과는 어떤 사이죠?

병판의	친한 의대 동기입니다.
도배만	그렇다면 술자리를 종종 갖겠네요.
병판의	네.
도배만	사건이 벌어진 당일 새벽에도 피고인을 만났습니까?
병판의	만났습니다.
도배만	그렇다면 그때 술을 마셨습니까?

차우인, 바로 병판의의 대답에 주목하는 얼굴이다. 반면, 군의관 과 변호사는 비교적 여유 있는 모습이다.

| 병판의 | …네, 같이 마셨습니다! |

웅성거리기 시작하는 법정 내부. 군의관은 당혹스러운 얼굴이 된다.

| 도배만 | 피고인은 진료 당일 술을 마시지 않았다고 부인했는데 이와 완 전히 상반되는 증언을 하고 계시네요. |
| 병판의 | 확실합니다. 저랑 마셨습니다. |

그렇게 대답하면서 피고인석의 군의관을 보며 엷게 미소 짓는 병판의. 군의관은 사색이 되어 얼굴이 하얗게 질리는데—

| 변호사 | (벌떡 일어나) 지금 증인은 위증을 하고 있습니다! |
| 도배만 | 위증이 아니라는 증거를 제출하겠습니다. |

도배만, 법정 스크린에 자료를 띄운다. 병판의와 군의관이 술집 에서 술을 마시고 있는 CCTV 화면이다. 그 장면 보고 아연실색 하는 군의관과 변호사.

도배만	(포인터로 화면 하단을 가리키며) 사건이 벌어진 당일, 4시간 전입니다. 해당 술집에 문의해 보니 두 사람은 양주 2병에 맥주 4병을 마셨습니다. 여기 증인이 제공한 계산서 영수증을 증거로 제출하겠습니다.

도배만, 증거를 제출한다. 차우인, 얼굴에 점점 엷은 미소가 지어진다.

도배만	1명분으로 나누면 혈중 알코올 농도 0.3이며, 이는 제대로 서 있기도 힘든 수치죠. 알코올이 인체에서 분해되는 데는 대략 21시간 필요하고, 술집에서 나온 시간이 새벽 4시 30분. 황 일병을 처치한 시간이 오전 9시 20분. 술을 깨고 정상 진료를 보기에 턱없이 부족한 시간입니다.

인서트_____

진료실. 술에 취한 군의관. 에탄올이 담긴 주사기를 황 일병의 몸에 주입한다. 에탄올이 황 일병의 온몸에 들어가 이상 작용을 일으키는 비주얼.

도배만	황 일병이 사지마비가 된 원인은 바로 피고인이 술에 취해 에탄올을 잘못 주입했기 때문입니다!!!

완전히 사색이 된 군의관. 차우인은 도배만을 흥미롭게 쳐다보고 있다.

도배만	피고인의 어처구니없는 실수로 대한민국의 건장한 군인이 하루 아침에 평생을 침대에 누워 지내게 됐습니다. 양심의 가책이 있습니까?

군의관	(얼굴 일그러지는데) …
도배만	(분노 가득) 있습니까? 없습니까?

도배만의 서슬에 대답 못 하고 고개 숙이는 군의관. 방청석의 황 일병 모, 흘러내리는 눈물을 닦는다.

도배만	지금 증인은 한 병사의 억울함을 풀어 주기 위해, 생명을 살리는 의사로서 오랜 고심 끝에 이 자리에 나온 것입니다. 이 점 깊게 반영해 주시기 바랍니다, 군판사님.

차우인, 도배만을 새롭게 본다.

군판사	변호인, 추가 변론 있습니까?
변호사	(패배를 인정한 얼굴로) 없습니다.

증인석에서 일어나 나가려는 병판의. 도배만과 허공에서 시선이 마주친다. 그 위로- 며칠 전 상황이 끼어든다.

도배만 (E)	당신 군의관 친구, 아예 끝장내 버리는 건 어때?

44. (과거) 부대 근방 철로 육교 (낮)

화면 가득 황당한 얼굴의 병판의.

병판의	(완전 놀라며) 네? 전 분명히 그냥 무죄 만들어 달라고 말했을 텐데요?
도배만	(잠시 보다가) 사건 조사하다 두 사람 관계를 파 봤거든?
병판의	(멈칫) !!
도배만	당신, 실력 있는 레지던트였는데 의외로 의료사고 기록이 꽤 있

더라고. 반면, 군의관 친구는 사건 사고 많았는데 깨끗했고. 그
럼… 답은 하나!

병판의   (보는)

도배만   사고를 대신 뒤집어써서 왔던 거야. 친구가 아닌 주종 관계로.

그 말에 병판의, 그동안의 모습과는 다른- 아주 약한 얼굴이다.

도배만   그놈 아버지 병원에 들어가면 지금처럼 계속 살아야 돼.

병판의   어차피 내 연줄로는 다른 병원에 못 갑니다.

도배만   당신이 작업해 주는 VIP가 노태남 회장이야. 더 좋은 데로 보내
줄게.

병판의   (놀라는) IM 디펜스 노 회장이요? (잠시) 그래도 증언은 못 해요…
저…

도배만   그럼 널 강제로 증인석에 앉혀야지. 내가 군검사인 거 잊었어?

병판의   (표정 와락 굳는)

도배만   친구 죄를 은폐할 계획으로 군검사를 매수하려고 했잖아?

병판의   (얼굴 파랗게 질려서) 그… 그건 당신이 먼저 (하는데)

도배만   (끊고) 내가 말했잖아. 이 나라에서 검사라는 직업은 마음만 먹
으면 누구든 죄인으로 만들 수 있다고. 군대는 더하지.

병판의   (떨면서 아무 말도 못하다가) …대체 생각을 바꾼 이유가 뭡니까?

도배만   노 회장 군면제엔 절대 뒤탈이 없어야 돼. 근데 니 친구 놈이 거
슬려. 언제든 뒤통수를 치면 곤란하니까.

병판의   !!

도배만   (악마 같은 미소로) 넌 그냥 모든 사실을 있는 그대로 정확히 진술
해. 실수 하나라도 하면, 너부터 끝장내 버린다.

섬뜩한 도배만의 모습에 아무 말도 하지 못하는 병판의의 모습
에서-

45. [현재] **보통군사법원 법정** [낮]

　　재판이 끝난 한적한 법정의 도배만과 차우인.

차우인　　저한테 한마디 언질도 없이 증인을 세우셨습니다. 수사선상에
　　　　　도 없던 인물이구요. 해명 안 하십니까?

도배만　　재판 이겼잖아. 무슨 해명이 더 필요하지?

　　도배만, 재판 관련 서류가 담긴 가방을 탁- 닫고 자리에서 일어
　　난다. 그때-

차우인　　도배만 군검사님은 정의로운 군검삽니까? 아니면 머리 좋은 군
　　　　　검삽니까?

도배만　　(귀에 걸리는) 정의? (생각하다 웃는) 요즘 그 질문 자주 듣네. 차
　　　　　군검사는 옳고 그른 걸 정확히 분별해 낼 자신 있어?

차우인　　(보는) 검사는 정의를 수호하는 사람 아닙니까?

도배만　　내 편에 있으면 그게 내 정의야.

차우인　　도배만 군검사님다운 말이네요.

　　멀어져 가는 도배만 뒷모습 보는 차우인의 얼굴에서-

46. 노화영의 사단장실 [낮]

　　국방TV에 뉴스가 나오고 있다. 보고 있는 노화영과 용문구.

기자 (E)　　황 일병 의료사고 사건에 대해 군재판부는 의료과실 사고로는
　　　　　매우 이례적으로 금고 4년 6개월의 중형을 선고했습니다. 한편,
　　　　　재판을 승리로 이끈 군검사의 이력이 화제에 올랐는데요. 최근,
　　　　　은행장 아들 황제복무 사건을 기소했던 도배만 군검사로…

화면에는 법정을 나오는 도배만 모습이 나오고 있다. 탁- 꺼지
는 TV.

노화영   저놈이 태남이 군대 빼 주겠다는 군검사라고?
용문구   그렇습니다.
노화영   내 부하였단 말이지. (밖에다 소리치는) 양 부관!

양 부관이 들어선다.

노화영   내일 사단 법무실 법무참모하고 도배만 군검사 면담 일정 잡아.
양 부관   네, 사단장님. (경례하고 나가는)
노화영   감히 그런 짓을 도모해? 괘씸한 놈.
용문구   어쩌실 생각이십니까?
노화영   경고를 해 줘야지. 용 변호사는 동영상부터 찾아와.
용문구   알겠습니다.

47. (교차) 폐군부대 컨테이너 막사 + 차우인의 관사 (밤)

의자에 묶인 밧줄을 필사적으로 이빨로 끊고 있는 알렌. 멀대와
카드 멤버들도 보이는데- 모두가 배고픔과 더러움, 꼴이 말이
아니다.
마침내 밧줄을 끊는 알렌, '툭' 하고 피 묻은 이빨이 뽑혀 나온다.
'으아아아아' 아픔과 분노, 서러움으로 계속 비명을 지르는데-
그 과정에서 턱이 제대로 돌아가는 느낌… 이제야 말이 제대로
나온다!!

알렌   아… 아… (입 벌렸다 오므렸다 해 보고) …사려… (살려) 살려…
          (된다!) (철문 쾅쾅 두드리며) 살려 주세요!!! 거기 누구 없어요!

160

그 모습을 천장 위 카메라가 찍고 있다. 파고드는 비주얼. 나오면- 태블릿 PC 화면. 자신의 관사에서 태블릿으로 알렌 일당 상황을 체크하고 있는 차우인.

48. 관사 로비 [낮]

로비로 나오는 차우인. 24신 백화점에서 산 옷을 입고, 하이힐을 신었다. 군인의 모습은 없고 화려한 배우의 느낌. 뒤따라 사복 차림의 도배만도 나오는데-

49. 강스 솔루션 로비 [낮]

차우인을 따라 로비에 들어서는 도배만.

도배만   뭐야? 여긴 어디야? (둘러보다가) 강스 솔루션…?

곳곳에 '군수 모빌리티 기술' 관련 홍보물이 부착되어 있다. 그때, 걸려오는 전화.

윤상기 [F]   사건 예상 시간에 주차장을 나간 9인승 밴이 딱 한 대였습니다.
도배만   차량 소유주는?
윤상기 [F]   법인 명의인데 강스 솔루션이라는 방위산업 회삽니다.

차우인, 엘리베이터를 타고 올라간다. 멈춘 층수를 눈여겨보는 도배만.

50. 강스 솔루션 건물 옥상 [낮]

옥상 난간에 서서 경치를 바라보는 차우인. 적당히 거리 두고 뒤에 있는 도배만. 잠시 후, 강하준이 옥상에 들어선다. 댄디하고 고급스러운 슈트 차림. 기품이 흐르면서도 스마트한 생기가

흐르는 얼굴이다. 그 위로-

윤상기 (E)   거기 대표 이름이 강하준. 20대 후반 젊은 나이에 모빌리티 산
             업에 전문적인 기술력을 보유한 신진 사업가라고 합니다.

             강하준이 옆에 서자 차우인이 강하준 손목에 있는 시계를 힐끔
             본다. 낡은 롤렉스 시계.

차우인   (피식) 그걸 아직도 차고 있었어?
강하준   (시계를 들어 보이며) 얘가 날 구해 줬잖아. 내 목숨하고 바꾼 건데…

51. [과거] 뉴욕 뒷골목 [낮]

화면 열리면- 퍽 발길질에 쓰레기 더미로 처박히는 강하준. 이
미 얻어터져 엉망인 얼굴. 회색 머리, 목과 어깨에 문신, 힙한 옷
차림이다. 강하준, 갱들에게 짓밟히면서도 노트북만은 꼭 끌어
안고 있다.

미국 갱1   (퍽퍽- 밟는) (영어) 보스가 이걸 왜 꼭 가져오라는 거야?
미국 갱2   (같이 밟으며) (영어) 모르지. 되게 비싼 노트북인가?
목소리 (E)   (유창한 영어) 그 안에 담긴 게 비싼 거야, 이 멍청이들아.

             등 뒤에서 들려온 소리에 휙 돌아보면- 차우인이 천천히 걸어
             오고 있다. 널브러져 있는 강하준, 여전히 노트북 꽉 끌어안고
             서- 부어터진 얼굴로 차우인을 본다.

차우인   (강하준에게 한국말) 야! 넌 그 좋은 머리로 고작 도박 프로그램이
             나 만들고 있냐? 것도 우리 아빠가 주는 장학금 받아 가면서?
미국 갱1   (영어) (키득거리는) 너? 이 새끼 애인이야?

차우인	(영어) 얼굴은 오늘 첨 봤는데 (보다가) 내 스타일은 아냐.
미국 갱 2	(영어) 넌 내 취향인데… 잠깐만 기다려.
차우인	(영어) 분명히 말해 두는데 너희랑 나는 싸움 상대가 안 돼. 니들은 둘이고, 난 혼자잖아. 게다가…

걸어오다 갱들 앞에 딱- 멈춰 서는 차우인. 갱들- 재밌다는 듯 키득거린다. 차우인, 갑자기 한 놈의 얼굴을 날리고 다른 놈의…

차우인	(낭심을 강하게 걷어차며) 난 여자잖아.

방심하다 일격을 당한 놈들. 퉤퉤- 피침을 뱉으며 가드를 올린다. 차우인, 차고 있던 롤렉스 시계의 줄을 느슨하게 풀어 네 손가락 위에 무기처럼 장착한다. 그러고는 놈들의 얼굴에 묵직한 시계 주먹을 박아 넣는다. 시계 유리가 깨지며, 놈들의 얼굴에 깊은 상처를 내고- 얻어터진 갱들이 줄행랑을 친다.

차우인	(깨진 시계를 풀어 바닥에 버리며) 이거 되게 비싼 건데… 아깝네.

차우인, 강하준에게 다가가 손을 내민다. 맞잡고 일어나려는 강하준. 하지만- 차우인은 노트북을 뺏어 들더니 바닥에 던져 박살 내 버린다! 벌떡 일어나는 강하준.

강하준	(방방 뜨는) 저게 얼마짜리 프로그램인 줄 알아?
차우인	넌 니가 안 아까워? 그 좋은 머리로 남 카드 엿보는 도박 프로그램이나 만들면서 살 거야?
강하준	(버럭) 사업자금 만들려고 그랬어!!
차우인	그럼 우리 아빠한테 받으면 되겠네.
강하준	뭐?

| 차우인 | 너 데려오래. 니 그 천재적인 머리에 투자하시겠다고. |

52. [현재] 강스 솔루션 건물 옥상 [낮]

| 강하준 | (회한에 젖어) 회장님… 오늘따라 더 뵙고 싶다. 생각나고. (그러다 웃으며) 우리가 쓰레기들 청소한 것도 다 보셨겠지? |
| 차우인 | (하늘 바라보는데) |

플래시백_____

1화 64신 상황이다. 알렌과 친구들이 널브러져 있는 모습.

| 차우인 | (핸드폰에 대고) 끝났어. 와서 처리해 줘. |

- 쓰러진 알렌 일당을 카트에 실어 나오는 차우인과 강하준. 주차장에 주차된 검정 밴 쪽으로 간다.
- 검정 밴 차량 뒷문을 탁- 닫는 차우인. 차우인 남고 차량만 떠난다.

다시 현재.

강하준	(차우인 보다가) 그 사람은 어때? 좀 진전이 있었어?
차우인	내 계획에 꼭 필요한 사람이란 걸… 이번에 확실히 느꼈어.
강하준	(보는)
차우인	존경할 수는 없지만… 감탄할 수밖에 없는 사람이야.

뒤에 숨어 둘의 대화를 듣고 있던 도배만. 몸을 돌려 옥상을 빠져나온다.

53. 강스 솔루션 로비 [낮]

로비로 나오는 도배만. 핸드폰 꺼내 윤상기에게 전화를 건다.

도배만	(혼잣말) 쓰레기 청소? (곰곰) 알렌 납치를 강하준이 도왔다? (핸드폰 연결되자) 상기야.
윤상기 (F)	네, 군검사님.
도배만	아무래도 내가 알렌 납치사건 퍼즐을 다 맞춘 거 같다!

54. (교차) 법무실 + 해당 장소들 (밤)

어두운 법무실. 도배만이 화이트보드를 끌어다 윤상기 앞에 탁- 놓는다. 보드 마커로 이름과 화살표를 그려 가며 설명하기 시작하는 도배만. (사건 총정리)

도배만	사건의 시작은 12일 전, 밤 10시경 강남에 있는 클럽 카르텔. 노태남과 알렌의 술자리가 있었고 알렌이 세나라는 여자를 데려왔어.

- 1화 46신. 세나가 알렌과 함께 들어오는 장면.

도배만	세나는 거기서 성폭행을 당했고 만신창이 몸으로 경찰서에 가서 신고를 했어. 세나가 도움을 요청한 사람이 바로⋯ 차우인!

- 2화 9신. 경찰서에 차우인이 들어온다.

도배만	도배만, 보드에 차우인을 적더니 알렌 쪽으로 화살 표시를 한다. 다음 날 알렌은 친구들과 카드를 쳤어. 전날 자신이 한 짓 같은 건 머릿속에 없었던 거지. 그런데 예정에도 없던 방문객이 찾아온 거야.

- 1화 60신. 알렌이 현관문을 열면- 차우인이 서 있다!

도배만	와이퍼로 양아치들 때려잡는 차우인한테 술 취한 다섯 놈쯤은 아무것도 아니었겠지.

- 1화 62신. 알렌 일당을 순식간에 끝장내는 차우인 모습들 빠르게 보이고.
- 2화 23신. 도배만이 주상복합 아파트에서 빨간 머리카락을 줍는 장면.
- 2화 65신. 차우인의 차에서 빨간 가발을 발견하는 장면.

도배만, 보드에서 알렌 이름에 X 표시를 한다.

- 2화 2신. 차우인, 고개 돌리면- 강하준이 들어와서 현장을 쭉 둘러본다.
- 2화 6신. 탁- 검은색 밴 차량의 뒷문을 닫는 차우인. 출발하는 강하준.

도배만	의식 잃은 놈들을 납치 장소까지 옮기는데 공범이 등장. 공범의 정체는 강스 솔루션 강하준 대표.

보드에 적히는 강하준 이름. 차우인 쪽으로 협조 관계 표시하고. 둘 사이에 차우인 아버지를 적어 넣는다.

도배만	차우인과 강하준은 차우인 아버지로 연결된 관계. 강하준을 좀 더 파 보면 차우인에 대한 뭔가가 나올 거다. (잠시) 여기까지가 내가 파악한 알렌 납치의 전말이다.

도배만, 서류를 꺼내 윤상기에게 던진다. '감식 결과 보고서'다.

도배만	1시간 전에 나왔다. 차우인이 그 빨간 머리와 일치한다는 결과.
윤상기	(서류 펼쳐서 읽어 보며 탄식) 하…
도배만	결국 세나라는 여자를 위해서 그랬다는 건데, 일을 너무 크게 만들었어. (의미심장하게) 아니면… 다른 이유가 있을지도 모르지.
윤상기	그럼 이제 어쩌실 생각이십니까?
도배만	어쩌긴? 내 제대 계획에 차질 안 생기게 차우인 손에 수갑 채워야지.
윤상기	!!

55. 모텔 객실 (낮)

창을 암막 커튼으로 완전히 가린 어두운 객실. 현관문 열리더니 세나가 들어온다. 냉장고에 장바구니의 식품들을 채우는데– 어둠 속에서 희미하게 보이는 소파에 누군가 앉아 있다! 화들짝 놀란 세나, 바로 서랍을 열어 뭔가를 찾는데.

용문구	(전기 충격기 들어 보이며) 이거 찾아요?
세나	누… 누구세요??
용문구	여기 방음이 좋지 않은 거 같은데… 조용히 얘기합시다.

전기 충격기에서 건전지를 꺼내 바닥에 후드득 떨어뜨리는 용문구.

용문구	우리 구면이니까 너무 놀라지 말아요. 전, 노태남 회장님 변호삽니다.
세나	(소리치는) 나가요. 당장 나가요. 경찰에 신고할 거예요.

용문구, 태블릿 꺼내 테이블에 거치한다. 화면 터치하자 보이는 누군가의 모습. 마트 직원 유니폼을 입은 여성(50)이 상자를 올

리고 있다. (거리 두고 몰래 촬영 중인 화면) 눈빛 흔들리며, 심장이 쿵 내려앉는 세나.

용문구   해가 갈까 봐 일부러 찾지 않은 거 압니다. 어머니 목소리 들은 지 오래됐죠? 이번에 통화 한번 해 봐요.

세나, 망설이다 떨리는 손가락으로 핸드폰을 누른다. 잠시 후, 통화가 연결되고- 태블릿 화면 속의 세나 모가 전화를 받는다. (실시간)

세나 모   (반가움에 덥석) 아이구! 우리 세나!! 웬일이야, 전화를 먼저 다 주고?
세나   (겨우) 엄마…
세나 모   밥은 잘 먹고 다니는 거야? 무슨 일 있어?
세나   (용문구 보면서) 그냥 잘 있나 궁금해서.

화면 속 세나 어머니 주위에 잔뜩 쌓여 있는 무거운 상자들. 하지만-

세나 모   (밝게) 일이 너무 없어서 눈치 보여. 이 엄마 월급 도둑이라고 할 까 봐.
세나   (눈물 흘러내리는) 엄마… (감정이 복받치자 서둘러 끊으며) 또 전화 할게. 미안해.
세나 모   우리 딸, 사랑해.

핸드폰 끊는 세나, 눈빛이 흔들린다.

용문구   동영상 가지고 있어요?

세나	…어… 없어요.
용문구	동영상이 세나 씨한테 없더라도… 그 동영상은 세상에 나오면 안 됩니다. 어머니는 세나 씨한테 달렸어요. 그럼.

용문구, 나가자- 피가 새어 나올 만큼 입술 꽉 깨물며 주저앉는 세나.

56. 노화영의 사단장실 (낮)

도배만과 서주혁이 들어선다. 서주혁은 긴장한 얼굴이다. 모두 군복 차림이다.

도배만, 서주혁	(경례) 소령 서주혁! 대위 도배만!

근엄한 표정으로 경례를 받는 노화영. 도배만을 강한 눈으로 보는데-

노화영	자네들이 해결한 군 의료사고 재판은 보고받았어.

노화영, 비소 지으며 보다가 도배만을 보는데- 눈빛이 곱지 않다.

서주혁	도배만 대위는 곧 제대합니다. 민간 법정에 뺏기기엔 아까운 인재죠.
노화영	밖에 나가선 뭘 할 생각인가?
도배만	(각 잡고) 민간 로펌으로 진출해서 변호사로 일할 계획입니다.
노화영	요즘은 변호사도 전문 분야가 있어야 버티던데 군경력이 도움이 되겠어.
도배만	그렇습니다.
노화영	바깥엔 병역 비리 다리 놔 주는 변호사들도 있다더군. 브로커들

이나 하는 짓을 변호사 배지 달고 한다는 거야.

도배만	(표정 굳는) !!!
노화영	(무섭게) 혹시 자네도 그런 일에 관심 있는 건 아닌가?
도배만	(각 제대로) 4사단에서 군인이자 검사로서 많은 것을 보고 배웠습니다. 비록 몸은 떠나지만 군인 정신은 잊지 않겠습니다.
노화영	(차갑게 보는)
도배만	사단장님을 모시지 못하고 가게 되어 유감일 뿐입니다.
노화영	그래. 전역 신고 때 보자구, 도배만 대위.

57. 사단장실 앞 복도 [낮]

군은 얼굴로 나오는 도배만의 모습. 퍽퍽- 내딛는 군홧발에 감정이 실려 있다.

58. 용문구의 로앤원 집무실 [낮]

변호사들과 미팅을 하고 있던 용문구. 갑자기 문이 벌컥 열리면서 도배만이 들어선다.

용문구	회의 중이니까 밖에서 좀 기다리지.
도배만	여기서 말씀 드려도 괜찮겠습니까? (하고 변호사들 보며) 전 상관없는데 어떨까요?

용문구가 손짓하자 변호사들이 일제히 나간다. 둘만 남게 되고-

용문구	(냉랭한 도배만을 보더니) 그 얼굴 오랜만이군. 자네를 여기 처음 데리고 들어왔을 때도 그 표정이었지.
도배만	(사무적) 노 회장님과 관련된 세 가지 사항을 보고드리겠습니다.
용문구	그래. 해 봐.
도배만	첫째, 알렌 납치에 사용된 차량 명의자를 확보했습니다. 오늘 중

으로 알렌을 찾을 것 같습니다.

용문구   그래.

도배만   둘째, 오늘 노태남 회장님과 카르텔에서 약속을 잡았습니다. 용 변호사님은 동석하지 말라고 하셨습니다.

용문구   (표정 미세하게 굳는) 세 번째는?

도배만   세 번째는 (똑바로 보며) 마지막 보고입니다. 오늘 이후로는 어떠 한 보고도 하지 않겠습니다.

그 말에 팽팽해지는 분위기. 강하게 쳐다보는 용문구, 시선 흔들 리지 않는 도배만.

용문구   그 말은… 나와는 이제 끝이다 라는 얘기야?

도배만   맞습니다.

용문구   이유가 뭐지?

도배만   적어도 사단장님껜 얘기하지 마셨어야죠. 제가 노 회장 병역 프 로젝트 처리한단 사실은… 제가 노 회장 신임 얻는 게 그렇게 싫 었습니까?

용문구   (보는) 내가 말하지 않으면 노 장군님이 계속 모를 거 같아?

도배만   이제부터는 노태남 회장과 손잡을 겁니다. 중간책 없이 다이렉 트로.

차가운 얼굴로 형식적으로 인사하고 돌아서 나가는 도배만. 그때-

용문구   우리 비즈니스는… 순전히 내 탓으로 손절하는 거다? 그래. 내 가 도 검한테 좋은 핑곗거리를 줬군. (미소) 그래. 뭐 거기까지는 좋아. 하지만 미리 경고하지.

도배만   …

용문구   도 검사는 노화영 장군의 가장 민감한 역린을 건드렸어. 그 방법으로는 내 자리를 절대 차지할 수 없을 거야.

나가는 도배만. 남겨진 용문구의 굳은 얼굴에서-

59. 산길 - 군용 지프 [늦은 오후]

어두운 산길을 달리고 있는 윤상기의 군용 지프.

60. 폐군부대 컨테이너 막사 [늦은 오후]

군용 지프가 컨테이너 막사 앞에 도착한다. 윤상기, 지프에서 거대한 해머를 가지고 오더니 자물쇠를 그대로 내리친다. 쾅- 뜯겨 나가는 자물쇠. 철문을 열고 안에 들어서는 윤상기. 알렌 일행이 거지꼴로 묶여 있다.

61. 카페 [늦은 오후]

한적한 카페 안. 차우인이 테이블에 혼자 앉아 있다. 핸드폰을 보고 있는데- 윤상기가 알렌 일행 구하고 있다. 예상했다는 듯한 표정. 그때 맞은편에 누군가 앉는다. 도수경이다!

도수경   서에서 바로 출발했는데도 늦었네요.
차우인   (미소로) 괜찮습니다.
도수경   세나 씨가 연락 두절이라 안 그래도 전화드릴 참이었어요.
차우인   저도 그 일 때문에 뵙자고 한 겁니다.

차우인, 백에서 뭔가를 꺼내 테이블에 올려놓는다. 세나가 가지고 있던 USB다!

차우인   그날 현장을 찍은 영상입니다. 세나한테 방금 받았어요. 노태남 회장 체포 영장 받는 건 어렵지 않을 겁니다.

도수경, 놀란 얼굴로 고개 들면- 날카로운 눈빛의 차우인.

62. 클럽 카르텔 앞 [밤]

도배만의 차가 도착한다. 작렬하는 '클럽 카르텔' 네온사인 간판.
(화면엔 나오지 않지만 차우인이 이 모습을 지켜보고 있다.)

63. 클럽 카르텔 복도 [밤]

웨이터에게 밀실로 안내를 받는 도배만. 걸어가며 통화하는 도
배만.

윤상기 [F]	강스 솔루션 명의 차량 조회해서 알렌 찾았습니다! (껄껄대는) 근데 이놈들 꼴이 말이 아니네요.
도배만	그래. 수고했다. 나, 지금 노 회장 만나려고 카르텔에 도착했다. 서울까지 그놈들 잘 데리고 와. (끊는)

64. 클럽 카르텔 밀실 [밤]

노태남이 볼트를 쓰다듬으며 앉아 있다. 도배만, 노태남 보자 고
개 푹 숙이고 인사한다.

도배만	(윗옷 벗어 두고 앉으며) 알렌을 찾았습니다.
노태남	(흡족) 역시… 해낼 줄 알았어요. 한잔 받아요.
도배만	(깍듯한 자세로 받는) 영광입니다, 회장님.

팍- 허리까지 옆으로 돌려 술잔 넘기는 도배만.

노태남	내 병역 프로젝트 말인데요.
도배만	사단장님이 계셔도… 회장님이 원하시는 일이면 해야죠.
노태남	바로 그거야! 내가 장군의 아들로 태어나고 싶어서 태어났냐

	고? 남들 다 패스하는 군대를 내가 왜 가야 돼?
도배만	걱정 마십쇼. 병판의가 도장만 찍으면 되는 일입니다. 섭외 마쳤구요.
노태남	(갑자기 걱정되는) 근데… 알렌은 어깨 뺐는데 난 그렇게 무식하게 하기 싫은데. 나, 무서워서 치과도 못 간다고.
도배만	병명은 서류에 쓰여질 뿐이죠. 회장님은 프리패스로 통과하시는 겁니다.
노태남	일 처리 하나는 정말 맘에 드네요! 엄마 눈치나 보는 용 변하고는 달라. (술 넘기더니 오버) 근데 군바리가 나라 지키는 개라는 뜻이라면서요?
도배만	그렇습니다.
노태남	(볼트 어루만지며) 주인을 위해서 누구든 물어뜯는 충견, 도베르만. 우리 도 검사님이 딱 그거라니까! 이름도 도배만이잖아!

도배만, 기분이 상하지만 딱히 내색할 수도 없는데-

노태남	알죠? 우리 IM 디펜스가 방위산업 분야 탑인 거?
도배만	군에 빠삭한 인재가 늘 필요하시겠습니다.
노태남	어머니 그림자인 용 변에게 그 일을 맡길 수야 없지. 게다가 용 변은 내 일을 죄다 어머니한테 보고하거든.
도배만	회장님도 고충이 많으시네요.
노태남	그래서 말인데 도 군검사가 우리 IM 법무팀을 맡아 주면 어떨까 하는데.
도배만	(넙죽 고개 숙이는) 회장님! 감사합니다!
노태남	급하기는… 병역 프로젝트가 쥐도 새도 모르게 완성된다는 조건이지.

그때- 노태남의 핸드폰이 울린다.

도배만	통화하시죠. 저는 화장실 좀 갔다 오겠습니다.

도배만, 나가려는데- 노태남 핸드폰 스피커가 쩌렁쩌렁하게 울린다.

알렌 (F)	태남이 형! 나야. 빨간 머리 년이 날 패고 동영상을 뺏어 갔다고!!!

걸음 멈추는 도배만. 노태남이 빨리 나가라는 표정으로 쏘아본다. 도배만 나가자-

노태남	동영상이 빨간 머리 년한테 있다고? (통화 중 수신이 들어온다. 용문구 변호사다.) 일단, 끊어 봐.

용문구 쪽으로 통화 돌린다. 바로 용문구의 목소리가 끼어드는데.

용문구 (F)	잠시 후에 카르텔로 경찰이 들이닥칠 겁니다!
노태남	(와락 굳어지며) 뭐요?

65. 클럽 카르텔 앞 (밤)

카르텔 앞에 착착 멈춰서는 경찰차들. 형사들이 쏟아져 나온다. 도수경의 지휘로 일제히 카르텔로 뛰어 들어가는 형사들의 빠른 인터컷. 한편, 화면 뒤로 빠지면- 카르텔 앞 일각에 서 있는 SUV가 보인다. 뒷좌석에 앉아 있는 남자의 정체는 설악. 운전석과 조수석에는 부하들.

설악	뭐여. 도배만 쫓아서 오긴 했는디 짭새들이 쫙 깔려 부렸네. 뭔 일이랑가?

66. 클럽 카르텔 복도 (밤)

복도로 나오는 도배만. 그때, 복도가 소란스러워지더니 형사들이 들이닥친다. 도배만, 형사 무리에서 도수경을 발견! 급히 몸을 숨기는데-

67. 클럽 카르텔 밀실 (밤)

도수경과 형사들이 밀실 문을 박차고 들어온다. 노태남, 볼트가 놀랄까 와락 안는데- 볼트, 형사들을 향해 마구 짖어 댄다.

형사1	공무 집행 중입니다. 개 치워요! 당장!
노태남	(소리치는) 공무 집행? 내가 누군지 몰라? 당신들?
도수경	(영장 보여 주며) 잘 알죠. 노태남 씨, 긴급 체포 영장입니다. 동영상이 담긴 증거를 제보 받았습니다. 가시죠.

볼트, 더 크게 짖으며 금방이라도 달려들 기세다.

노태남	그래, 볼트. 물어 물어! 얼른!

볼트가 형사 1에게 달려든다. 형사 1, 놀라서 볼트를 피하자- 으르렁대는 볼트. 도수경과 형사들, 일단 볼트를 잡기 위해 아수라장이 되고- 위험천만한 상황에서 도수경, 용감하게 볼트가 다치지 않도록 꽉 잡으며- 그 틈을 타서 노태남의 손목에 수갑을 철컥 채운다.

도수경	(후배 형사에게 넘기며) 끌고 가.
노태남	(도수경 향해서) 당신! 내가 얼굴 똑똑히 기억할 테니 두고 봐!

그때, 도수경의 시야에 뭔가가 들어온다. 노태남 맞은편에 술이

채워진 양주잔. 벗어 놓은 양복 상의. 누군가 같이 있었던 흔적인데-

68. 클럽 카르텔 복도 [밤]

형사들에게 체포되어 끌려가는 노태남. 구석에서 도배만이 몸을 숨긴 채 보고 있다. 살금살금 발길을 돌리다 마주 오던 웨이터와 부딪쳐 소리를 내고 마는데- 도수경, 뒤를 돌아본다. 상의 없이 와이셔츠 바람인 남자의 뒷모습이 보인다!

도수경   어이! 거기 스탑!!
도배만   (돌아선 채 눈 질끈 감는)
도수경   잠깐만 이쪽으로 와 봅니다!

도배만, 몸을 돌리는 척- 냅다 튀기 시작한다.

도수경   (뒤쫓으며 버럭) 저 새끼가!!!

69. 클럽 카르텔 곳곳 [밤]

카르텔 복도부터 시작해 계단을 타고 내려와 주방을 가르며 펼쳐지는 추격전. 도수경에게 들키지 않으려 필사적인 도배만과 전력을 다해 뒤쫓는 열혈형사 도수경.

70. 클럽 카르텔 앞 [밤]

밖으로 뛰어 올라온 도배만. 마침 발렛파킹을 맡기려는 차량이 눈에 띈다. 차에 뛰어올라 타고 그대로 출발한다. 그때 카르텔 입구에서 대기하던 설악 일행.

설악   (부하에게) 뭐더냐? 어여 쫓아라. 쫓아!!!

바닥에 스키드 마크 남기며 급출발하는 설악의 SUV.

71. 도로 (밤)

포기하지 않는 도수경. 사이렌 크게 울리며 도배만 차량을 쫓는다. 운전대 잡고 있는 도배만, 입이 바짝바짝 마른다.

도배만 (혼자 소리치는) 고모! 제발 그만 와라!! 따라오지 마~!

가속페달 깊게 밟아 무서운 속도로 달려 나가다가 전방에 숨을 공간을 발견한다. 핸들 거칠게 꺾어 드리프트로 미끄러져 들어간다. 탁탁- 재빨리 차 시동과 헤드라이트, 모든 등을 꺼 버린다. 그대로 지나쳐 사라지는 경찰차들. 도배만, 그제야 안심하는데-

72. (점프) 도로 (밤)

다시 도로를 달리고 있는 도배만의 차량. 갑자기- 차량이 통제 불능 상태가 되는데. 제어되지 않는 차량. 펑- 보닛에서 검은 연기가 피어오르고.

도배만 어? 이거 왜 이래?

급기야 그대로 벽으로 돌진하더니 강한 충격으로 충돌하고- 벽에 부딪혀 전복되고 만다! 운전석에 앉은 도배만, 피투성이가 되어 버린다. 잠시 후- 문짝 뜯기는 소리 나며 열리는데 헤드라이트 역광에 가려졌다
잠시 후, 드러나는- WI 펜던트 목걸이. 빨간 가발을 쓴 차우인이다. 알렌의 주상복합에 나타났던 사진 속 그 모습. 불빛에 힘겹게 눈을 뜨는 도배만. 놀라움과 고통으로 얼굴이 일그러지는데-

도배만	차우… 인?
차우인	(보는)
도배만	…그 빨간 머리. 역시 너였어.

도배만, 고통으로 식은땀을 흘린다.

도배만	내가 차에서 가발을 발견한 게… 우연이 아니었지?
차우인	미끼였습니다.

인서트_____

2화 64신 상황. 차우인, 차 밖으로 나가기 전에 글로브박스를 연다. 그 안에 있던 빨간 가발을 꺼내 (도배만이 볼 수 있도록) 일부러 뒷자리에 던지는데-

도배만	(자조적으로 웃는) 내가 덫에 걸려든 거였다니… 대체… 이유가 뭐야? 미끼를 놔서 널 쫓게 만든 이유.

울컥 피를 토하는 도배만의 얼굴 위로-

도배만 (Na)	흔히 인생을 스스로 선택한다고 믿지만 그건 착각이다. 그 선택마저도 정해진 운명이다. 운명을 따르지 않으려 발버둥 치는 것조차 운명이니까.

차우인, 절도 있는 동작으로 탁- 경례를 때린다. 그러더니-

차우인	(싸늘한 미소를 머금으며) 도배만 군검사님은 제대 못 하십니다. 여기 남아서 저와 함께 싸우게 될 겁니다. 그게 군검사님의 운명이니까요.

놀라는 도배만의 얼굴 위로-

도배만 (Na)   우리는 거기서 무엇 하나도 지우거나 더 보탤 수 없다. 운명을
거부할 선택 같은 건 처음부터 없었기 때문이다.

4화

1. 훈련소 앞 미용실 (낮)

화면 열리면, 찌잉- 바리깡이 누군가의 뒷머리를 거침없이 밀고 지나간다. 바닥에 수북이 쌓이는 머리카락. 군인처럼 파르라니 깎여 가는 두상. 미용실 의자에 앉아 있는 남자는 노태남이다. 스타일이 맘에 안 든다.

노태남   아우… 씨… (발)

분노와 억울함이 뒤섞인 눈빛 위로-

기자 (E)   강남의 한 클럽에서 여대생을 성폭행한 혐의로 구속된 IM 디펜스 노태남 회장이 오늘 육군 훈련소를 통해 현역으로 입대합니다.

2. 동 밖 (낮)

훈련소 앞 미용실 앞이 기자들과 각종 단체들로 분주하다. 피켓 문구 '군대는 범죄자를 숨겨 주지 마라' 등등. 기자가 미용실 유리창 너머 보이는 노태남을 걸고 멘트를 이어 가는데.

기자   노태남 회장이 입대함에 따라 이번 사건은 민간법원이 아닌 군사법원으로 재판 관할권이 이관돼 정식 군사 재판을 받게 됐습니다.

자막 - 8일 전

3. 클럽 카르텔 앞 (밤)

3화 62신 상황이다. 카르텔 앞에 도착하는 차량에서 도배만이 내린다. 거리 두고 주차된 차에서 카르텔로 들어가는 도배만을 지켜보는 차우인, 통화 중이다.

도수경 (F)	노태남 체포 영장 나왔습니다. 제보해 주신 세나 씨 동영상 증거 덕분이에요.
차우인	(엷은 미소) 네. 잘 부탁드립니다, 도 형사님.

핸드폰 끊는 차우인. 얼굴을 알아보지 못하게 후드티 모자를 푹 눌러쓴다. 주위를 돌아보는데- 카르텔 근처에 설악 일당의 차량이 보인다! 차우인, 성가시다는 표정으로 보는데.

4. 노화영의 사단장실 (밤)

서류를 보며 업무를 점검하고 있는 노화영. 오른쪽 검지 손가락에 낀 골무로 서류를 넘긴다. 종이를 넘기다가 골무를 빼면- 오른 검지 끝부분 두 마디가 없는데. 그때- 용문구가 급하게 들어선다.

노화영	무슨 일이야? 이 시간에.
용문구	노 회장한테 체포 영장이 떨어졌습니다.
노화영	뭐?
용문구	경찰이 동영상 증거를 입수했습니다.

그 말에 굳은 얼굴로 자리에서 일어나는 노화영인데-

5. 클럽 카르텔 곳곳 (밤)

- 카르텔 앞에 멈춰 서는 경찰차들. 도수경의 지휘로 일제히 카르텔로 뛰어 들어가는 모습.
- 수갑 채워져 끌려가는 노태남. 숨어서 보던 도배만, 도수경에게 들키자 냅다 도망친다.
- 카르텔 내부에서 도망치는 도배만과 쫓는 도수경 모습 컷컷.

6. 클럽 카르텔 앞 (밤)

밖으로 뛰어 나오는 도배만. 후드티 뒤집어쓴 발렛 요원이 다가와 차 키를 내민다. 노태남이 걱정되는지 계속 안쪽을 돌아보는데- 카르텔에서 형사들의 고함 소리가 들리자 냅다 키를 받아든다.

도배만   (차에 올라타며 발렛 요원에게) 수고!

가속페달 깊게 밟고 출발하는 도배만. 간발의 차로 도수경과 형사들이 카르텔에서 나온다. 멀어지는 도배만 차 보면서- 후드티 벗고 얼굴 드러내는 발렛 요원, 차우인이다. (도배만이 '차량 제어 장치'가 설치된 차를 타도록 계획한 것)
한편, 거리 두고 주차된 설악의 밴 차량. 설악과 부하들이 그 모습 다 보고 있다. 도망치는 도배만 차량을 쫓아 시동 걸고 출발하는 도수경 차량.

부하1   짭새가 살벌하게 따라가네요. 뭔 일이지?

설악   (잔머리 굴리는) 도바리놈, 제대가 코앞인데 짭새한테 쫓긴다? 카르텔에서 언놈을 만났는디 저려?

부하1   그 무시무시한 여군하고 뭔 일 벌인 거 아닐까요?

설악   도바리 혼자 타고 내뺐잖여. 그 여군바리 (움찔) 에이! (질색) 내 생전 듣도 보도 못한 레어한 스타일이여! 뭐 하냐? 악셀 터지게 밟아 쫓아가지 않고!!

그 말에 부아앙- 시동 걸리는 설악의 밴. 출발하려고 바퀴가 움직이는데- 그 앞을 딱 가로막는 마세라티 스포츠카!

설악   (마세라티 확인하고 버럭) 뭐여? 이 부티나게 예의 상실한 새끼는?

운전석 유리창 쓰윽- 열리자 드러나는 얼굴, 차우인이다!

설악   (질색하는) 그… 여! 군! 바! 리

차우인, 미소 짓더니 설악 차량을 향해 쉭쉭 위협하듯 다가간다.

부하1   (차우인에 겁먹고 후진하며) 아… 오지 마! 오지 마!
설악   감히 내 앞길을 막아? 뭐더냐? 얼른 밟지 않고!!
부하1   (계속 질질 후진) 저 비싼 차를… 어찌 박습니까?
부하2   지난 번처럼 와이퍼 가지고 달려들면 어쩝니까?
설악   (아우) 저 여군바리가 나하고 뭔 새로운 인연이 시작되려고 이려?

차우인, 붕- 하고 액셀 최대한 밟고 돌진하는데- 충돌 피하려
더 후진하는 설악 차량. 마세라티와 조금이라도 닿을까 봐 차
안에서는 '아아아' 비명이 울려 퍼지고-

설악   안 되겠다. 튀어. 어여 튀어.

설악의 밴, 크게 후진하더니 완전히 꽁무니를 뺀다. 그 모습 확
인한 차우인, 차체를 확 돌려 출발해 나간다.

7. 도로 (밤)

도배만, 잡힐세라 핸들을 틀며 무서운 속도로 도로를 질주하고
있다. 웨애앵- 사이렌 켜고 필사적으로 도배만을 쫓는 도수경.
그 뒤를 바짝 따라오는 차우인 차량. 차량들의 릴레이 추격전.

8. 도배만의 차 안 (밤)

도배만, 백미러로 보면- 경찰차들이 쫓고 있다. 가속페달 깊게

밟아 무서운 속도로 질주하다가 전방에 숨을 공간을 발견한다. 핸들 거칠게 꺾어 드리프트로 숨을 공간에 미끄러져 들어간다. 탁탁- 재빨리 차 시동과 헤드라이트, 모든 등을 꺼 버린다. 그대로 지나쳐 사라지는 경찰차들. 도배만, 그제야 안심하는데-

9. 〔과거 + 현재 교차〕 **도로** 〔밤〕
도로를 달리는 도배만의 차량.

<u>인서트</u>_____
거리 두고 쫓던 차우인의 차량. 차우인, 핸드폰을 들어 앱을 찾아 꾹 누른다.

도배만의 차 안. 갑자기 펑- 소리와 함께 보닛에서 검은 연기가 피어오른다.

도배만   어? 이거 왜 이래?

도배만의 눈동자가 커지는데- 운전대가 먹통이 되고 브레이크도 걸리지 않는다. 제어되지 않는 차가 그대로 벽으로 돌진하더니 강한 충격으로 충돌하는데- 그 모습 슬로우 걸리면서- 차우인의 내레이션이 시작된다.

차우인 (Na)   망각. 어떤 사실을 잊어버리는 뇌의 작용. 누군가는 망각을 신의 축복이라고도 했다.

〔교차〕 **과거와 현재 사고**_____
- (과거) 돌진하는 트럭과 충돌해 하늘로 높이 치솟는 도배만 가족의 차.

- (현재) 도배만 차량이 벽에 강한 충격으로 부딪히고.
- (과거) 비탈을 구르고 구르다 뒤집혀 멈추는 도배만 가족 차.
- (현재) 벽에 부딪혀 전복되어 뒤집히는 도배만 차.
- (과거) 죽어 가는 가족들. 울먹이는 어린 도배만. 문짝 뜯기더니 누군가 손을 내민다.
- (현재) 두드득- 문짝 뜯기면서 도배만에게 손을 내미는 누군가. 보면- 차우인이다!

차우인 (Na)   어떤 고통을 겪더라도 망각이 있기에 다시 살아갈 수 있다. 망각이 없다면 현재도 없다.

10. (점프) 도로 (밤)

화면 가득, 피투성이가 된 도배만이 보인다. 압도적인 모습으로 서 있는 차우인.

도배만   차우… 인?
차우인   (절도 있는 동작으로 탁- 경례를 때리는)
도배만   !!!
차우인   (싸늘한 미소를 머금으며) 도배만 군검사님은 제대 못 하십니다. 여기 남아서 저와 함께 싸우게 될 겁니다. 그게 군검사님의 운명이니까요.
도배만   운명? (보다가) 내가 너하고?

도배만, 머릿속이 혼란으로 가득 찬다. 그러다 쿨럭- 피를 토하며 쓰러지는데 화면 암전, 그 위로-

차우인 (Na)   하지만 달콤한 망각이 끝나고 자각이 시작되면… 망각 속에 숨겨졌던 고통을 마주해야 하는 순간, 비로소 지옥이 열린다.

11. (환상) **건물 외벽 + 옥상** (낮)

건물 외벽에 거꾸로 매달려 있던 도배만. 옥상 위에서 도배만을 내려다보는 차우인이 보인다. 도배만의 시선으로 보이는 차우인, 차가운 미소를 짓고 있다.

차우인   이제 뭘 잊고 살았는지 아시겠습니까?

매달린 도배만, 헉헉거리는데.

도배만 (E)   잊고 산 거? 내가 뭘 잊고 살았지? 차우인… 대체 나한테 이러는 이유가 뭐야… 왜 갑자기 내 앞에 나타난 거야… 왜…

차우인, 잠시 도배만을 내려다보더니 밧줄을 잡아 칼로 끊어 버린다. 떨어지는 도배만의 모습, 슬로우 걸리면서- 끝도 없는 바닥으로 추락하는 도배만의 비주얼.

12. **병원 병실** (낮)

'으악' 눈 크게 뜨면서 벌떡 일어나는 도배만. 보면- 병실 침대다. 꿈인지 현실인지 얼떨떨하다. 갑작스러운 통증에 가슴을 부여잡는데- 침대 옆에 놓인 핸드폰을 열자, 고모와 윤상기 이름으로 부재중 전화가 찍혀 있다.

간호사   (들어와 놀라는) 어? 정신이 드셨네요? 아직 일어나시면 안 돼요!
도배만   제가 여길 어떻게 온 겁니까?
간호사   어떤 여군께서 응급실로 데려오셨어요. (도배만 여기저기 체크하며) 입원해서 며칠 안정 취하셔야 될 것…
도배만   (끊고) 제가 그럴 시간이 없어요.

링거 획- 뽑아 버리고 일어나는 도배만.

13. 유치장 복도 [낮]

구둣발 소리 내며 유치장 복도를 걸어가는 용문구. 노태남이 입을 명품 양복(옷걸이에 걸고 포장된)을 직접 들고 있다.

14. 유치장 수용실 [낮]

명품 양복을 꺼내 몸에 대보는 노태남. 뒤에서 용문구가 무거운 얼굴로 지켜보고 있다.

노태남   (짧게) 거울.

용문구, 다가와 핸드폰을 셀카 촬영모드로 노태남 앞에 댄다. 화면에 보이는 자기 모습을 보며- 마치 출근 준비하듯 와이셔츠 깃을 매만지고, 소매에 커프스를 끼우고, 상의를 걸치고, 헤어젤을 바르는 노태남.

노태남   나 여기 오래 있기 싫으니까 어떻게든 수습하고 뒤집어요! 수갑차기 전으로 돌려놓으라고!

용문구   누추한 곳에 오래 계시지 않도록 빨리 손쓰겠습니다.

노태남   (생각난) 도배만 이 군바리 새끼! 혼자 도망을 가? 이 자식… 가만두나 봐라!

용문구   (듣다가) 회장님, 잠시 감정을 누르고 생각해 보시죠. 도배만이 거기서 잡혀서 회장님 병역 프로젝트 발설하는 것보단 상황이 훨씬 낫습니다.

노태남   (곰곰이 생각해 보다가 끄덕이는) 그건… 그렇네. 지 혼자 살자고 도망친 놈이니까 잡히면 바로 불었겠네! (용문구 보는) 망할 놈의 도배만이 다 생각이 있어서 그런 거네! 그죠?

엥? 도배만 감싸는 뜻은 아닌데- 미소 머금고 긍정도 부정도 하지 않는 용문구.

노태남 근데 왜 혼자 왔어요? 어머니는요?
용문구 방문 계획, 없으십니다.
노태남 (황당) 뭐라구요?
용문구 성범죄 사건에 연루된 용의자를 면회 가는 건 기자들에게 먹잇감만 던져 주는 거라고 말씀하셨습니다.
노태남 (서글픔과 섭섭함) 하… 무슨 엄마가… 아들을 이렇게 내버려 두냐고.

노태남, 절망감에 주먹을 꽉 쥔다. 그러다 눈시울 붉어지고- 그때 도수경이 유치장 안에 들어온다.

도수경 노태남 씨, 가시죠.

15. 병원 로비 (낮)

로비로 나오는 도배만. 사람들이 몰려든 대형 모니터에서 뉴스가 나온다. 자막으로 뜨는 〈IM 디펜스 노태남 회장, 아이돌 가수 알렌 동시 체포〉 경찰 차량에서 내리는 노태남과 알렌, 용문구가 보인다! 도배만, 굳은 얼굴로 출입구 쪽으로 걸어 나가는데-

16. 검찰청 앞 (낮)

용의자 신분이라도 패션은 양보 못 하는 노태남. 명품 양복에 명품 목도리로 얼굴을 가렸다. 그 옆에 고개 숙이고 서 있는 알렌이 보이고- 용문구도 같이 서 있다. 기자들의 취재 열기가 뜨겁다. 장대비 쏟아지듯 퍼붓는 플래시 세례.

노태남	(손으로 눈 가리며) 아우… 개눈부셔.

그때, 여자 기자가 노태남에게 질문을 한다.

기자	노태남 씨! 최초로 여자 사단장이 되신 어머니께 부끄럽지 않은 가요? 한 말씀 해 주시죠!

그 말에 노태남, 기자를 향해 (우병우 느낌으로) 썩은 미소를 보내는데-

용문구	아직 검찰 조사 전입니다. 민감한 질문은 삼가 주시길 바랍니다.
기자	이번 일 말고도 그동안 노 회장님의 잘못된 행실은 기자들 사이에도 파다했습니다. 어떠십니까? 억울하십니까?
노태남	아니… 근데 이 기레기 년이 뚫린 입이라고…

노태남이 기자를 향해 달려들자, 아수라장이 되고- 도수경이 기자들로부터 노태남을 떼어낸 뒤 검찰청 건물로 들어간다.

17. 법무실 복도 [낮]

복도를 걷고 있는 도배만. 맞은편 복도 끝에서 차우인이 걸어오고 있다! 도배만의 눈빛 차갑게 굳어지는데- 더 이상 피할 수 없이 좁혀지자 저절로 멈춰 서는 둘.

차우인	몸은 괜찮으십니까?

진심으로 걱정하는 차우인의 표정. 어제의 도발적인 모습은 어디에도 없다.

도배만	와… 이거 정말… 어이없네. 사람을 반 죽여 놓고… 병원 데려다 놓더니. (버럭) 너… 지금 나 가지고 장난해?
차우인	걱정했었는데… 크게 다치시지 않아 다행입니다.
도배만	(기가 막힌) 하… 뭐, 다행? 다행?? (울화가 확 치밀어) 오늘은 왜 가발 안 썼지? 군복보다 훨씬 잘 어울리던데?
차우인	궁금한 게 많다는 거 잘 압니다. 기분이 좀 가라앉으면 그때 얘기하죠.

그 말 남기고 돌아서서 가려는 차우인. 도배만이 차우인의 팔목을 확- 잡아챈다.

도배만	(노여운) 말해. 왜 날 죽이려고 한 건지.
차우인	아닙니다. 깨닫게 해 주려고 그런 겁니다.
도배만	말도 안 되는 변명하지 마. 당장 말해. 살인미수로 널 처넣을 수도 있으니까.
차우인	제대하시기 전엔 다 말씀드릴 겁니다. 저도 기다리고 있거든요.
도배만	뭐? 기다렸다고?

순간- 도배만의 뇌리에 10신의 차우인 표정이 어른거렸다 사라진다. 다시, 정신 차리고 차우인 보면 정면으로 자신을 보고 있는데-

차우인	도 검사님이 망각에서 빠져나오기만을 기다리는 중입니다.

툭- 도배만 손 뿌리치고 가 버리는 차우인. 남겨진 도배만, 혼란에 가득 차 차우인 보는 데서-

18. 법무실 (밤)

도배만, 아무도 없는 어두운 법무실에 급하게 들어선다. 곧바로 차우인 방으로 들어가 닥치는 대로 뒤지기 시작하는데- 책상 위의 서류를 풀어 헤치고, 책들을 펼쳐 보고, 서랍을 까 뒤집고… 마치 화풀이 하듯 감정을 주체하지 못하는 모습이다. 그때 들어오는 윤상기. 도배만의 격앙된 모습에 놀란다!

윤상기	도 검사님! 이게 무슨…
도배만	(상관없이 뒤지는)
윤상기	(가서 말리며) 차 검사님이 보면 어쩌시려고 이럽니까!
도배만	(버럭) 차우인… 그 이름 입 밖에 꺼내지도 마!
윤상기	그럼 이거 괜히 조사했네요.
도배만	(뒤지던 행동 딱 멈추며) 조사?

윤상기, 화이트보드 앞으로 걸어간다. 깨끗한 화이트보드를 180도로 확- 뒤집자 3화 54신에서 도배만이 메모했던 '알렌 납치사건'이 남아 있다. '강하준' 부분을 탁 짚는 윤상기. 그 위로-

플래시백

3화 54신.

도배만	차우인과 강하준은 차우인 아버지로 연결된 관계. 강하준을 좀 더 파 보면 차우인에 대한 뭔가가 나올 거다.

다시 법무실. 화이트보드 앞에 선 윤상기. USB를 꺼내 보여 준다.

윤상기	강하준을 파 봐야 차우인 검사님을 알 수 있다고 하셨잖습니까? 이 자료 찾아내느라 고생 좀 했습니다.

도배만, 차우인 방에서 나와 USB를 받으려 윤상기 앞으로 가는 데- 그때 걸려오는 전화. 용문구다! 받아 드는-

도배만	(표정 가다듬고) 네.
용문구 (F)	노 회장, 내일 나올 거야.
도배만	(살았다!) 다행이네요. 수고하셨습니다.
용문구 (F)	그래서 말이야. 내일 개줄 잡고 있을 사람이 필요한데…
도배만	(표정 와락 굳는) 개줄이요?
용문구 (F)	도배만, 그날 도망친 거 만회해야지?
도배만	…내일 뵙겠습니다. (끊는)

핸드폰 끊는 도배만. 여러 가지로 심란한 표정이다.

윤상기	용문구 변호사죠? 노태남 회장이 단단히 벼르고 있겠네요.
도배만	풀려났다고 하니까 그나마 다행이야.
윤상기	그럼 이제 어쩌실 거죠? 노태남에 차우인 검사님 문제까지…
도배만	순서대로 풀어 가야지. 노태남 회장 군문제 해결하고 (윤상기 손에 든 USB 가로채며) 차우인도 해결하고.

19. 경찰서 앞 (낮)

경찰서 앞에 검은 세단을 세워 놓고 노태남을 기다리고 있는 도배만과 용문구. 도배만이 볼트의 목줄을 쥐고 있다. 볼트, 뭔가 불편한지 낑낑댄다.

도배만	가만있어라. 응? 착하지.
용문구	(건조하게) 먹던 물엔 침 뱉는 거 아니야. 내 얼굴 안 본다고 박차고 나갔지만… 이렇게 다시 만나게 되잖아?
도배만	(심기 불편) …

노태남이 나오자 볼트가 냅다 달려간다. 볼트를 쥐고 있던 줄에 이끌려 엉겁결에 같이 끌려가는 도배만.

노태남   (와락 안으며) 볼트! 우리 볼트 너무 보고 싶었어!

마치 전쟁터 나갔다가 수년 만에 돌아온 주인 반기듯 열정적으로 핥고, 컹컹컹 짖는 볼트. 노태남도 땅바닥에서 볼트를 끌어안고, 긁어 주고, 뽀뽀하고 난리도 아니다.

노태남   (감동) 응응. 다시는 널 두고 멀리 안 갈게. 절대로.
도배만   회장님, 고생 많으셨습니다.
노태남   (도배만 쪽으로 천천히 시선 돌리는)
도배만   면목 없습니다, 회장님.

노태남, 따귀를 후려갈기려는 듯 도배만을 향해 한쪽 손을 확- 들어 올린다. 도배만, 각오한 듯 눈을 질끈 감는데- 아직 때리지 않았다. 다시 눈 감는 도배만. 그런데 갑자기 도배만을 확 끌어안는 노태남!

도배만   (안긴 채로 어안이 벙벙한) ???
노태남   어떻게 그 상황에서 그런 판단을 했어요? 나 완전 감탄했잖아.
도배만   …
노태남   거기서 들키면 안 되니까 나 군대 빼려고 그런 거잖아요? 그쳐?
도배만   아… (하다가) 그럼요! (넙석 받아 무는) 그걸 헤아려 주셔서 감사합니다. 회장님 병역 프로젝트, 제 모든 걸 걸고 무조건 성사시키겠습니다.

둘의 모습 뒤에서 무표정으로 지켜보던 용문구, 노태남 보더니-

196

용문구	장군님은 오늘 중요한 일정 때문에 못 오셨습니다.
노태남	(빈정 팍) 아들이 억울하게 옥살이하다 풀려난 것보다 더 중요한 일정이 대체 뭐죠?
용문구	육사 동기 모임이 있으십니다.
노태남	(아…) …그래요? 동창회? (화낼 힘도 없다)
용문구	알렌은 계속 구속 상태입니다. 회장님만 나올 수 있었던 건 장군님이 사방으로 뛰어다니신 덕분입니다. 다 아들을 위해서죠.
노태남	어머니 본인을 위해서겠죠.

노태남, 볼트를 안고 차로 간다.

| 노태남 | 문! |

도배만이 얼른 달려가 뒷문을 열어 주는 모습에서-

20. 노태남의 IM 집무실 [낮]

볼트와 함께 들어오는 노태남. 그제야 긴장이 풀려 소파에 주저앉는다. 이어서 도배만과 용문구가 들어온다. 소파에 눈감고 누운 노태남을 바라본다.

용문구	그럼 오늘은 편히 쉬십쇼. (돌아서려는데)
노태남	(누운 채로) 안에서 생각한 게 있으니까 들어 봐요. 쿠바나 우루과이 같은 데 있잖아. 범죄인 인도 협정 없는… 거기 가서 몇 년짬 박혔다 들어왔으면 하는데…
용문구	영장 실질 심사에서 구속 영장이 기각됐지만, 현재 출국 금지 상탭니다.
노태남	(소파에 누운 채로 괴성 지르는) 아우-우-우-우- 대책이 뭔지나 빨리 말해요. 뚜껑 열리고 있으니까!

그때- 도배만, 노태남 가까이 다가선다.

도배만 병역법 61조와 병역법 시행령 129조에 따라 부득이한 사유가 생겼으므로 입영 연기가 충분합니다.

노태남 (표정 약간 풀려서) 그리고?

도배만 일단 입영 연기부터 하시고 재판 치르면서 제가 세팅해 놓은 코스 밟아 면제받으시면 됩니다.

노태남 (얼굴 활짝 풀리는) 아…!

용문구 (나서는) 죄질이 크고, 증거가 확실해서 실형 피하는 건 힘들 겁니다. (노태남 보더니) 회장님, 정말 군대가 감옥보다 싫으십니까? 요 며칠 계셨던 유치장과 감옥은 아주 많이 다른 곳입니다.

그 말에 멈칫하는 도배만, 용문구를 쳐다보는데.

노태남 (예민하게) 그러니까 지금… 하고 싶은 말이 대체 뭔데요?

용문구 군대에 들어가십시오. 군대로 피하는 게 가장 확실하고 유일한 방법입니다, 회장님.

노태남 (얼굴 일그러지는) 뭐라고? 그걸 지금 대책이라고 내놔요?

도배만 군사 재판이 그렇게 호락호락하지 않습니다. 사건을 군법정으로 가져간다고 형을 피한다는 보장은 없습니다.

노태남 거봐요! 도배만 군검사 말이 힘들다잖아요!

용문구 (은근한 시선으로) 그럼 하나만 물어보지.

용문구, 도배만에게 다가간다. 가까워질수록 점점 위압적인 느낌.

용문구 죄를 묻는 군검사부터, 판결을 내리는 군판사, 군법정을 지키는 일개 병사들까지 모든 군인이 노화영 장군님의 부하로만 채워진 법정이라면 (쐐기 박듯) 그래도 힘든 재판이 될까? 군검사니

	까 누구보다 잘 알 거 아니야?
도배만	(예상 못한) …그건.
노태남	뭐야? 도배만 군검사, 왜 더 말을 못해?
용문구	(노태남 보며) 이번 일은 저와 회장님, 그리고 노 장군님이 결정할 사안입니다. 도배만이 함부로 낄 자리가 아닙니다.

노태남, 혼자 가만히 머리를 굴려 본다.

노태남	그러니까 군검사, 변호사, 판사까지 죄다 어머니가 하란 대로 한단 얘기잖아? 까라면 무조건 까는 군대니까.
용문구	(미소 번지는) 네, 회장님. 바로 그게 포인트죠.

노태남, '흠' 하면서 관심 보이고- 그 모습 보는 도배만의 얼굴에서.

21. 부대 일각 (밤)

양 부관의 호위를 받으며 귀빈실 방향으로 걷고 있는 노화영. 용문구와 핸드폰 통화 중이다.

용문구 (F)	노 회장이 입대하기로 거의 마음을 먹은 것 같습니다.
노화영	수고했어, 용 변호사. (끊는)

귀빈실 건물 앞에 멈춰 서는 노화영. 입구에 '육사 ○○기 모임' 팻말.

22. 사단 귀빈실 (밤)

상석의 노화영을 중심으로 둘러앉은 장군들. 모두 노화영의 육사 동기들이다. 허강인, 이미 잔뜩 취한 상태다.

노화영	(술잔 받는) 고맙다, 다들.
장성1	우리 동기 중에 젤 먼저 사단장 달고. (엄지 척) 역시 노화영!
장성2	4사단장이 군단장 가는 프리패스라는 거 다들 알잖아.
장성3	그럼 그럼~ 차기 군단장 1순위지. 우리 기수에서 군단장이 나오다니!

과도하게 살랑거리는 장성들. 내내 듣고만 있던 허강인은 아첨하는 동기들이 눈꼴사납다.

노화영	(술잔 넘기며) 오랜만에 보니 술맛 좋네. 강인이 너도 한 잔 받아라.
허강인	(배알 꼴리는) 마이~ 마셨다. 딴넘들이나 줘라. (그래 놓고 자기 잔 따르는) 야! 적당히 걸음 좀 맞춰서 가자. 거 아무리 계급장이 깡패래도 동기한테, 것도 여자한테 경례 때리는 건 군인으로서 좀 거시기하잖냐.

그 말에 분위기 싸하게 식는다. 노화영, 매서운 눈으로 허강인 보는데-

허강인	(주위 둘러보며) 니들은 안 그러냐? (반응 없자 술잔 넘기며) 아님 말고. (술잔 탁- 내려놓더니) 에이! 난 소변이나 좀 눠야겠다.

나가는 허강인. 장성 1이 노화영의 눈치를 살피더니 따라 나가는데-

장성2	저놈이 진급 계속 미끄러지더니 괜히 심통이네. 화영아, 니가 이해해라.
장성3	원래 배고픈 건 참아도, 배 아픈 건 못 참는 거 아니냐.

그 말에 웃음이 번지는 분위기. 묵묵히 술잔 넘기는 노화영인데-

23. 사단 귀빈실 남자 화장실 [밤]

소변을 보며 노화영을 험담하고 있는 허강인. 잔뜩 취해서 몸도 가누지 못한다. 옆에서 적당히 장단 맞춰 주는 장성 1.

허강인	아들 새끼 하나 간수 못 하는 년이 사단장? 웃기고 자빠졌네.
장성1	안 그래도 걱정이다. 아들 때문에 화영이 출셋길 막히는 거 아 닌지.
허강인	총도 못 쏘는 년이 허구헌 날 군인 정신이 어쩌구. 내 같잖아서.
장성1	그 얘기 좀 그만해라. 화영이 사격 솜씨 몰라?
허강인	(검지 오므리면서) 이게 없는데 군인은 무슨 군인이야? 어? 근 데… 열받게시리 노화영이 왜 이렇게 초고속이야? (지퍼 올리며) 위에다 로비라도 했나? 맞다! 그거네! (키득거리며) 여자라서 올 라간 거네.

그때- 남자 화장실 문이 열리더니 노화영이 들어선다.

노화영	(천천히 다가오며 차갑게) 내가 여자라서 사단장이 됐다?
허강인	(혀 꼬인) 감히 여기가 어디라고 들어와? 여긴 사내대장부만 들 어올 수 있는 데야! 군대도 마찬가지고!
노화영	(냉랭하게) 똑똑히 알아 둬. 군대에 남자 여자는 없어. 오로지 군 인만 있는 거야! 이 못나고 찌질한 (방점 찍듯) 사내새끼야!
허강인	(버럭) 뭐? 이게 여자라고 오냐오냐해 줬더니.

허강인, 한 대 후려칠 생각에 이리저리 비틀거리며 다가가는데- 노화영, 가소롭다는 듯 피식 웃더니 허강인의 낭심을 군홧발로 강하게 올려 찬다. 퍽!

허강인	(극한의 고통) 헉!!!!

그대로 신음을 내뱉으며 화장실 바닥에 쓰러지는 허강인. 쓰러진 허강인의 머리를 군홧발로 지그시 누르는 노화영.

노화영	(군홧발로 허강인 머리 점점 힘줘서 누르며, 냉랭하게) 내가 니 위에 있는 이유를 알려 줄까? 간단해! 그건 내가 너보다 강한 군인이기 때문이야.
허강인	(군홧발이 머리를 짓누르자 고통스러워서) 으아아아아!!!
장성1	(노화영 잡고 말리는) 그만해, 화영아.
노화영	(무섭게) 넌 끼어들지 마.

노화영의 기세에 입 꾹 다물고 뒤로 물러나는 장성 1. 노화영, 허강인 뒤통수를 잡아채더니 소변기 가까이로 가져간다.

노화영	(허강인의 머리를 소변기로 처박으며) 똥만 찬 니 대가리가 들어갈 곳은 여기야. (서슬 퍼런) 군인으로 먹고살려면 내 앞에 고개를 숙여! 앞으로 나한테 관등성명 똑바로 하고!
허강인	(고통스러운) !!
노화영	또 한번 입을 함부로 놀리는 날엔 (짧은 검지로 허강인 머리 누르면서) 구멍을 뚫어 버릴 거니까.

경고하듯- 섬뜩하게 웃는 노화영인데.

24. 도배만의 관사(낮)

도배만, 노트북에 (윤상기가 준) USB를 꽂는다. 파일 하나를 클릭하는데-

인서트_____

진행자의 질문에 답을 하고 있는 강하준.

진행자　　강하준 대표님에게 인생의 중요한 갈림길이 있었다면 언제였을
　　　　　　까요?

강하준　　제가 미국에서 공부를 하고 있을 때… 빨리 사업자금을 벌고 싶
　　　　　　은 마음에 안 좋은 일에 빠진 적이 있었어요. (잠시) 하지만 결국
　　　　　　은 그게 저를 집어삼켰죠. 그러다가 운명적인 일이 일어났고 그
　　　　　　게 제 인생을 완전히 뒤바꾼 기회가 됐습니다.

진행자　　혹시 그 기회가 IM 디펜스를 말씀하시는 걸까요? 강스 솔루션이
　　　　　　IM 디펜스의 투자 덕에 시작할 수 있었다던데…

강하준　　네. 제가 이룬 모든 건, 차호철 회장님 덕분입니다. 지금은 제 곁
　　　　　　에 계시지 않지만… 평생 보답하면서 살 겁니다.

거기서 멈추는 인터뷰 동영상.

도배만　　IM 디펜스… 차호철 회장?

이어 다른 폴더에 있는 파일을 클릭한다. (윤상기가 조사한) 기사
자료들이다. '강스 솔루션'이 'IM 디펜스'로부터 투자를 유치해
회사를 설립했다는 (7년 전) 기사들. 도배만, 방금 인터뷰 동영상
을 다시 재생한다.

강하준 (E)　제가 이룬 모든 건, 차호철 회장님 덕분입니다. 지금은 제 곁에
　　　　　　계시지 않지만… 평생 보답하면서 살 겁니다.

플래시백_____

3화 52신. 강스 솔루션 건물 옥상의 강하준.

강하준	회장님… 오늘따라 더 뵙고 싶다. 생각나고. 우리가 쓰레기들 청소한 것도 다 보셨겠지?

다시 도배만의 관사. 갈피가 완전히 풀린 도배만, 얼굴에 엷은 미소가 도는데-

도배만	차우인 아버지가 차호철 회장…?

25. 차우인의 관사 [낮]

샤워를 하고 타월 로브를 입고 나오는 차우인, 툴툴 털어 머리를 말린다. 화장대 위엔 드라이어와 스킨, 바디로션, 그리고 립스틱 하나뿐이다. 바디로션을 쭉 짜서 얼굴에 쓱쓱 바른다. 간편한 사복으로 갈아입고 WI 목걸이를 건다. 그때- 핸드폰 울리는데 보면, '도배만'이다.

차우인	네, 도 검사님.
도배만 (F)	지금 조사실로 와.

26. 조사실 [낮]

도배만, 핸드폰 내리면 조사실에 혼자 앉아 있다. 자리에서 일어나 CCTV를 끄고 '영상 조사실'과 연결된 거울의 블라인드를 내린다. 외부와 차단된 공간으로 만드는 도배만.

27. 법무실 복도 [낮]

조사실 방향으로 걸어가고 있는 차우인.

28. 조사실 [낮]

차우인 들어오면- 도배만이 보인다. 자리에 앉는 차우인.

차우인	이렇게 여기서 마주 보는 것도 나쁘진 않네요.
도배만	오늘 나는 그 무엇보다 (강조) 사실을 알고 싶은 것뿐이야. 다른 뜻은 없어.
차우인	(미소) 저도 좋습니다.

잠시, 서로를 보는 두 사람. 도배만이 먼저 말문을 연다.

도배만	처음엔 한세나의 복수를 대신 해 주는 거라고 생각했어. 그래서 알렌을 납치해 동영상을 터트린 거라고. 하지만 그건 사건의 겉 모습이었지. 진짜 이유는 따로 있었고.
차우인	(시선 고정하며 보는)
도배만	니가 노리는 놈은 노태남이었어. 알렌이 아니라.
차우인	근거가 있으십니까?
도배만	당연히 있지.
차우인	(보는)
도배만	차우인 넌, IM 디펜스 회장 차호철의 딸이니까!

– IM 디펜스에 검찰과 형사들이 출동하는 장면. 회사를 뒤집어 놓는다.

도배만	군사기밀 유출에 횡령 누명 씌운 것도 모자라, 주가 조작으로 네 아버지 회사를 빼앗고…

– 2화 4신 상황. 경사로를 굴어떨어지던 차량. 폭발 일어나며 거대한 불덩이가 된다.

도배만	사고로 위장한 타살. 네 아버지를 죽인 노태남을 향한 복수.

– 2화 5신 상황이다. 용문구가 차호철 사건수사 발표를 하고 있다.

용문구 (E) 돈이 많다고 판결 결과가 달라진다면 만인에게 평등해야 할 법이 다 무슨 소용일까요? 저희 검찰은 국민의 사법 불신을 심화시킨 차호철 피고인에 대한 엄정한 처벌을 내릴 것을 약속드립니다.

도배만의 말을 듣고 있는 차우인. 그 모습 똑바로 보는 도배만.

도배만 용문구도 복수 대상이겠지. (차고 있던 시계를 풀며) 그래서 내 일거수일투족을 감청했던 거고.

인서트_____

(2화 25신의) 차우인이 시계를 구입했던 백화점 명품 시계숍. 점원이 도배만의 시계를 귀에 대고 듣고 있다. 주시하면서 보는 도배만. 시계에서 들리는 미세한 도청기 소음, 점원이 도배만에게 고개를 끄덕인다. 잠시 후, 도배만에게 시계를 돌려주는 점원. 핀셋으로 무언가를 집어 보여 준다.

다시 조사실. 도배만, 품에서 비닐에 쌓인 (시계 안에 있던) 초소형 도청기를 테이블에 내려놓는다.

도배만 내가 용문구 하수인 노릇을 하고 있으니까.
차우인 (보다가) 장치를 넣긴 했지만… 들은 적은 없습니다. 믿지 않으시겠지만.

도배만, 그 말에 잠시 차우인 보다가–

도배만	가장 중요한 질문이 남았어.
차우인	(멈칫, 보는)
도배만	차우인, 왜 하필 군검사가 됐지?
차우인	(미소 띤) 취조받는 기분이 이런 거였네요.
도배만	(몰아붙이는) 몰락한 재벌의 딸이 복수를 위해 군대에 온 이유가 뭐야?
차우인	그것까지는 아직 알아내지 못하셨나요?
도배만	넌… 군검사만이 군복 입은 범죄자를 법정에 세울 수 있다고 했었지. (강조) 노화영 사단장님 취임식에서.
차우인	절 떠보려고 부르신 거였군요. 아직 확신할 만한 근거가 없으니까.
도배만	대답해!
차우인	맞습니다. 노화영 장군.
도배만	(멈칫)
차우인	IM 디펜스의 실제 주인은 노화영이니까요.
도배만	!!!

도배만, 원하던 답을 모두 들었다. 뭔가 후련하면서도 씁쓸한 기분이다. 그 감정을 담아서-

도배만	차우인, 난 너의 사적인 원한에 관여하고 싶은 생각이 없어.
차우인	제대하면 노태남 쪽 사람이 될 테니까요?
도배만	그래. 그때는 나하고 싸워야 할 거야. 확실히 알아 둬.

차우인, 백에서 작은 봉투를 꺼내 테이블에 올려놓는다.

차우인	(자리에서 일어나며) 저에 대한 답을 다 찾아내셨으니… 이제 도 군검사님 스스로에 대한 답을 찾으실 차렙니다.
도배만	나에 대한 답?

차우인, 도배만에게 다가가 바로 코앞에 선다. 숨 막힐 정도로
밀착한 두 사람.

차우인   (미소) 제가 말하면 안 믿을 테니까요.
도배만   (멈칫)
차우인   다 <u>스스로</u> 찾아내셨잖아요.
도배만   (보는)
차우인   왜 우리가 같이 싸워야 하는지⋯ 도 검사님은 알아내실 겁니다.

차우인, 나간다. 차우인 보던 도배만, 테이블 위 봉투를 보는데-
봉투를 들자- 사진 한 장이 바닥에 떨어진다.

29. 강스 솔루션 개발 연구소 외경 [낮]

다음 날이다. 활주로와 커다란 통문으로 연결된 높은 층고의 개
발 연구소.

30. 강스 솔루션 개발 연구소 [낮]

주차된 군용차량들 사이로 강하준과 연구원들이 보이고- 강하
준이 노트북 키보드를 누르자 차량 시동이 자동으로 걸리면서
이리저리 움직인다.

연구원   전투 상황이나 위험 폭발물 처리 시 군용차량을 외부에서 원격
             제어할 수 있기 때문에 병사들의 안전이 보장됩니다.
강하준   (노트북 옆에 놓인 반도체 칩을 들며) 모두 이 차량 제어 칩 덕분이
             죠. 이 칩이 완성되기까지 빚진 사람이 너무 많아요.

그때, 핸드폰이 울린다. 액정에 뜬 '차우인'. 강하준, 노트북 탁
덮고 재킷을 걸친다.

연구원	대표님, 실제 도로에서 테스트해 볼 생각인데 일정을 언제로 잡을까요?
강하준	그거 이미 했어요.
연구원	네?
강하준	(손가락으로 오케이하며) 기대 이상이었습니다. 굿!

연구원들, 모두 황당한 얼굴들. 강하준, 활주로로 이어진 대형 통문을 열고 나간다.

31. 강스 솔루션 개발 연구소 활주로 [낮]

활주로를 걸어가는 강하준, 살짝 들뜬 모습이다. 상의 주머니에서 작은 향수병을 꺼내서 뿌리고 옷매무새를 매만진다.
강하준의 시선으로- 광활한 활주로를 보고 있는 차우인의 뒷모습이 보인다. 차우인, 쓸쓸해 보인다. 잠시 걸음을 늦추는 강하준. 잠시 후, 조용히 옆에 서는 강하준 보며- 옅게 미소 짓는 차우인.

차우인	도배만이…
강하준	(보는)
차우인	모두 알아냈어. 아버지가 누군지, 내가 누군지.
강하준	회장님 죽음 뒤에 용문구와 노화영이 있다는 것도?
차우인	(고개 끄덕이는)

잠시- 끝도 없이 펼쳐진 활주로 풍경을 보는 두 사람.

강하준	도배만, 앞으로 어떻게 할까? 우리 예상대로… 나올까?
차우인	내 얘기를 다 들은 이상… 절대 그전으로 돌아갈 수 없을 거야.

32. 교차로 [낮]

도배만, 차우인이 준 사진을 보고 있다. 교차로 사진이다. 사진을 내리면- 그 현장에서 서 있다. 이따금 차들만 지나갈 뿐, 특별할 것 없는 여느 교차로. 그때- 지나가는 트럭이 크게 클락션을 빠앙- 울린다. 깜짝 놀라 돌아보는 도배만. 잠시- 침묵. 그와 동시에 20년 전 사고 당시 기억이 떠오른다.

플래시백_____

1화 13신 상황. 전방에 오던 트럭에 받혀 비탈을 구르는 도배만 가족 차량.

다시 교차로. 도배만, 급격히 눈빛이 흔들린다. 이곳은 다름 아닌 20년 전 가족의 사고가 난 그 장소.

차우인 (E)   도 검사님이 망각에서 빠져나오기만을 기다리는 중입니다.

33. 도수경의 집 [밤]

주방에서 음식을 만들고 있는 도수경. 된장찌개며 잡채, 삼겹살 등이 보인다. 착잡한 시선으로 그 모습 보고 있는 도배만.

도수경   (음식들 식탁에 놓으면서) 자~ 솜씨보다 양으로 승부했다! 제대 축하한다!! 5년 동안 고생했어.
도배만   고모도 요새 바쁘지? (왕창 찔리는) 노태남… 때문에 (말 흐리는)
도수경   아우, 그런 사내새끼들. 생각만 해도 (부르르) 내 주먹이 운다. (도배만 보며 흐뭇) 너 같은 남자들만 있어도 세상이 지금보단 훨 나아질 텐데… 그치? 먹어… 많이 먹어.
도배만   (괜히 밥 폭폭 먹으며 눈 피하는) 응…? 으응…

도수경	니가 황제복무 군인 기자회견 했을 때 진짜 멋있었어. 내 조카가 맞나 싶고. 먼저 간 언니 오빠 생각도 나고. 군검사 계속했으면 좋겠지만 그거야 내 욕심이지. 배만이 넌, 내 인생의 찬란한 태양이다! 알지?
도배만	… (엄청 찔리는)

그러다가 도배만, 표정 바꿔서-

도배만	고모… 엄마 아빠 사고 있잖아.
도수경	(먹다가 고개 들며) 응?
도배만	혹시 그때 수사 자료 구할 수 없을까? 고모네 관할이 아니라서 힘들려나?
도수경	안 그래도 예전에 찾아봤었는데… 자료 자체가 경찰에 없어. 사건이 군수사팀으로 이관됐다 그러더라고.
도배만	군으로 이관됐다고?
도수경	응. 사고 낸 운전자가 군인이었거든.
도배만	(멈칫) 군인? (잠시) 그럼 사건 가져간 부대가 어디였는지 기억나?
도수경	부대는 기억 안 나고… 담당 군수사관 명함… 안 버리고 어디 뒀을 텐데.

34. 도수경의 집 - 도배만의 방 (밤)

창고에서 오래된 종이 상자를 꺼내는 도배만. 열어 보면- 부모님의 유품이 가득 담겨 있다. 오래된 군복과 검찰수사관 신분증, 어린 도배만을 가운데 두고 찍은 가족사진, 표창장, 군인수첩이 보인다.
군인수첩을 펼쳐 보는데 페이지 군데군데 메모가 적혀 있고- 넘기다 보니 염 과장의 옛 명함이 껴 있다. 명함을 챙기는 도배만, 수첩을 닫으려다 수첩 중간에 낡은 사진이 껴 있는 걸 발견한다. 사진을 확인하던 도배만의 눈이 커진다. 군복 입은 도배만 부모가 차호철과 같이 찍은 사진이다!

도배만   (충격) 차호철 회장?

도배만의 얼굴 위로 과거 기억이 떠오른다.

플래시백_____

1화 13신 상황이다. 차량 뒷자리에서 군모를 쓰며 놀고 있는 어린 도배만. 그때, 엄마의 핸드폰이 진동한다. 액정을 확인하더니 주저하는 얼굴인데-

엄마   어떡하지? 회장님인데…
아빠   (고민하더니) 일단 핸드폰 꺼.

엄마가 핸드폰을 꺼 버리자, 잠시 후 아빠 핸드폰이 시끄럽게 울린다.

엄마   (불안한 눈빛) …

다시 도배만의 방. 흔들리는 눈빛으로 사진을 보고 있는 도배만.

도배만   그날 전화한 사람이 설마… 차호철 회장… 차우인 아버지?

35. 차우인의 관사 [밤]

같은 시각. 차호철 회장의 기업가 시절 사진이 보인다. 오래된 앨범 페이지를 넘기며 아버지 사진을 보고 있는 차우인. 그러다 한 장을 더 넘기면- 전 신에서 도배만이 보던 그 사진! 즉, 도배

만 부모와 차호철이 같이 찍은 사진이다. 차우인, 더 넘기지 못하고 손을 멈추는데-

36. 세나의 집 밖 (낮)

낡은 다세대 빌라촌에 위치한 세나의 집. 경찰 2명이 집 입구를 지키고 있다. 경찰들 앞으로 다가가는 차우인. 신분증을 보여 주더니 집으로 들어선다.

37. 세나의 집 (낮)

세나가 힘없이 누워 있다. 차우인, 그 곁에 앉는다. 안타까운 얼굴로 세나 보는데-

세나　　　노태남하고 알렌 둘 다 잡히고 나서 겨우 수면제 없이 잘 수 있었는데 (눈물) 언니… 법이 이래도 돼요? 노태남이 어떻게 나오냐구요. 네?

차우인　　세나야, 힘들겠지만 나한테 조금만 시간을 줘.

세나　　　(간절) 저 꼭 끝까지 도와주실 거죠?

차우인　　그 동영상 내가 제보했잖아. 널 돕는 게 아니라, 이제 이건 내 일이야.

세나　　　(그 말에 약간은 마음이 놓이는데) 언니…

차우인, 세나의 손을 잡는다.

차우인　　그때 내가 경황이 없어서 미처 물어보지 못했는데… 동영상 내놓을 결심을 하게 된 게 용문구 변호사 때문이었다고?

세나　　　네, 도저히 참을 수가 없었어요.

세나, 그때 생각이 나는지 다시 눈시울 붉어진다.

세나	(울컥) 엄마까지 위협하면서 협박하니까…
차우인	협박이 아닐 거야.
세나	네?
차우인	용문구는 그런 식으로 협박하지 않아. 어쩌면…
세나	(보는)
차우인	널 자극한 걸지도 몰라, 용문구.

38. 차우인의 차 안 [낮]

운전대 잡고 생각을 정리하는 차우인.

차우인	세나를 이용한 거야. 동영상이 세상에 나와 노태남이 체포되도록.

39. 58사단 외경 [낮]

다음 날이다. 58사단 부대 마크가 보이는 사단 건물.

40. 58사단 법무실 복도 [낮]

들어서는 도배만. 저 앞에 '58사단 법무실' 명판이 보인다.

41. 58사단 법무실 [낮]

자리에 앉아 기다리는 도배만. 중사 계급장의 검찰수사관이 난처한 얼굴로 다가온다.

검찰수사관	군검사님, 이거 어떡하죠? 의뢰하신 사건 파일이 없습니다. 소각 명령이 떨어져서 모두 폐기 처분됐습니다.
도배만	자료가 모두 폐기됐다구요?
검찰수사관	그렇습니다.
도배만	그럼 염상진 과장님은 언제쯤 오실까요?

하는데- 수갑 채워진 군인과 함께 들어오는 상사 계급장의 검찰수사관(염 과장). 40대 후반의 너그러운 인상이다.

검찰수사관 마침 오시네요. (다가가) 염 과장님, 군검사님께서 계속 기다리셨습니다.

염 과장 응?

도배만 (깍듯하게) 4사단 군법무실 도배만 군검사라고 합니다.

염 과장 (표정 미세하게 굳어지며) 그런데 무슨 일이십니까?

도배만, 주머니에서 낡은 염 과장의 명함 꺼내 들어 보여 준다.

염 과장 (보며) 내 옛날 명함이네요

도배만 (고개 숙이며) 이렇게 불쑥 찾아와서 죄송합니다. 저희 부모님 사건 담당 수사관이셨다고 들었습니다. 잠시 몇 가지만 여쭤봐도 될까요?

염 과장 (잠시 보더니) 그럼, 따라오시죠.

먼저 나가는 염 과장. 건조한 염 과장의 반응, 일단 따라 나가는 도배만인데-

42. 58사단 간부 취사장 (낮)
한산한 취사장 풍경. 마주 앉은 두 사람. 어색하다.

도배만 저 며칠 후에 전역합니다. 말씀 편하게 하세요.

염 과장 (불편한) 그래두… 아무래두 그게…

도배만 괜찮습니다.

잠시, 흐르는 침묵.

염 과장	(회상하는) 양친 모두 유능한 검찰수사관이셨다네. 법무실에서… 내가 후임이었고.
도배만	그러셨군요. 그런데 부모님 사건 자료가 모두 소각됐다고 들었습니다.
염 과장	뭐, 자주 있는 일은 아니지만, 그렇다고 이상한 일도 아니지. 군대니까.
도배만	혹시 사건에 특이사항은 없었습니까?

그 말에 염 과장은 복잡한 얼굴로 도배만을 쳐다본다.

도배만	왜 그렇게 보시는 거죠?
염 과장	혹시… 그때 일을 얼마나 기억하나?
도배만	사고 당시 기억 말입니까?
염 과장	(보는)
도배만	사고가 나서 차가 뒤집혔던 것까지 기억납니다.
염 과장	(조심스럽게) 그리고… 그다음은?
도배만	병원에서 정신을 차렸던 것 같습니다.
염 과장	(잠시 보더니) 전혀 아무것도… 기억을 못 하는구만.
도배만	네?

염 과장, 자리에서 일어나는데-

도배만	혹시… 그 일이… 사고가 아니었습니까?
염 과장	(잠시 보다가) 기억을 못 하는 게 군검사님에겐 오히려 잘된 일인지도 몰라. 내가 할 수 있는 말은 여기까진 거 같네.

나가는 염 과장.

도배만   염 과장님!!

멈추지 않고 가는 염 과장. 남겨진 도배만의 모습에서-

43. 도배만의 차 안 [낮]
달리고 있는 차량. 운전대 잡은 도배만, 복잡한 얼굴이다.

도배만   (무거운) 내가… 기억하지 못하는 게 대체 뭐지?

44. 노태남의 IM 집무실 [밤]
화면 가득 'IM 디펜스 회장 노태남' 명패가 보인다. 그 자리에 당연한 듯 앉아 있는 노화영. 앞에 서 있는 노태남과 용문구.

용문구   회장님은 노 장군님이 계신 4사단으로 입대하게 될 겁니다.
노태남   그럼 나 없는 동안 회사는요?
노화영   그렇게 회사를 생각한다면 더더욱 군대를 가야지.
노태남   (돌아보는) 네?
노화영   동영상 때문에 곤두박질쳤던 주가가 니가 구속되고 다시 회복
            중이다. 너만 입대하면 회사는 안정을 되찾을 거야. 오너리스크
            가 제거되니까.
노태남   (손 부르르) 어머니… IM은 제 전부예요!!!
노화영   (버럭) 착각하지 마라.
노태남   (멈칫)
노화영   넌 그저 내 아들이라는 이유로 회장 자리에 앉은 거야. 회사를
            위험에 빠트린 놈은 그 누구라도 하루빨리 나가야 해.
노태남   …어머니.

욕망으로 꿈틀거리는 노화영의 얼굴. 둘의 대화를 잠자코 듣는

용문구의 의뭉스러운 모습.

45. IM 디펜스 로비 (밤)

로비로 나오는 용문구. 그 위로-

용문구 (E)   경찰이 입수한 동영상, 어떻게 할까요?

플래시백_____

4신 이후 상황이다. 굳은 얼굴로 자리에서 일어나는 노화영. 그러더니-

노화영   내버려 둬.

용문구   (노화영 말 기다리며) 괜찮으시겠습니까? 장군님.

노화영   그대로 동영상 터지게 놔둬. 그리고 태남이 군대 보내. 제아무리 군대 안 가려고 발버둥 쳐도 막상 닥치면 군대가 감옥보다 싫다는 소리는 못 할 테니까.

용문구   (고개 숙이면서) 네, 지시대로 하겠습니다.

노화영   용 변호사.

용문구   (노화영 보는) 네, 장군님.

노화영   태남이 군대 가고 나면 IM은 당분간 용 변호사가 맡아.

용문구   (잠시) 알겠습니다.

다시 로비. 걷는 용문구의 입꼬리가 올라가는데-

46. 도배만의 관사 앞 (밤)

도배만의 차가 들어선다. 시동을 끄고 나오는 도배만. 맞은편에 주차된 차량의 헤드라이트가 번쩍 켜진다. 차량에서 용문구가 나오는데- 불편한 시선으로 용문구 보는 도배만.

용문구	노 회장이 입대하는 걸로 결정이 났어.

그 말에- 노골적으로 일그러지는 도배만 표정. 그 얼굴 보는 용문구.

용문구	(매우 후련한) 애초부터 노 회장은 아무런 선택권이 없었어.
도배만	(자조하는 미소) 그것도 모르고 전 노 회장 병역 프로젝트에 모든 걸 걸었던 거고. (용문구 보는) 다 알면서도⋯ 모른 척 시치미 떼고 계셨구요.
용문구	동영상은 나도 예상하지 못한 거야. 결국 자업자득이랄까.
도배만	닭 쫓던 개 꼴이 됐네요, 제가.
용문구	거기다 니 본색을 스스로 드러냈으니 나로선 소득이 있었지.
도배만	(속에서 천불이 올라오지만) 하하하⋯
용문구	안됐지만 넌 날 배신한 대가로 모든 걸 잃은 거야.

도배만, 걸음 옮기며 용문구 본다. 미소 짓는데-

도배만	용 변호사님하고 모든 끈이 떨어졌는데 이상하게 맘이 참 편하네요. 바닥부터 다시 시작하겠습니다. 그럼 이제 정말루 안녕히 가십쇼.

고개 숙이고 돌아서 가는 도배만. 용문구, 도배만 보는 얼굴에서-

47. 부대 근처 거리 (낮)

어느덧, 가을색이 완연해진 거리. 군복을 입은 차우인이 빠르게 걷고 있다. 낡은 다방 간판이 걸린 건물로 들어가는데.

48. 다방 아지트 (낮)

옛날 카페 음악이 잔잔히 흐르는 오래된 다방. 빈티지가 아닌 그냥 오래된 곳이다. 중앙에 커다란 수족관이 보이고, 몇 개의 낡은 테이블과 광목 커버가 덮인 가죽의자들. 테이블엔 성냥갑과 재떨이가 세팅되어 있는 80년대식 인테리어.

차우인, 카운터에 앉아 있는 여주인(팽 여사, 40대)과 눈인사하며 들어온다. 강하준 맞은편에 앉자- 팽 여사, 꽃무늬 트레이에 가져온 쌍화차를 차우인 앞에 놓는다.

강하준   팽 여사님, 땡큐.

팽 여사, 서빙을 마치더니- 익숙한 동작으로 '영업 끝' 팻말을 다방 입구에 건다.

강하준   동영상이 세상에 나온 게 용문구의 노림수였을 거라고?
차우인   (고개 끄덕이며) 세나 만나 보고… 직감이 들었어. 지시는 노화영이 하고, 용문구가 실행한 거야.
강하준   설마…
차우인   어떠한 돌발 사태에도 절대 흔들리지 않고 자신에게 유리한 쪽으로 바로 상황을 틀어 버리는 사람이니까. (잠시) 지금 용문구가 기자회견 하고 있을 거야.
강하준   (팽 여사에게) 뉴스 좀 틀어 주세요.

팽 여사, TV 틀면- 용문구의 기자회견이 시작되는데.

49. IM 디펜스 기자회견장 (낮)

기자들의 플래시가 작렬하는 가운데 용문구가 연단에 서서 기자회견을 하고 있다.

용문구	일각에서 재판을 앞둔 도피성 입대라는 의혹이 있지만 전혀 사실무근입니다. 이미 노태남 회장님은 한 달 전에 병무청으로부터 입영 일자를 통지받았고 병역 의무를 충실히 이행하기 위해 날짜를 조율하던 중이었습니다.

기자들, 일제히 노트북 두드리는데-

용문구	노태남 회장은 오늘부로 IM 디펜스와 관련된 모든 직함을 내려놓기로 하였습니다. 하지만 회장직 사퇴가 결코 이번 사건의 유죄를 인정하는 것이 아님을 분명히 밝힙니다.

용문구, 주위 둘러보면서- 멘트를 이어 간다.

용문구	대한민국 남자라면 응당히 져야 할 신성한 국방의 의무를 단지 재판을 이유로 연기하는 것은 안 된다는 판단하에 입대를 결정하였습니다.

50. 도배만의 관사 (낮)

도배만, TV로 용문구의 기자회견을 보고 있다.

용문구 (E)	노태남 회장은 입대 후 군사 재판에 성실히 임해 진실을 밝히기 위해 싸울 것임을 이 자리를 빌어서 말씀드립니다.

도배만의 입가에 쓸쓸한 미소가 스친다. 짝짝- 박수를 쳐 주는데.

도배만	대단들 하시네, 금수저님들.

51. 다방 아지트 (낮)

차우인과 강하준도 여전히 뉴스를 보고 있다.

기자 (E)　노태남 회장이 입대하면, IM 디펜스 회장직은 어떻게 됩니까?

용문구　그 사안은 회사 차원에서 조만간 공식적인 발표가 있을 예정입니다.

TV 꺼 버리는 강하준, 차우인을 본다.

강하준　공석이 된 회장 자리를 용문구가 차지한다… 우인이 니 예상이 맞네. 그런데 자기 아들보다 오른팔을 더 믿는다고?

차우인　어차피 껍데기니까. 노태남이든 용문구든 노화영을 대신해서 앉아 있을 뿐이야.

차우인, '복수의 지도' 프로젝트를 켜면- 벽면에 펼쳐지는 복수의 지도. 복수의 관계도와 차호철 사건 기사들. 도배만과 부모의 사진들. 아군과 적군으로 나눠진 진영. 용문구와 노태남의 사진들, 애국회 멤버들 사진도 얼핏 지나간다. 그야말로 복수에 대한 차우인의 집념과 광기가 느껴지는데- 군복 입은 노화영 사진을 보는 차우인.

차우인　(비소) 노화영은 절대 군복을 벗지 않을 거야. IM 디펜스로 쌓이는 돈은… 오직 군인으로 살기 위한 무기일 뿐이니까.

이번엔, 용문구 앞에 서는 차우인.

차우인　미소 속에 칼을 품은 사람. 발톱을 숨기다가 결정적인 순간에 드러내 목줄을 단번에 끊어 버리는 표범, 용문구.

차우인, 차가운 얼굴로 용문구를 본다. 곁에 서서 차우인을 지켜보는 강하준.

강하준   네 곁에서 널 도와주려는 사람. 나 말고도 또 있잖아.

강하준의 시선으로- 복수의 지도 한편, 아군 진영에 보이는 염 과장의 얼굴에서-

52. 카페 (낮)

화면 가득 염 과장의 모습이 보인다. 맞은편에 앉은 사람은 차우인이다.

염 과장   배만이가 찾아왔었어.

차우인   (예상한) 부모님 사건을 물어봤겠네요?

염 과장   (끄덕이며) …가장 중요한 걸 기억하지 못하고 있더군.

차우인   (잠시) 내일 노태남이 입대해요. 도배만 검사는 제대하고.

염 과장   한날한시에? 우연치곤 참 얄궂네.

차우인   (보는)

염 과장   마음 같아선 지금이라도 배만이에게 모든 걸 말해 주고 싶어.

차우인   아니요. 시간이 걸리더라도 도 검사가 직접 떠올려야 합니다.

염 과장   (보는)

차우인   스스로가 진실을 받아들일 준비가 되면 과장님을 다시 찾을 거예요. 그때가 시작입니다.

염 과장   배만이가 정말 날 다시 찾아올까?

깊이 생각에 잠긴 차우인의 모습에서-

53. 노태남의 방 (밤)

노태남이 입대 준비를 하고 있다. 거대한 캐리어에 이것저것 집
어넣고 있는데- 실크 수면 안대, 실크 잠옷, 화려한 약통, LED
마스크, 샤워 가운, 대용량 향수, 아이패드, 고급 향초, 다이아몬
드 개줄 등등…

노태남   (고민) 또 뭘 가져가야 되지? 맞다! 볼트 꺼!

그러자 볼트가 애견 배변 패드를 물고 노태남 앞에 탁- 선다.

노태남   (코 뽀뽀하며 패드 챙기는데) 형 가는데 너도 같이 가야지?

그때, 용문구가 들어선다. 캐리어에 담긴 물건들을 보는데-

용문구   회장님, 모두 훈련소에 반입할 수 없는 것들입니다. 입소하시면
몸에 걸치고 있는 것부터 짐까지 전부 택배로 부쳐집니다.

노태남   (바로 현타와서) 오마이갓! 나 이거 중에 하나라도 없으면 안 되
는 거 알잖아요? (배변 패드 들며) 볼트는 이거 없으면 배변을 못
본다구요!!!

용문구   볼트는 훈련소에 같이 들어갈 수 없습니다.

노태남   내 방 안에서 데리고 있으면 되잖아요?

용문구   입대하는 거지 여행 가시는 게 아닙니다. 훈련병에게 개인 방은
없습니다.

노태남   (공포) 내 방이 없다고? 그럼 샤워는?

용문구   훈련소에선 단체생활을 하셔야 합니다.

노태남   (황당해서) 하아! 도대체 나더러 거기 가서 어떻게 살라고요?

노태남, 화가 나서 물건들 발로 차는데-

노태남	(흥분) 내가 거기서 그 서민들하고 같은 공간에서 먹고 자고 한다는 게 말이 되냐고? 난 단 한 번도 군대에 간다는 생각 자체를 안 해 봤다구!

54. [몽타주] 도배만의 전역과 노태남의 입대

　　- 도배만의 관사. 도배만, 빳빳하게 각이 잡힌 정복을 차려입는 모습.
　　- 부대 근방 미용실에서 머리를 깎는 노태남의 모습. (오프닝 상황)
　　- 텅 빈 법무실에 들어서는 도배만. 자리에 꽃다발이 놓여 있다. '도배만 군검사님의 전역을 축하드립니다.' 문구와 책상 위 명패를 보는 도배만.
　　- 깎은 머리로 훈련소에 들어서는 노태남. 시위대를 뚫고 용문구와 함께 걸어 들어간다.

55. 노화영의 사단장실 [낮]

　　화면 가득 노화영의 얼굴. 그 앞에 차렷 자세로 서 있던 도배만, 탁- 경례를 올린다.

도배만	충성! 대위 도배만은 2021년 11월 ××일부로 전역을 명 받았습니다. 이에 신고합니다. 충성!

　　노화영, 도배만을 빤히 쳐다만 볼 뿐 경례에 대한 답을 하지 않는다. 도배만, 계속 경례 자세를 유지한다.

노화영	(다가가며, 차가운 얼굴로 딱딱 끊으며) 도배만. 니가. 내 경례를. 받을 자격이. 있다고 생각해?
도배만	(멈칫) !!

경례 자세로 서 있는 도배만. 노화영, 느닷없이 도배만의 목울대를 콱 움켜쥔다. 일격에 당황하는 도배만인데-

56. 훈련소 일각 (낮)

같은 시각. 훈련소로 들어선 노태남. 뒤에 볼트를 데리고 온 용문구가 보인다. 볼트, 노태남을 보면서 '끼잉' 하고 소리를 내는데- 눈물이 북받치는 노태남.

용문구	한동안 힘드실 겁니다, 회장님. 마지막으로 안아 보시라고…
노태남	(돌아보지 못하는) …가라고요. 나 진짜 볼트 보면 못 들어간다고.

하지만- 발걸음이 떨어지지 않는다.

노태남	어머니… 안 왔죠?
용문구	(고개 끄덕이는) …회장님, 제가 있습니다. 아무 걱정 마시고…

그때 볼트의 '끼잉' 소리에 눈물 가득한 눈으로 돌아본다. 노태남, 더 이상 참지 못하고 볼트를 와락 안고 꺼이꺼이 우는데- 그 모습 보는 용문구.

노태남	볼트… (눈물 흘러내리는) …나한테 가족은 너 하나뿐이야. 알지? 넌 언제나 내 편이니까.

그 말 남기고, 입소자 무리로 들어가는 노태남의 모습에서-

57. 노화영의 사단장실 (낮)

노화영에게 목울대를 잡힌 채 버티고 서 있는 도배만.

노화영	(차갑게) 군검사가 돈 몇 푼 때문에 브로커 짓을 해? 니가 그러고도 군검사야?
도배만	(목울대 잡힌 채 컥컥 숨 막히는) !!!
노화영	넌 대한민국 군인의 수치야. 버러지 같은 놈.

노화영, 숨통을 끊어 버릴 듯 도배만의 목을 점점 세게 쥔다. 대단한 악력이다. 굴욕을 견디지 못한 도배만. 노화영의 손을 잡아챈다.

도배만	(노화영 손목을 잡은 채) 말씀 함부로 하지 마십쇼!
노화영	근데, 이 새끼가!
도배만	여기 나가는 순간! 저 민간인입니다. 사단장님 부하가 아니란 말입니다!

도배만, 노화영 손목을 힘으로 내리는데- 순간, 노화영의 잘린 검지 손가락이 눈에 들어와 박힌다.

노화영	당장 꺼져 버려. 군대 근처엔 얼씬도 하지 마.

노화영의 말은 들리지 않고- 그 찰나의 순간, 어떤 이미지가 도배만의 머릿속을 빠르게 지나간다. 노화영의 손을 뿌리친 도배만, 충격을 받은 얼굴로 그대로 나가는데-

58. 사단장실 앞 복도 (낮)

복도로 나온 도배만. 온몸이 휘청거리고 다리가 후들거려서 벽을 짚는다. 노화영의 잘린 손가락이 다시 떠오른다. 화면 어두워진다.

자막 - 한 달 후

59. 보통군사법원 외경 (낮)

화면, 밝아지면- 보통군사법원 건물이 보인다.

60. 보통군사법원 법정 (낮)

방청석에 군복 입은 군인들이 가득 앉아 있다. 일반 법정과는
많이 다른 모습. 군검사석에서 재판을 준비하는 차우인이 보인
다. 군검사복을 입었다. 군인들 틈에 염 과장도 보이는데- 눈 마
주치는 두 사람.
잠시 후, 군법정으로 노태남과 용문구가 걸어 들어온다. 군복 차
림의 노태남(훈련병 신분이라 계급장은 없음). 여느 군인과 다르지
않은 모습이다. 불편한 표정으로 피고인석에 착석한다. 용문구,
티끌 하나 없이 한층 더 고급스러워진 차림으로 변호인석에 앉
는다.

정병   일동 기립! 사단장님 입장하십니다.

법정 안의 모두가 일어서자- 법정 문 열리며 노화영이 들어선
다. 노화영의 어깨에 빛나는 별 2개의 사단장 계급장. 아우라와
카리스마가 대단하다. 군홧발 울리며 방청석으로 걸어 들어가
는 노화영을 차우인이 매서운 눈으로 바라본다. 일순, 허공에서
부딪히는 노화영과 차우인의 시선. 차우인, 옅은 미소로 충성-
경례를 한다. 일종의 선전포고다!

61. 보통군사법원 복도 (낮)

급하게 복도에 들어서는 어느 장교의 뒷모습이 보인다. 주위에
서 걸어가던 병사들이 경례를 때린다. 경례 받으며 거침없이 걸

어가는 장교. 군용백에서 군검사 법복을 꺼내더니 군복 상의에
걸쳐 입는데-

62. 보통군사법원 법정 (낮)

재판을 시작하려는 분위기. 바로 그때- 법정문 열리면서 전 신
의 장교가 들어온다. 도배만이다! 눈 떼지 못하고 도배만을 똑
바로 보는 차우인.
노태남과 용문구, 눈 커진다. 전혀 예상 못 했다!! 노화영, 일순
당황하지만 이내 포커페이스를 유지한다. 방청석에 앉은 염 과
장이 도배만을 본다. 염 과장 보는 도배만의 얼굴 위로-

도배만 (Na)   기억은 파편이다. 내가 잃어버린 기억의 한 조각을 누군가는 반
드시 가지고 있다. 기억은 잠시 부서졌을 뿐 사라진 게 아니다.

63. (과거) 차 밖 (낮)

1화 13신 상황이다. 쾅- 커다란 충돌음이 들리고 차 구르는 소
리가 이어진다. 도배만의 뒤집힌 시야, 뒤집힌 세상에서 엄마의
몸이 축- 아래로 처진다.

어린 도배만   (울부짖는) 엄마, 눈 떠. 눈 뜨란 말이야.

문짝 뜯기더니 군복 입은 팔이 스윽- 들어온다. 그때, 가슴에 박
힌 명찰. 〈노화영〉 20년 전의 노화영의 얼굴 위로- 노화영, 울먹
이는 도배만을 차 밖으로 끌어낸다.

도배만 (Na)   신의 선물이라던 망각은 내겐 형벌이었다. 군모에 가려졌던 그
얼굴… 그 이름…

그러더니- 운전석을 확인하는 노화영. 피를 흘리고 쓰러져 있는
엄마 아빠에게 다가가 코밑으로 검지를 갖다 댄다. 숨이 끊어진
것을 확인하자 순간- 입꼬리가 올라간다. 어린 도배만의 눈동자
에 악마 같은 미소를 짓는 노화영이 담긴다.

도배만 (Na)   …그 웃음을 기억해 내는 데 꼬박 20년이 걸렸다.

64. (현재) 보통군사법원 법정 (낮)

이전 신의 노화영과 군사법정의 노화영 얼굴이 겹치고- 노화영
을 보며 걸어오는 도배만. 차우인, 도배만의 표정에서 그토록 바
라던 분노를 읽어 낸다.

도배만 (Na)   너의 충실한 사냥개가 되어 주마, 차우인.

노화영과 노태남, 용문구를 사이에 두고- 도배만과 차우인, 강
렬하게 서로를 바라보는 데서.

5화

1. [과거] **병원 복도 - 수술실** [낮]

자막 - 6년 전

화면 열리면- 병원 로비가 보이고 이동 침대에 실린 차우인이 급하게 들어오고 있다. 온몸이 피투성이가 된 채- 풀린 눈, 목에 달린 WI 펜던트가 침대 움직임에 따라 흔들린다. 수술실로 들어가면 '수술중' 전광판이 들어오고- 강하준이 패닉에 빠진 얼굴로 달려온다. 수술실 전광판을 초조하게 바라보는 강하준. 그 위로-

기자 (E) 군사기밀 유출 및 횡령 혐의로 검찰 수사를 받던 IM 디펜스 차호철 회장이 불의의 교통사고로 사망했으며…

2. [과거] **사법연수원 일각** [낮]

두꺼운 법전을 끼고 연수원 일각을 지나던 도배만. 틀어 놓은 TV에서 뉴스가 흐른다. 잠시 무심하게 시선 주는 도배만. 화면에 보이는 검게 타서 뼈대만 남은 차호철의 차량.

기자 (E) 동승했던 가족은 현재 의식이 없는 것으로 알려졌습니다. 차호철 회장의 사망으로 사건은 모두 종결될 전망입니다. 한편, 지금 이 시각 담당 검사인 용문구 검사는 입장을 발표하고 있습니다.

이어지는 화면에 기자회견을 하는 용문구가 보인다. 그때 진동하는 핸드폰을 받아 드는 도배만.

도배만 (무심히 뉴스 보면서) 어, 고모. 그럼~ 밥 잘 챙겨 먹고 있지~ (가는)

3. [과거] **검찰청 일각** [낮]

기자들에게 둘러싸여 인터뷰하고 있는 용문구.

용문구	피의자 혐의로 수사를 받던 차 회장의 사망으로, 본 사건은 공소권 없음에 해당하여 불기소 처분으로 최종 결론지어졌음을 밝혀드립니다. 운명을 달리하신 차호철 회장에게도, 진실을 밝히지 못하고 수사를 종결시켜야 하는 제게도 매우 안타까운 소식입니다. 고인의 명복을 빕니다. (강조) 진심입니다.

4. [과거] 차호철의 IM 집무실 [밤]

	어둑한 집무실. 주인을 잃은 'IM 디펜스 회장 차호철' 명패. 군복을 입은 노화영이 뚜벅뚜벅 걸어 들어온다. 마치 적의 고지를 점령한 듯- 승기의 미소. 명패를 집어 들더니 창가 앞에 선다. 통창으로 야경을 보는 노화영, 그 위로-
기자 [E]	차호철 회장 사망 이후 법정 관리에 들어갔던 IM 디펜스가 한 달 만에 인수되었다는 소식입니다. 2주간의 IM 디펜스에 대한 정밀실사를 진행한 이후, 인수 대금과 주요 계약조건에 대한 협상을 주도한 사람은 투자회사 출신의 젊은 사업가로 알려진 노태남 신임 회장으로 알려졌으며, IM 디펜스를 3-4년 내 흑자 전환시킬 것이라며 자신감을 내비쳤습니다.
	명패를 내려놓더니 천천히 군홧발 옮겨 차호철 의자에 앉는 노화영. 들어오다가 그 모습을 보는 용문구. 두 사람, 눈이 마주치고- 승리의 감회를 느낀다.
노화영	용 검사 덕분에 이 자리를 차지하게 됐어.
용문구	바라시던 일인데… 저도 이제 한시름 놓겠습니다.
노화영	큰 역할을 해냈으니… 합당한 포상을 내려야겠지?
용문구	(대답 기다리는)
노화영	IM이 투자하는 방식으로 로펌 하나를 세울 생각이야. 군 관련

	소송 전문 로펌. (보면서) 용 검사가 맡아 봐.
용문구	(만족한 미소로) 감사합니다, 장군님.

노화영, 의자에서 천천히 일어난다.

노화영	태남이는 입대하기 전까지만 IM의 주인 노릇을 할 거야.
용문구	(의외다!) 입대 전까지 말입니까?
노화영	그때까지 태남이 곁에서 잘 지켜봐 줘.
용문구	네, 염려하지 마십시오.
노화영	사실… 문제는 그다음이지. 태남이가 입대한 뒤에 이 자리를 채울 사람.
용문구	(생각지 못한 얘기) !
노화영	이곳을 점령했지만 이 군복을 입고 있는 한 내가 앉을 수가 없으니 날 대신해 IM을 지배할 수 있는 사람이어야 해.

노화영, 빈 의자를 두 손으로 짚으며 의미심장하게 용문구를 본다.

노화영	어때? 내가 용 검사를 믿어도 될까?
용문구	누군가 제 위에 계셔야 한다면 장군님 한 분밖엔 없습니다. (고개 푹 숙이며) 충성을 다하겠습니다.

노화영, 만족스럽게 용문구를 보는데-

5. (과거) 병원 병실 (밤)

희미하게 흐르던 바이털 사인이 갑자기- 분노하듯 꿈틀거린다.
차우인 상태를 체크하던 간호사가 놀라서 병실 밖으로 후다닥
뛰어나간다. 그 순간, 눈을 번쩍 뜨는 차우인의 모습에서-

6. (현재) 노화영의 사단장실 (낮)

화면 가득, 노화영이 도배만의 목울대를 움켜잡고 있다. 손가락으로 목을 뚫어 버릴 듯 기세가 엄청나고-

노화영   (눈 부라리는) 넌 (분노 작렬) 대한민국 군인의 수치야!
도배만   (지지 않는) 말씀 함부로 하지 마십쇼!

노화영, 도배만의 정강이를 발로 걷어차려는데- 재빨리 피하는 도배만.

도배만   (쐐기 박듯) 이제 저 민간인입니다. 장군님 부하가 아니란 말입니다!
노화영   (극한의 증오) 근데 이 새끼가…

도배만, 노화영 손을 잡아 힘으로 내리는데- 잘린 검지를 보는 도배만. 찰나의 순간, 어떤 이미지가 도배만의 머릿속을 빠르게 지나간다. 그 찰나의 기억에 자신조차 놀라는데-

7. 사단장실 앞 복도 (낮)

충격받은 얼굴로 복도를 걷고 있는 도배만. 마주 오는 장교와 병사들이 흔들려 보인다. 경례해도 받지 못하는 도배만. 어지러워 주춤거리는 모습 위로 차우인의 말들이 스친다.

차우인 (E)   도배만 군검사님은 제대 못 하십니다. 여기 남아서 저와 함께 싸우게 될 겁니다. 그게 군검사님의 운명이니까요.
차우인 (E)   도 검사님이 망각에서 빠져나오기만을 기다리는 중입니다.

기억의 혼란을 겪고 있는 도배만의 모습에서-

8. 노화영의 사단장실 [낮]

뭔가 걸리는 게 있는 듯 골똘한 노화영. 용문구가 들어오는 것
도 모른 채 생각에 잠겨 있다. 용문구, 잠시 지켜보는데- 노화영
이 돌아보자 이내 고개를 숙인다.

용문구   노 회장, 무사히 입대했습니다.
노화영   이제 남은 건 태남이 재판인데…
용문구   재판은 걱정하지 않으셔도 됩니다.
노화영   내가 특별히 손을 쓰지 않아도 된다는 거야?
용문구   그렇습니다.
노화영   뭔가 믿는 구석이 있는 거군. 좋아. (잠시) 그런데 그 군검사놈
           말이야.
용문구   도배만 말입니까?
노화영   아주 거슬려. 뭔진 모르지만 느낌이 안 좋아.
용문구   제가 일 좀 편하게 하려고 군대에 풀어놓은 사냥개였는데, 돈맛
           좀 보더니 주제넘는 욕심을 부리더군요.
노화영   …
용문구   군대에서 부리던 재주로 로펌에서 제안은 좀 올 겁니다. 하지만
           딱 거기까지죠. 원래 있던 시궁창으로 돌아갈 겁니다. 그게 그놈
           운명이니까요.

고개 숙이고 인사하는 용문구의 모습 위로 탕탕- 총성 소리가
울린다.

9. 부대 실내 사격장 [낮]

총성 소리로 시끄러운 사격장. 차우인이 사로(표적을 쏘는 곳)에
서 사격을 하고 있다. 다시 방아쇠 당기려는데- 도배만이 옆에
선다.

차우인	(다시 표적지 보며) 사단장님께 전역 신고는 잘하셨습니까?
도배만	내 부모님에게 일어난 일이 단순한 교통사고가 아니라 누군가 고의로 일으킨 사건이라는 거… 내가 잊고 있었단 게 그건가?

차우인, 도배만을 정면으로 보더니 권총을 내려놓는다. 그러더니-

차우인	오래 기다렸습니다, 그 질문.
도배만	(무겁게 보는)
차우인	기억을 다 되찾으신 겁니까?
도배만	(긍정도 부정도 할 수 없는)
차우인	범인이 누군지도…?

플래시백_____

4화 63신이다. 우그러진 차 문이 뜯기더니 군복 입은 팔이 스
윽- 들어온다. 어린 도배만을 끌어당기는 누군가. 그리고 보이
는 잘린 검지. 가슴에 박힌 명찰과 얼굴은 초점 없이 흐릿하다.

도배만	잘린 검지. 그리고 여군.
차우인	그 사람이 노화영입니다.
도배만	!!!
차우인	(보는)
도배만	(잠시) 니 말대로 그 여군이 노화영이고, 부모님을 살해할 목적 으로 사고를 낸 거라면 왜 날 구했지?
차우인	알리바이입니다.
도배만	(멈칫)
차우인	아이를 구한 선의는 고의가 없음을 증명하니까요.

혼돈에 휩싸이는 도배만을 보며 권총을 드는 차우인. 방아쇠 당

긴다.

플래시백_____

피투성이의 차우인. 풀린 눈, 목에 달린 WI 펜던트가 침대 움직임에 따라 흔들린다.

차우인   아버지는 죽고 저만 살았습니다. 일주일 만에 의식이 돌아왔어요. 살아남은 건 신의 가호였지만 참으로 잔인한 기적이었죠.

차우인이 쥔 권총 총구가 불을 내뿜는다. 표적지를 정확히 맞힌다.

차우인   그들이 사고로 위장해 아버지를 죽였다는 걸 알고 난 후 슬퍼할 겨를이 없었습니다.

인서트_____

이를 악물며- 재활을 하기 위해 눈물겨운 투쟁을 벌이는 차우인.

차우인   내 몸을 되찾기 위한 시간 3년! (탕)

인서트_____

노화영이 군용차에 오르는 모습을 멀리서 지켜보는 (임관 전) 사복 차림의 차우인.

차우인   노화영이 부임하게 될 4사단의 군검사가 되기 위한 시간 2년! (탕)

인서트_____

긴 머리에 청순한 스타일링을 한 차우인이 로앤원이 보이는 카페 통창에 앉아 있다. 로앤원에서 용문구가 나오면 기다리던 도

배만이 기사 대신 운전대 잡는데-

차우인   아무것도 모른 채 그들 무리 속에 있는… 나와 같은 운명의 사람.

플래시백_____

1화 32신. 영상 조사실에서 도배만의 취조를 보고 있는 차우인.
(군검사로서 둘의 첫 만남)

차우인   도배만 당신 앞에 서기 위해 준비한 시간 1년! (탕)

총성이 도배만 가슴에 박히는 듯하다. 총소리가 모두 잦아들고-
정적이 흐르는 사격장.

차우인   지금 이 순간까지… 6년을 기다렸습니다. 전 도배만 검사님이
필요합니다. 검사님도 제가 필요하실 겁니다.

차우인의 말을 가만히 듣던 도배만, 잠시 먼 곳을 응시하다가-

도배만   차우인. 살아오면서 진실을 말하는 게 얼마나 도움이 됐지?
차우인   (생각지 못한) 네?
도배만   넌… 니 말과 니 생각이 모두 진실이라고 확신하는 것 같아.
차우인   (보는)
도배만   이제 난 부모님 얼굴도 기억나지 않아. 너무 오래전이니까.
차우인   도 검사님!
도배만   6년 동안 복수를 계획한 넌, 어제 일같이 생생하겠지만… (쐐기
박는) 난 확실치 않은 과거에 발목 잡힐 수 없어.

차우인을 남겨 두고 나가는 도배만. 무거운 얼굴로 서 있는 차

우인의 모습.

10. 부대 실내 사격장 복도 [낮]

사격장을 나와 빠르게 걷는 도배만. 복잡한 심경으로 일그러진
얼굴 위로—

로펌 대표 [E]   도배만 변호사님?

11. 골든로펌 대표실 [낮]

자신을 부르는 목소리에 번뜩 정신을 차리는 도배만. (며칠 뒤라
전 신과는 다른 양복 차림) 앞을 바라보면, 로펌 대표와 부대표가
앉아 있다. 모두, 호기심 가득한 표정들이다.

로펌 부대표   어디 불편하신 데라도…
도배만   아닙니다. 하시던 말씀 계속하시죠.
로펌 대표   군검사 경력이 정말 화려하시더군요. 황제복무 사건은 정말 바
깥 검사들도 못 하는 걸 해내셨구요.
로펌 부대표   (끼어들며) 그뿐입니까? 유죄 확률 90% 넘는 군검사는 육해공군
통틀어 도배만 군검사님이 유일하다고 하더군요.
로펌 대표   그럼 이제 무죄 확률 100% 찍으시면 되겠네요! 저희 로펌에서.

도배만의 비위를 맞추려 애쓰는 분위기. 로펌 부대표가 본론을
꺼낸다.

로펌 부대표   EP*로 시작하시지요. 25년차 파트너 변호사 지분 비율이면 어
떻겠습니까? 업계에서 전례 없이 파격적인 조건이지요?

---

* Equity Partner, 지분 변호사.

| 로펌 대표 | 이건 저희 로펌에서도 처음 있는 일입니다. (강조) 저희와 함께 도배만 변호사님의 장밋빛 미래를 활짝~ 펼쳐 보시죠. |

도배만, '미래'라는 단어가 마음에 든다.

| 도배만 | 미래라… 수락하겠습니다. |

로펌 대표와 부대표. 매우 흡족해하면서 악수한다. 그러나 왠지 얼굴이 펴지지 않고 형식적인 미소로 악수하는 도배만.

12. 다방 아지트 (밤)

마주 앉아 있는 차우인과 강하준. 차우인, 어두운 얼굴이다.

강하준	(보면서) 도배만… 무슨 얘기 없어? 사격장 이후로…?
차우인	…없어.
강하준	(비소) 거봐. 20년 전 부모님 사고를 말해 주면 우리 편에 설 줄 알았지?
차우인	…
강하준	도배만은 복수보다는 돈이고. 과거보다 미래를 택한 거야.
차우인	아직 선택하지 않았어. 기억이 전부 돌아온 건 아니니까. 다만 지금은…
강하준	(반응 살피며) 지금은?
차우인	혼란스러운 거지.
강하준	도배만은 용문구를 위해 일했어. 그건 결국 노화영을 위한 거였고. 자기 부모 죽인 사람을 위해 살았다는 걸 어떻게 감당하겠어?
차우인	…
강하준	도배만, 포기해. 우리 계획에서 빼자구.
차우인	(결연) 아니, 내 처음 계획에서 달라지는 건 없어.

강하준	(보는)
차우인	…절대 달라져선 안 돼.
강하준	(보다가) 도배만이 변호사로 간 로펌이 어디야?

차우인, 강하준 보는 데서-

13. 사단 연병장 (낮)

이른 새벽, 건장한 장병들이 상의를 탈의하고 아침 구보 중이다. 땀으로 흥건한 등판. 흐트러짐 없는 보폭으로 선두에서 달리고 있는 노화영. 끼고 있던 블루투스 이어폰에 진동이 느껴진다. 연결하면-

노화영	장관님.
이재식 (F)	아직 대통령님 재가받기 전이야. 일러.
노화영	미리 축하드립니다.
이재식 (F)	(껄껄) 거 이상하지? 내정됐단 얘기엔 별 감흥이 없었는데 막상 자네 축하를 들으니 실감이 나는구만. 요즘도 병사들하고 아침 구보 하시나?
노화영	지금 구보 중입니다.
이재식 (F)	사단장 달았으니까 이젠 좀 건너뛰고 그래. 뒤따라오는 부하들 생각도 해야지.

노화영 뒤로, 장병들이 이를 악물고 뛰고 있다.

노화영	자세한 말씀은 이따 저녁에 축하주 들면서 하시죠.
이재식 (F)	그렇게 하지.

핸드폰을 끊은 노화영, 속도를 더 내 앞서 나간다.

14. 노화영의 관사 [낮]

땀에 젖은 상태로 들어온 노화영, 냉장고에서 생수 하나를 꺼내 든다. TV를 틀자 나오는 뉴스, 화면엔 이재식의 사진과 청문회 관련 소식이 떠 있다.

기자 (E)   국회 국방위원회가 이재식 국방부 장관 후보자에 대한 인사 청문 경과 보고서를 채택했습니다. 논란이 예상되었던 IM 디펜스와의 방산비리 의혹엔 혐의 없음으로 마무리될 전망입니다.

묘한 미소 지으며 생수를 들이키는 노화영의 모습에서-

15. 부대 주차장 [낮]

주차장에 도착하는 도수경의 차량. 트렁크에서 종이 박스를 꺼내 들더니 부대로 들어간다.

16. 법무실 [낮]

종이 박스를 테이블 위에 탁- 내려놓는 도수경. 앞에 차우인과 안유라가 있다. 안유라가 상자를 오픈하면 '클럽 카르텔 성폭행 사건'이라고 붙여진 파일이 담겨 있다.

도수경   노태남 잡자마자 군대로 튀어서 기분 완전히 잡쳤었는데… 바로 바톤 받아 주시니까 얼마나 다행인지 모르겠어요.

안유라   (에너지 뿜뿜) 쓰레기차 피하려다 똥차에 처박힌 거죠… 노태남.

도수경   사건 공범 알렌 말인데요. 노태남 입대를 뉴스 보고 알았던 거 같애요.

차우인   노태남과 알렌이 서로 갈라졌다…

도수경   (신난) 그렇죠! 알렌 그 자식… 빨간 머리 여자한테 납치를 당했네 어쩌네 하면서 잡아 달라고 생떼 부리고 아주 진저리 나요.

	(하다가) 저 자리가 배만이 자리죠?
안유라	잠깐 보실래요? 저희도 도 군검사님 자리 볼 때마다 완전 허전해요.
도수경	(차우인 보는) 실례가 안 된다면.
차우인	얼마든지요.
안유라	저는 파일 좀 정리해 놓겠습니다.

도수경에게 멋지게 경례하더니 종이 박스 들고 자료 보관실로 가는 안유라. 두 사람만 남는다.

도수경	(작게) 동영상 직접 제보한 건 저만 알고 있을게요. 혹시 곤란하실까 봐.
차우인	(미소로) 고맙습니다, 도 형사님.

덩그러니 비어 있는 책상을 손으로 만져 보는 도수경.

도수경	차 검사님하고 같은 법무실인 걸 제대하고서야 아네요. 세상 참 좁아요.
차우인	(옅게 미소) 네.
도수경	군경력 인정받아 큰 로펌에 파트너 변호사로 들어가고… 배만이 고생 다 끝난 거 같아서 난 좋아 죽겠는데 정작 본인은 아닌가 봐요. 무슨 큰 고민 있는 사람처럼… 이유를 물어도 없다고만 하고.
차우인	(보는)
도수경	오늘이 로펌 첫 출근이거든요.

근심 어린 표정의 도수경을 바라보는 차우인의 모습에서-

17. 골든로펌 로비 (낮)

양복을 입고 낡은 서류 가방을 든 도배만이 로펌 건물로 들어선다.

18. 도배만의 골든로펌 집무실 앞 (낮)

기다리고 있던 여자 사무장(여, 40대)이 도배만을 보고 일어서면서 인사한다. 사무장으로 보기엔 매우 화려하게 한껏 멋을 부린 모습인데-

사무장 오늘부터 도배만 변호사님을 모시게 된 박다영 사무장입니다.
도배만 (가볍게 목례) 잘 부탁합니다.

사무장, 도배만을 위아래로 쭈욱- 훑어보는데, 낡은 가방을 보고 약간 불만족한 표정.

사무장 도 변호사님 (앞으로 책정된) 품위 유지비를 좀 올려 드려야겠네요.

19. 도배만의 골든로펌 집무실 (낮)

도배만, 집무실에 들어선다. 초고층 건물의 통유리로 환상적인 뷰가 펼쳐지고- 고가의 수입 책상과 공기청정기, 러닝머신까지 세팅된 그야말로 럭셔리한 집무실. 책상 위엔 골든로펌의 새 명함과 금으로 만든 명함 케이스, 골든로펌 이름이 새겨진 블랙카드, 외제차 키가 과시하듯 놓여 있다.
그러다- 장식장에 떡하니 놓인 '금 두꺼비상'이 보인다. 물끄러미 그것들을 바라보는 도배만. 그때- 노크 소리와 함께 모닝커피를 들고 들어오는 사무장이 도배만 보는데-

사무장 (미소) 대표님의 특별 선물입니다. 역술인이 도 변호사님 관상에 돈복이 부족해 보이신다고 하셨답니다.

도배만, 금 두꺼비상 보고 피식- 미소 지으며

도배만　돈복이 부족하다라… 두껍아, 앞으로 잘해 보자. (사무장 보더니 혼잣말처럼) 품위 유지… 그거 중요하지.

그러면서, 핸드폰의 앱을 켜고 명품 양복과 서류 가방, 신발들을 검색해 본다. 서류 가방 하나를 주문하고 바로 결제하는데- 그 모습 보고 미소 짓는 사무장.

사무장　(모닝커피 책상에 놓으며) 도 변호사님, 첫 의뢰인이 기다리고 계십니다.
도배만　(놀라는) 벌써요? 빠르네요. 출근 첫날에다 아직 업무 개시 전인데.
사무장　바로 모시겠습니다.

사무장이 첫 의뢰인과 함께 들어선다. 보면- 선글라스를 낀, 정장 차림의 강하준이다!

도배만　(바로 알아보고 멈칫) !!
사무장　이분은 강스 솔루션의 (하는데)
도배만　(끊고) 강하준 대표.
사무장　아시는 분이셨군요. (고개 숙이며) 그럼. (나가고)

집무실에 도배만과 강하준만 남는다. 선글라스를 벗는 강하준.

강하준　(손 내미는) 정식으로 통성명한 적은 없었죠? 강하준입니다.
도배만　(손 거절) 그만 가 보시죠. 당신들 일에 엮이고 싶지 않으니까.
강하준　그래서 제대하자마자 이리로 피신 온 겁니까?
도배만　(매우 거슬리는) 로펌에 의뢰하러 온 게 아니라면… 우리가 더 할 얘기는 없는 것 같은데.

도배만, 문 쪽으로 가서- 나가라는 손짓. 강하준, 도배만의 얼굴을 보더니- 또박또박 말을 시작한다.

강하준	20년 전 노화영은 보급수송대대 장교였죠. 그날, 노화영은 예정에 없이 본인이 직접 트럭을 끌고 나갔고…
도배만	나가라고!! 내 말 안 들려?

강하준, 도배만 똑바로 보면서-

강하준	(기분 상하지만 참고 하던 말 이어서) 사고가 났어.
도배만	!!
강하준	이후, 운행 일지를 조작해서 앞뒤를 맞추려 했지만 누군가 적발해 냈고.
도배만	!!
강하준	(도배만에게 다가가며) 노화영은 사고 원인을 정비 불량에 의한 트럭 조작 문제라고 반박했지. 하지만 그 역시도 조작.

얼굴 굳어지는 도배만. 강하준이 눈앞까지 다가와 멈춘다.

강하준	현장에 남겨진 스키드 마크는 노화영이 충돌 직전까지 브레이크를 밟지 않은 걸 뒷받침해 주는 증거야. 이렇게 증거가 차고 넘치는데 군대가 모두 폐기했어. 바로 (손가락으로 기분 나쁘게 쿡쿡 가리키며) 도… 배… 만… 당신 같은 썩어 빠진 군검사들이.
도배만	니가 하는 말을 내가 어떻게 믿어?
강하준	염상진 과장님.
도배만	(보는)

강하준	이 모든 조작을 밝혀냈던 그 사건의 군수사관. 다시 찾아가서 확인해 봐.

강하준, 선글라스를 다시 쓰는데-

강하준	해결되지 않은 과거는… 언제든 현재의 나를 찾아온다는 말. 당신에게 그 말을 해 주러 온 거야, 도배만 변호사님.

강하준, 문 열고 나가고- 남겨진 도배만, 책상을 쿵- 내려치는 데서-

20. 도배만의 차 안 (낮)

운전대 잡고 있는 도배만. 얼굴이 심란하다. 그 위로-

강하준 (E)	해결되지 않은 과거는… 언제든 현재의 나를 찾아온다는 말. 당신에게 그 말을 해 주러 온 거야.

그러자 급브레이크 콱- 밟고 핸들을 돌린다. 갓길에 정차하는 차량. 도배만, 운전대에 머리를 박고 잠시 생각하더니- 차량을 급히 출발하는데.

21. 58사단 주차장 (낮)

차에 기대서 누군가를 기다리고 있는 도배만. 저만치서 염 과장이 다가온다. 그런 도배만을 보는 염 과장의 굳은 얼굴 위로-

플래시백_____

4화 52신, 카페 상황이다.

차우인	스스로가 진실을 받아들일 준비가 되면 과장님을 다시 찾을 거예요. 그때가 시작입니다.

다시 주차장. 다소 날카로운 얼굴의 도배만.

도배만	답을 들어야겠습니다.
염 과장	(무겁게 보는)
도배만	제가 대체 기억하지 못하고 있는 게 뭐죠?
염 과장	좀 걷지.

먼저 움직이는 염 과장. 도배만도 따라 걷기 시작하는데-

22. 58사단 보행로 (낮)

사단 보행로를 걸어가는 염 과장과 도배만. 위병소에서 경계 근무를 서고 있는 군인들.

염 과장	참 갑갑한 곳이야. 나갈 날만 손꼽아 기다릴 만하지. (예비군 모자 쓴 병장 발견하고) 저 친구, 오늘 제대하는군.

그 말에 도배만의 시선이 위병소를 통과하는 병장에게 향한다. 갑자기 뒤에서 들려오는 '강 병장님' 소리에 뒤를 돌아보는 병장. '소대 전체 차렷. 강일우 병장님께 경례.' 일제히 경례를 하자 만감이 교차하는 병장, 소대원들에게 경례로 답하는데- 군모 아래로 눈물이 떨어진다. 도배만, 그 모습 보다가-

도배만	왜 이 일에 연관되신 겁니까?
염 과장	모두 내 탓이니까.
도배만	(멈칫) !!

염 과장	자네 부모님 사건을 제대로 밝혀내지 못한 건 내 잘못이야.
도배만	확실히 대답해 주시죠. 정말… 노화영 사단장이 고의로 낸 사고가 맞습니까?
염 과장	배만아, 그 답은… 이미 니가 나한테 알려 줬었다. 20년 전에.

생각지 못한 대답에 크게 흔들리는 도배만의 눈동자 위로 웨애앵- 사이렌 소리 깔린다.

23. (과거) **구급차 뒷좌석** (낮)

20년 전 사고 직후 상황. 화면 가득- 충격으로 멍한 어린 도배만의 눈동자. 여기저기 상처가 보이고- 구급차 뒷좌석에 앉아 모포를 두른 채 떨고 있다. 사고를 수습하는 구급대원들. 군복 차림의 염 과장이 급하게 뛰어오고-

염 과장	아이 상태는 괜찮습니까?
구급대원	큰 부상은 없는데 많이 놀랐는지… 말을 안 해요.

구급대원이 다시 현장으로 가자 염 과장과 도배만만 남는다. 벌벌 떨며 모포를 머리 끝까지 뒤집어쓰는 도배만. 그러면서 어느 한곳을 응시한다. 염 과장, 그 시선을 따라가면 구급대원들과 함께 있는 군복 차림의 노화영이 보인다.

염 과장	(모포를 내려 배만과 눈을 맞추며) 배만아, 아저씨 봐 봐. 아저씨는 배만이 엄마, 아빠랑 같이 일하는 군인이야. 괜찮아. 안심해.
어린 도배만	(두려운 눈으로 계속 응시)
염 과장	배만아, 그러니까… 음… 이건 사고야. 그 누구도 원하지 않았던… 사고. 그러니까…

그 말에 도배만, 고개를 절레절레 흔든다.

염 과장   …아니라고…? 뭐가?

도배만, 벌벌 떨리는 손을 천천히 들어 올려 검지 하나를 구부려서 염 과장의 코 밑에 가져다 댄다.

염 과장   !!!
어린 도배만   (울먹이며) … (더듬) 웃고 있었어요. (더듬) 저 군인 아줌마가…

염 과장, 고개를 들어 멀리 노화영을 본다. 염 과장의 흔들리는 눈빛.

24. [현재] 58사단 보행로 [낮]
믿기지 않는 얼굴의 도배만.

염 과장   내가 여지껏 이곳을 떠나지 못했던 이유. 그 모든 시작이 사실은 배만이 너였다. 사고의 유일한 생존자였던 니가 했던 그 말.
도배만   !!!
염 과장   노화영이 알리바이를 위해 살려 뒀던… 너 말이다.

소용돌이 치는 도배만의 얼굴에서-

25. 허름한 술집 [밤]
부대 근처의 허름한 술집. 창밖으로 비가 내리고 있다. 도배만, 무거운 얼굴로 소주잔 넘기고 있다. 지갑 깊숙한 곳에 보관한 부모님 사진을 꺼내 본다. 눈가에 스치는 비애. 그때- 핸드폰 울린다. '도수경'이다. 찌르르하게 가슴이 울리는 도배만.

도수경 (F)	배만아~ 어디야? 입사 축하 술자리?
도배만	(가라앉은) 으응, 고모.
도수경 (F)	(기분 째지는) 백화점 가서 니 양복 한 벌 쫙 사다 놨다!! 법정에서 양복 입고 변호하는 거 상상만 해도 얼마나 좋은지! 살맛 난다!
도배만	…
도수경 (F)	끝나고 꼭 대리 불러서 와라~

도배만, 무거운 얼굴로 핸드폰 내린다. 빈 잔에 소주를 채우는 데- 앞자리에 누군가 턱- 퍼질러 앉는다. 설악과 부하들이다.

설악	(테이블 위 안주 하나 집어 먹으며) 도바리, 제대했다며?
도배만	(술잔 넘기며) 가라. 오늘 너랑 상대할 기분 아니니까.
설악	우리 사이에 정이 있는데 이대로 곱게 못 가지. 하던 얘기는 끝내야지. 그 무서운 여군 땜시 하다 말았잖여…
도배만	꺼져. 술맛 떨어지게 하지 말고.
설악	(빙글빙글 웃는) 그류? 그럼 우리 잼나는 얘기하까?

대꾸 없이 소주잔을 채우는 도배만. 설악, 그 잔에 피우던 담배를 퐁당 빠트리는데-

설악	너, 노태남이랑 무슨 사이냐?
도배만	(표정 굳는) !!
설악	노태남 체포될 때 너도 카르텔에 같이 있었잖여? 스폰이라도 잡은 겨? 치와와마냥 막 꼬리 살랑살랑 흔들대면서?

비웃는 설악. 도배만, 담배꽁초가 든 소주잔을 손으로 팍 터트린다. 서슬 퍼런 얼굴로 일어나는데-

26. 허름한 술집 앞 (밤)

술집 앞에 거리 두고 멈춰 서는 차량. 차우인이 타고 있다. 운전석의 차우인, 술집 쳐다보는데- 쨰쟁! 덩치 하나가 유리창을 뚫고 밖으로 던져진다.

27. 허름한 술집 (밤)

당황한 설악의 얼굴. 도배만, 그 어느 때보다 차갑고 섬뜩한 얼굴이다. 설악, 도배만의 얼굴에 주먹을 날리는 순간- 도배만, 고개 숙여 피하더니 그대로 주먹을 먹인다. 뒤로 나자빠지는 설악. 덩치들이 술병과 집기류를 들고 도배만에게 달려든다. 그와 동시에- 용문구와 노태남에게 충성했던 지난 순간들이 주마등처럼 스친다.

플래시백_____

1화 14신, 용문구의 로앤원 집무실.

용문구　　내가 필요한 건 네 상처라고 하면 너무 잔인한가? 그건 돈으로 살 수 없으니까.

달려드는 덩치들에게 분풀이하는 도배만. 감정이 들어간 액션이 펼쳐진다. 업어치기로 덩치를 날려 버리는 도배만. 벽에 부딪혀 허리가 살벌하게 꺾인다.

플래시백_____

2화 52신. 노태남의 IM 집무실. 노태남에게 고개를 넙죽 숙이는 도배만.

도배만　　그 기회, 한번 꽉 잡아 보겠습니다.

픽- 덩치가 날린 주먹이 도배만 얼굴에 박힌다. 무수하게 날아드는 덩치들의 주먹과 발. 와장창- 술집 유리창에 날아가 박히는 도배만. 비틀거리며 자리에서 일어난다. 퉤- 피 섞인 침을 뱉으며 가드를 세우는 도배만의 망가진 얼굴 위로-

플래시백_____

3화 56신. 노화영의 사단장실. 노화영 앞에 선 도배만.

도배만   사단장님을 모시지 못하고 가게 되어 유감일 뿐입니다.

도배만의 눈에 서린 독기와 분노, 아픔이 가득하다. 설악이 날린 주먹을 그대로 맞고 되갚아 주는 도배만. 감정을 주체하지 못해 무자비하게 주먹질을 한다.

설악   (입과 코로 피가 쏟아지며, 고통스럽게) 그… 그만, 그만.

그제야 주먹질을 멈추는 도배만. 설악은 그 자리에 고꾸라진다. 도배만, 터진 눈으로 보자- 덩치들은 고통스러워하며 바닥을 기고 있다. 점점 이성이 돌아오는 도배만. 주춤주춤 뒤로 물러서더니 술집 밖으로 나오는데-

28. 거리 [밤]

장대비가 쏟아지는 밤거리. 비를 맞으며 걸어가는 도배만. 얻어터져 엉망인 얼굴에 스치는 비애. 다리에 힘이 풀리고 그 자리에 멈춰 주저앉는다. 주먹에서 뚝뚝 떨어지는 핏물. 지갑에 가지고 있던 부모님 사진을 꺼내 본다.
그 순간, 가슴 깊은 곳에서 뭔가가 울컥 치밀어 올라 목구멍을 때린다. 하지만 소리 내어 울지 못하는 도배만. 그 모습, 거리 두

고 차 안에서 지켜보고 있는 차우인의 모습에서-

29. 고급 한정식집 외경 (밤)

교외에 위치한 한정식집. 은밀하고 고급스러운 느낌. 그 위로 빗
줄기가 떨어진다.

30. 고급 한정식집 (밤)

이재식(60대)과 노화영이 만나고 있다. 주름이 자글자글한 가는
눈으로 노화영을 보고 있는 이재식. 거부할 수 없는 위압감과
특유의 능글거림이 혼재한 눈빛. 밥공기에 든 밥을 버리고 그
안에 술을 따라서 마시는데-

이재식   아들 재판은 어떻게 돼 가?
노화영   용문구 변호사가 맡아서 하고 있습니다.
이재식   (껄껄) 뭐 니 집 안방에서 하는 재판이니 걱정할 게 뭐 있겠어?
옛날 같음 군판사 검사 싹 다 불러다 '대가리 박아' 하나면 다 끝
인데…
노화영   (분위기 맞춰 웃는)
이재식   그 변호사가 IM 대표이사를 맡는다고 했었던가?
노화영   그렇습니다.
이재식   (못마땅하게) 재판이야 어련히 하겠냐만 회사까지 맡기는 건 좀…
노화영   형식적인 자리일 뿐입니다.
이재식   (술잔 넘기며) 옛날이 좀 좋았냐? 군인이 다스리는 나라 싫다고
권력을 다 뺏어 가더니 결국 이 꼴이야! 검사 판사 나라밖에 더
됐어? 어리석은 개돼지들 같으니. 안 그러냐, 화영아?

'화영'이라는 표현에 살짝 표정 굳는 노화영.

노화영	(표정 감추며) 맞는 말씀이십니다. 하지만 군대를 개혁하려면 결국엔 사회가 바뀌어야 하죠. 사회를 바꾸려면 정치를 해야 하구요. 그래서 장관님께서 정치판으로 가신 거라고 생각합니다.
이재식	(대만족) 그렇지! 그렇지! 어쩜 그리도 내 속을 훤히 들여다보냐? 응? 내가 유일하게 오랜 시간 동안 곁에 두는 게 너다, 노화영!

노화영의 손을 잡는 이재식. 기분 나쁘게 손을 슬슬 만져 대는데-

이재식	니가 사내자식이었으면 얼마나 좋았을까… (히죽) 안 그래?
노화영	(감정 드러내지 않고) 식겠습니다. 어서 드세요.

31. 클럽 카르텔 밀실 [밤]

양주 병들이 즐비한 테이블. 캐주얼 정장을 차려입은 노태남이 알렌과 술을 마시고 있다. 흥이 잔뜩 올라 술잔을 쭉쭉 넘기는 노태남. 너무 기분 좋다.

알렌	자자~ 집중~ 집중! 내가 오늘 형님에게 바칠 조공이 있어!
노태남	(알렌이 꺼낸 작은 유리병 보고 실망) 새꺄~ 기껏 바친다는 게 향수냐?
알렌	형, GHB라고 들어 봤어? 물뽕. 이거 한 방울이면 (흐흐) 게임 오버. 본 게임 들어가기 전에 귀찮은 스텝 확 줄여 준다고!
노태남	(힐끔) 하긴 절차 따지는 애들 지루하지. 본론으로 팍 들어가야…
알렌	그니까! 꽐라 돼서 필름 끊어지듯 바로 끊겨. 기억이 뚝!
노태남	프로포폴처럼?
알렌	그건 아주 맛탱이 가서 시체 되잖아. 이건 데리고 놀 만큼만 적당히 끊겨. 혹시라도 나중에 문제 터졌을 때…
노태남	빠져나갈 구멍을 만들어 준다?
알렌	내 팬클럽에 세나라고 있거든. 내일 데리고 올 테니까…

그때— 웨이터가 들어온다. 테이블 정리하는데 핸드폰 벨소리가 시끄럽게 울린다. '빠빠 빠빠빰 빠빠' 군대 기상나팔 소리. 끌 생각 안 하고 세팅하는 웨이터.

노태남   야! 핸드폰 안 꺼? 시끄럽잖아!
웨이터   (그러거나 말거나)
노태남   (버럭) 벨소리가 재수 없다고! 이 새끼야!

노태남, 급기야 웨이터 멱살을 잡아 올리는데— 군복에 빨간 조교 군모를 쓰고 있다. 푹 눌러쓴 군모에 가려져 보이지 않는 눈과 매사에 불만인 듯한 삐죽 나온 턱과 주둥이.

노태남   (의아한) 어? 너 뭐야?
웨이터   (사자후) 13번 훈련병!!! 너 정신 안 차려?

32. 신교대 생활관 [낮]

눈 번쩍 뜨는 노태남. 여기는 신교대 생활관이다! '빠라빠빠빠' 기상 나팔소리가 귀를 찢을 듯 울려 대고— 훈련병들이 짜증 가득한 얼굴로 모포를 개고 있다. 전 신의 웨이터가 조교 복장으로 내려다보고 있는데.

조교   13번 훈련병! 기상! 기상!
노태남   (얼굴 와락 굳는) !!
조교   (불호령) 캠핑장 왔어? 놀러 왔냐고? 당장 처 안 일어나?

조교의 호통에 허겁지겁 일어나는 노태남인데—

33. 신교대 취사장 (낮)

테이블에 탁 놓이는 식판. 똥국(된장국)에 부실한 찬들. 흰밥만 산처럼 볼록하다. 노태남, 식판 상태를 보며 짜증 올라오지만 배에서 꼬르륵 소리가 난다.

인서트 _____

전망 좋은 최고급 레스토랑에서 담당 서버를 두고 식사 중인 노태남. 명품 양복에 매끄러운 은빛 식기, 최고급 한우 스테이크, 고급 와인, 연어알, 양구이, 스테이크를 나이프로 썰자 살짝 베어나는 핏물. 한 덩이를 집어 입 안에 넣으려는데-

말라붙은 고기. 입맛을 쩝쩝거리며 그때 그 맛을 느껴 보려는 노태남. 느껴질 리 없다. 확 엎어 버리는 식판. 순식간에 훈련병의 시선이 몰린다!

조교	13번 훈련병, 소중한 음식을 다시 식판에 주워 담는다. 실시.
노태남	(노려보는)
조교	복명복창과 함께 실시!
노태남	(버럭) 뭐 어쩌라고? 너도 나처럼 끌려왔잖아. 어따 대고 명령질이야!
조교	(노태남 노려보다가 훈련병들을 향해) 13번 훈련병 빼고 전부 엎드려.
노태남	(멈칫) !!

취사장의 모든 훈련병들이 순가락을 내려놓고 일제히 바닥에 엎드린다.

조교	하나에 전우는. 둘에 하나다! (잠시) 하나!
훈련병들	(일제히 상반신 굽히며) 전우는.

조교	둘!
훈련병들	(일제히 상반신 올리며) 하나다!
조교	자동!

훈련병들 '전우는 하나다!' 반복 외치며 얼차려를 계속한다.

조교	식판을 엎은 13번 훈련병은 아무 잘못이 없다. 밥투정하는 동기를 만난 너희들 잘못이다.
훈련병들	(일제히) 그렇습니다.
조교	전우는 하나다. 혼자 가면 빨리 갈 수 있지만, 함께 가면 더 멀리 갈 수 있다.

복명복창하며 얼차려하는 훈련병들. 노태남은 눈 하나 꿈쩍하지 않는데.

34. (몽타주) 노태남의 신병훈련

- 4사단 신병교육대에서 혹독한 훈련을 받는 노태남의 모습들이 이어진다.
- 유격 훈련 도중, 소총을 들고 달리다 진흙탕에 얼굴을 처박는 노태남.
- 행군 도중 대열을 이탈해 바닥에 쓰러지는 노태남. 마구 오바이트를 하는데.
- 화생방실의 노태남. 조교를 뿌리치고 탈출한다. 눈물 콧물 침을 줄줄 흘리며 괴로워한다. 그 모습을 CCTV가 찍고 있다.

35. 신교대장실 (낮)

신교대장실 모니터를 통해 화생방실 모습을 보고 있는 노화영. 신교대장이 뒤에서 전전긍긍하며 각 잡고 있다.

신교대장	지시하신 대로 교육 훈련을 받게 하고 있습니다만… 이대로 계속해도…
노화영	(모니터에 시선 두며) 일체의 열외 없이, FM대로 해. 다른 훈련병들과 똑같이 시켜.
신교대장	알겠습니다, 사단장님.
노화영	특이사항 있으면 실시간으로 보고하고.

그럭저럭 신교대 훈련 받고 있는 노태남 모습에 엷은 미소 짓는 노화영. 그 위로-

기자 (E)	오늘 보통군사법원에서 클럽 카르텔 성폭행 사건 1심 군사 재판이 열립니다.

36. (몽타주) 노태남 재판 당일 도배만과 차우인 (낮)

- 차우인의 관사. 정복을 갖춰 입는 차우인. 군모를 쓰고, 군화를 신는다.
- 도수경의 집. 슈트를 차려입는 도배만. 변호사 배지를 달고 거울을 본다. 그 옆에 보이는 택배 상자에서 주문한 서류 가방을 꺼낸다. 그러면서도 거실에 틀어 놓은 TV 뉴스에 시선이 자꾸만 가는데-

기자 (E)	노태남 씨는 성폭행 혐의로 기소되었으며 변호인 측 요청에 따라 재판은 비공개로 진행될 예정입니다.

37. 보통군사법원 앞 (낮)

보통군사법원 건물이 보인다. 법원을 지키는 정병들의 소총 총구가 위협적으로 다가오고- 기자들 앞으로 노화영의 차가 도착한다. 차량 뒷문이 일제히 열리며 장군 정복의 노화영이 내린다.

압도적인 포스. 기자들의 플래시 세례가 비오듯 쏟아진다.

38. 보통군사법원 로비 (낮)

로비에 윤상기와 안유라가 들어선다.

윤상기	(착잡한) 도 검사님 없이 군법정에 오는 건 첨인데 되게 허전하네.
안유라	검사님 전역하면 그다음 차례라고 하지 않았습니까?
윤상기	그러게 말이다. 일이 꼬였다. 군복 더 입으라는 신의 뜻인 거지.
안유라	(씩 웃으며) 잘됐습니다. 짬밥 많이 잡수신 두 분이 같이 빠지면 어떡하나 걱정했는데 (경례) 충성~!
윤상기	나 고맙지? 있을 때 잘해라~ (오고 있는 차우인 발견하고) 검사님!

살짝 목례하며 인사하는 차우인, 두 사람의 뒤로 걸어오는 용문구를 발견하곤-

차우인	(윤상기와 안유라에게) 먼저 들어가 있어요. 저도 금방 들어갈게요.

차우인, 마침내 용문구 앞에 서는데-

39. 도배만의 골든로펌 집무실 (낮)

도배만, 책상에 앉아서 서류를 보고 있는데 사무장이 들어온다. 브리핑을 시작하는데-

사무장	도배만 변호사님께 배당된 수임들 브리핑 드리겠습니다. 첫 번째 사건은 공군 장교가 길 가던 임산부를 폭행해 군수사기관에 입건된 사건입니다.
도배만	(서류 보며) 일면식도 없는 임산부를 폭행해서 유산이 되었고… 그 군인이 진소건설 막내아들이라는 거죠?

사무장	무죄 받아 주시면 인센티브 할증이 들어갑니다. 두 번째는 국회의원 아드님이 군휴가 기간 중 마약을 투약한 사건입니다. 사건 발생은…
도배만	(끊고) 오케이. 거기까지.
사무장	네?
도배만	(서류 뭉치 탁 내려놓으며) 그만하죠. 더 들을 필요 없으니까.

도배만, 목을 짓눌렀던 넥타이를 탁 풀더니 자리에서 일어난다. 옷걸이에 걸어 뒀던 상의를 들고 집무실을 나가려고 하는데-

사무장	어디 가십니까? 10분 후에 EP님들과 상견례가 있는데요.
도배만	(개의치 않고 나가는)
사무장	도 변호사님? 어디 가시냐구요!
도배만	(찡긋) 군대 갑니다.
사무장	네?
도배만	(금 두꺼비상 보고 잠시 멈추는) 어! 나, 돈복 없는 거 딱 맞췄네. (쓰다듬으며) 돈 많이 먹고 배 터져라, 두꺼비야.

피식- 사무장에게 미소 보내더니 완전히 나가는 도배만의 모습에서-

40. 보통군사법원 로비 (낮)
마주 선 차우인과 용문구.

용문구	차우인 군검사님이시죠?
차우인	(보는)
용문구	제가 도배만 군검사하고는 안면이 있는데 이 자리에 없는 게 아쉽군요.

차우인	도 검사님이 있었다면 맘대로 움직일 수 있다는 말로 들리네요?
용문구	(미소) 큰일 날 소리하십니다. 오히려 도 검사는 상대하기 버겁죠. 오늘 페어하게 해 보시죠. 한 사람의 인생이 걸린 재판이니.
차우인	같은 생각입니다. (사무적) 군법정에서 뵙죠.

가볍게 인사하고 가는 차우인. 용문구, 차우인의 뒷모습을 오랫동안 쳐다본다. 그 위로-

정병 (E)	일동 기립! 사단장님 입장하십니다.

41. 보통군사법원 법정 (낮)

법정 안의 모든 인원이 자리에서 일어난다. 문 열리면서 들어오는 노화영. 적당한 자리에 가서 앉으면 모두가 착석한다.

42. 보통군사법원 복도 (낮)

급하게 복도에 들어서는 도배만. 걸어가던 병사들이 경례를 때린다. 경례 받으며 거침없이 걸어가는- 군용백에서 군검사 법복을 꺼내더니 상의에 걸쳐 입는데.

43. 보통군사법원 법정 (낮)

문 열리며- 법정에 들어오는 도배만. 군검사석의 차우인과 시선이 마주친다.

차우인	(예상대로… 바람대로… 돌아온 도배만 보며 엷은 미소가 번지는)

반면, 노태남과 용문구. 전혀 예상하지 못했다. 갑자기 나타난 도배만을 보고 놀라는데- 도배만, 노화영을 쳐다본다. 미세하게 미간을 찌푸리는 노화영.

노화영에게서 시선을 거두고 검사석의 차우인을 잠시 보는 도배만. 망설임 없이 차우인 쪽으로 다가가 옆에 앉는다. 둘 다 시선은 정면을 향하고 있다.

도배만 (비소) 비공개 재판이라고 해 놓고… 법정을 군인들로 꽉 채웠네. 그래. 이게 바로 군대 재판이지. 과연 노화영 사단장이야.

과연, 방청석은 군인들로 가득하다. 차우인도 새삼 실감하는 얼굴인데-

도배만 재밌네.
차우인 뭐가 말입니까?
도배만 우리 둘 다 군검사로 이 자리에 앉아 있다는 사실 말이야. 난 돈 때문에 군대 왔고, 넌 사적 복수 때문에 군대 온 거잖아.
차우인 …
도배만 우린 애초에 법복을 입어서는 안 되는 군인들이지.
차우인 그럼 왜 다시 오신 겁니까?
도배만 부모님 사고의 범인, 노화영 장군이었어. 니 말대로.

차우인, 도배만의 얼굴을 정면으로 본다. 눈빛 마주치는 두 사람. 도배만, 고개를 돌려 노화영을 보더니 표정 무섭게 변한다.

도배만 내 부모님 사건에 조금이라도 연루된 놈들 모두. 그리고 내 앞을 가로막는 놈들까지 전부 뿌리째 뽑아 버릴 거야.

44. (점프) 보통군사법원 법정 (낮)
자막 - 클럽 카르텔 성폭행 사건 제1차 공판

증인석에 세나가 긴장한 얼굴로 앉아 있다. 차우인이 다가간다.

차우인	한세나 씨, 사건 당시 있었던 일을 말씀해 주시겠습니까?
세나	알렌을 따라 카르텔이라는 클럽에 들어갔고, 밀실로 안내 받았어요. 저는 그냥 커피 한잔 마시자고 해서 나간 거예요.
차우인	그 자리에 알렌 말고 누가 있었습니까?
세나	(손가락으로 가리키며) 저기 앉아 있는 노태남과 큰 개가 있었어요.

플래시백_____

세나의 증언 중간중간 1, 2화 해당 장면들이 적절히 끼어든다. 그 위로-

세나	두 사람이 계속 술을 권했지만… 거절했습니다. 그 자리가 너무 불편했으니까요. 근데 괜히 제가 분위기 망치는 걸까 봐 어쩔 수 없이 딱 한 잔만 마셨어요.
차우인	술을 마시고 정신을 잃었습니까?
세나	네. 딱 한 잔 마셨는데… 몸이 이상했어요.
차우인	재판장님. 한세나 씨의 소변에서 검출된 GHB, 일명 물뽕이라 불리는 데이트강간 약물 기록을 증거로 제출합니다.

법정 스크린에 뜨는 증거 기록. 그것을 보는 세나- 그날이 떠올라 감정이 북받친다.

세나	(울먹이며) 제가 반항하니까 노태남이 절 때렸어요. 양주 병을 깨트려서… 저한테… 저한테.

플래시백_____

테이블에 있던 양주 병을 깨서 위협하는 노태남 모습.

차우인	생명의 위협을 느껴서 더 이상 반항할 수 없었고, 약물에 취해 도망칠 시도조차 못 했겠군요?
세나	(흐느끼며) …네.

끝내 세나의 뺨에 눈물이 흐른다. 하지만 방청석의 군인들은 아무런 동요가 없다. 오직 세나만이 혼자 서럽게 울고 있다.

도배만	(비소, 혼잣말) 법의 총성이 오가는 이곳에서 유일하게 감정을 느낄 수 있는 사람들인데 (미동 없는 군인들 보며) 감히 노화영 앞에선 드러낼 수 없겠지. 노태남 재판쇼에 동원된 방청객들이니까. (증인석의 세나 보면서 피식) 성폭행 피해자에겐 기본인 가림막조차 없는 무자비한 군사 재판.

세나의 흐느낌을 듣고 있는 노화영, 아무런 감정이 없는 얼굴로 세나를 본다. 법정 스크린에 증거들이 팍팍 뜬다. 먼저 깨진 양주 병 사진.

차우인	사건 현장에서 발견된 깨진 양주 병입니다. 알렌과 노태남의 지문이 검출되었습니다.

이어서 뜨는 관련 사진들.

차우인	증인의 전치 8주 성폭행 진단서, 불법 촬영된 성폭행 동영상 파일을 증거로 제출합니다, 재판장님.

신문을 마치는 차우인. 군검사석으로 걸어가 앉는다.

도배만	(작게) 긴장 안 하고 아주 잘했어. 내 점수는 합격. 하지만 이 재

판 만만치 않을 거야.

차우인 (멈칫) 왜죠?

도배만 보면 알아.

팔짱을 딱 끼고 용문구와 노화영을 번갈아 쳐다보는 도배만. 차우인의 눈에 의아함이 비치고-

군판사 피고인측 변호인 반대신문 하시겠습니까?

용문구 네, 재판장님.

용문구, 세나 앞에 서더니 고개를 정중히 숙인다.

용문구 우선 끔찍한 일을 당하신 데 대해서 깊은 유감을 표합니다. (강조) 진심입니다.

차우인, 고개 숙인 용문구를 보며- 6년 전 차호철 죽음과 관련된 순간을 떠올린다.

플래시백_____

3신 상황이다.

용문구 운명을 달리하신 차호철 회장에게도, 진실을 밝히지 못하고 수사를 종결시켜야 하는 제게도 매우 안타까운 소식입니다. 고인의 명복을 빕니다. (강조) 진심입니다.

분노를 참는 차우인. 예의를 표한 용문구. 본격적인 변론을 위해 넥타이를 천천히 바로잡는다. 눈빛이 점점 예리하고 강하게 돌변해 간다!

용문구	가수 알렌과는 어떻게 알게 된 사이입니까?
세나	(자기도 모르게 차우인을 본다)
차우인	(괜찮다는 듯 고개를 끄덕인다)
세나	팬클럽 활동을 하다가 친해지게 됐어요.
용문구	평소 동경하던 가수와 밖에서 만나는 사이로 발전했다는 거군요. (여유) 한세나 씨 입장에선 꿈만 같았겠네요.
차우인	지금 변호인은 한세나 증인과 알렌 사이의 친분을 구실로 명백한 성폭행을 합의에 의한 관계로 몰아가려 하고 있습니다.
용문구	(미소로) 함부로 판단하지 마시죠. 전혀 아닙니다.
차우인	(멈칫) !!
용문구	저 역시 차우인 군검사님과 같은 생각, 즉 한세나 씨는 성폭행을 당했다고 생각합니다. (차우인 똑바로 보며) 이 정도면 됐나요?

순순히 인정하는 용문구에 당황하는 차우인. 도배만은 점점 흥미롭다는 얼굴이다.

군판사	그럼 이 재판에서는 합의냐 강압이냐에 대한 쟁점은 없겠군요.
용문구	그렇습니다, 재판장님.
군판사	변호인 계속하세요.
용문구	방금 군검사 측이 제출한 증거에 의하면 한세나 씨는 데이트강간 약물을 마셨다고 했습니다. 이 약물은 술과 함께 마실 경우 두통, 시력 저하, 그리고 심각한 기억력 저하 증상이 있습니다.
세나	(보는)
용문구	다시 말씀드리죠. 시력과 기억력에 심각한 문제가 생깁니다. 묻겠습니다. 양주 병을 깨서 위협한 사람이 노태남 피고인이 맞습니까?
세나	맞아요.
용문구	양주 병엔 노태남 피고인 말고도 알렌 지문도 검출됐습니다. 반

	면, 증인은 약물에 취해 사람을 제대로 알아보지도, 기억하지도 못하는 상태였습니다.
세나	(압박감 느끼는) !!
용문구	(거세게) 확신할 수 있습니까? 증인!
차우인	(일어서서) 재판장님, 이의 있습니다.
군판사	중요한 지점이라고 생각되는군요. 변호인 계속하세요.
차우인	(표정 굳는) !!
용문구	(세나에게) 한세나 씨가 마신 약물이 기억에 문제를 일으켰습니다. 이것은 곧 한세나 씨 기억들은 전부 추측일 뿐이라는 거죠. (강조하는) 팩트가 아닌 단지 추측!!!

발언이 더해질수록 점점 눈빛에 힘이 들어가는 용문구.

용문구	한세나 씨 진술은 신빙성도, 일관성도 보장할 수 없다는 말입니다. 이상입니다, 재판장님.
군판사	변호인측이 신청한 증인에 대한 증인 신문은 내일 이 시간에 하겠습니다.

변호인석으로 돌아오는 용문구. 노화영이 그 모습을 지켜보고 있다. 노태남, 재판 진행이 만족스러운지 입꼬리 올리는데-

45. 보통군사법원 로비 (낮)

1차 공판이 끝나고 로비로 나오는 용문구와 노태남.

용문구	술에 약을 탄 건 누굽니까?
노태남	알렌이요. 원래 그놈 수법.
용문구	그렇군요. 재판에선 일관성이 가장 중요한 겁니다. 거짓도 일관되면 진실이 되고, 진실도 한순간만 어긋나면 거짓이 되죠.

| 노태남 | 그걸 만들어 주는 사람이 우리 용문구 변호사님이시다? (잠시) 근데, 아까 도배만이 보이던데 어떻게 된 거? 그 자식 전역했잖아. |

그때, 용문구의 핸드폰이 울린다. '도배만'이다. 받아 들면-

| 도배만 (F) | 잠깐 좀 보시죠. |

46. 보통군사법원 일각 (낮)

인적이 드문 은밀한 공간. 용문구와 도배만이 만난다.

용문구	돌아왔다고?
도배만	(입고 있는 군검사 법복 펼쳐 보이며) 보시다시피요.
용문구	나도 모르는 사이에 큰 결단을 했군. 이유가 뭐지?
도배만	(미소) 차차… 아시게 될 겁니다.
용문구	딱 하루 잘해서 눈에 콱 박히는 놈이 있고. 364일 잘해도 딱 하루 못해 내쳐지는 놈이 있고. 사람 마음이라는 게 참 간사하지.
도배만	(고개 꾸벅 숙이는데) 죄송했습니다.
용문구	(피식) 그래, 그동안 우리가 쌓은 전우애가 고작 하루로 무너질 만한 건 아니었지. 다시 군복도 입었으니 (보는) 계약을 이어 갈 수도 있겠고.
도배만	계약 연장이야 용 변호사님 소관이겠죠. 저야 그저 따를 뿐이고…
용문구	바깥공기 마시고 들어오더니 군기가 더 바짝 들었군. 맘에 들어.

한 번 더 고개 팍 숙이는 도배만. 화면 가득 잡히는 도배만 얼굴- 용문구가 보지 못하게 눈빛이 돌변하는데- 악어의 눈물과도 같은 악어의 미소다. 천천히 고개 들어 용문구 보면서-

| 도배만 | 재판 결정타는 그걸로 박으실 생각이시죠? |

그 말에 멈춰 서는 용문구. 돌아서서 도배만을 보는데, 어딘지
달라진 듯한 분위기.

용문구	알렌을 증인석에 세울 거야.
도배만	알렌 말고요. (정곡 찌르는) 노태남 회장의 치부!
용문구	(살짝 당황한 표정 되는)
도배만	역시… 제 예측이 맞았군요.
용문구	알고… 있었나? 아니… 어떻게 알았나?
도배만	(대답 대신 옅은 미소)
용문구	(살짝 높아진 언성) 어떻게 알았냐고 묻고 있잖아.
도배만	병역 프로젝트 진행하다 알게 됐습니다. 이 재판이 절대 질 재판이 아니란 것도 그때 깨달았구요.
용문구	(피식) 도배만, 역시 자넨 적으로는 절대 만나면 안 되는 상대야.

그 말 남기고 가는 용문구. 도배만의 예리한 시선이 용문구를
쫓는다.

47. 법무실 [밤]

도배만, 법무실로 들어온다. 윤상기와 안유라가 요란스럽게 환
호하는데-

안유라	(감격) 도 검사니이이임~!!!
윤상기	이렇게 금방 다시 오실 거면서 왜 돌변한 애인처럼 그렇게 가셨어요? 짐 싸시던 날 제가 얼마나 울었게요?
도배만	(윤상기 감싸며) 그랬냐? 상기야? (법무실 공기 흠뻑 들이켜 보는) 근데 여기 왜 이렇게 낯설어? 갑자기?
안유라	(흥칫뿡) 밖이 그렇게 좋으셨어요? 진짜 돌아오신 거 맞죠? 도검사님?

도배만	(웃는) 그래.
안유라	(차우인 손 잡고 끌어오는데) 저희 네 사람, 이대로 쭉~ 함께 말뚝 박는 건가요?

차우인, 억지로 끌려오면서 도배만 쳐다보고– 윤상기와 안유라, 호흡 맞춰 셔플 댄스 추다가 차분한 차우인을 보며 분위기 수습. 차우인, 밖으로 나간다. 도배만도 그 모습 보는데–

48. 법무실 일각 (밤)

자판기 앞에서 커피를 뽑는 도배만. 차우인이 천천히 다가온다.

도배만	지난 5년 동안 잘 길들여 놓은 전투화처럼 차암… 편했던 군사 법정인데 (커피 한 모금) 오늘은 마치 다른 법정인 거 같아.
차우인	아까 보면 안다고 했는데… 뭘 안다는 겁니까?
도배만	(잠시 보더니) 노태남… (피식) 이 재판에 목숨 걸지 마.
차우인	(표정 와락 굳는) 그게 무슨 말입니까?
도배만	너무 노력하지 마. 그래 봤자 차 검이 지게 되어 있어.

그 말 남기고 가 버리는 도배만. 남겨진 차우인, 영문을 모르겠다는 얼굴인데.

49. 노화영의 관사 외경 (밤)

높은 대문 너머로 보이는 노화영의 관사.

50. 노화영의 관사 (밤)

소파, 스탠드, 탁자 등 내부가 모두 클래식한 가구들로 채워진 레트로풍의 거실. 원칙과 규율을 중시하는 노화영다운 소품들이다.

용문구가 소파에 앉아 있다. 잠시 후- 노화영이 나온다. 노화영, 위스키 두 잔을 따라서 가지고 온다. 한 잔 마시고- 용문구에게 한 잔 내어준다.

용문구	(받으면서) 장군님은 내일 군법정에 오지 않으셨으면 합니다.
노화영	왜? 자신이 없어?
용문구	(여유로운 미소로) 재판에 진다는 생각은 한 번도 한 적이 없습니다. 노 회장을 보호하기 위해 입대시킨 게 접니다.
노화영	(흥미로운) 내가 군법정에 없어야 할 특별한 이유가 있다는 소린데…
용문구	때론… 아들도 어머니에게 보이고 싶지 않은 부분이 있으니까요.
노화영	(곱씹듯) 내게 보이고 싶지 않은 부분이라…

뭔가 할 말이 있는 듯한 용문구를 쳐다보는 노화영.

용문구	(노화영 보면서) 이 재판으로 제가 얻을 목적은 (하는데)
노화영	(끊고) 태남이 무죄 외에 다른 목적이 있어?

약간의 텐션이 흐르는 둘의 얼굴 위로-

용문구 (E)	알렌을 증인으로 신청합니다.

51. 보통군사법원 법정 (낮)

자막 - 클럽 카르텔 성폭행 사건 제2차 공판

알렌이 증인석으로 걸어 들어가고 있다. 노태남, 방청석에 노화영이 없다는 걸 발견했다!

노태남	어머니가 늦네요?
용문구	장군님은 오지 않으실 겁니다.
노태남	뭐요? (자기도 모르게 크게) 아들 재판에 안 온다고?

모두의 시선이 몰린다. 용문구가 눈빛으로 주의를 준다.

노태남	빨리 전화해서 오시라고 해요! 당장!
용문구	제가 오시지 말라고 했습니다.
노태남	(황당하고 겁나는) 뭐라구요? 왜요? 왜!!! 대체 왜! 오늘 판결 나오잖아. 그때까지 버티고 앉아 있어야지. 군바리 판사 시퍼렇게 노려보면서!

분노 애써 참는 노태남 두고 자리에서 일어나는 용문구, 알렌 앞에 선다.

용문구	증인은 조만간 재판이 예정되어 있지요? 지금 하게 될 증언들은 향후 증인의 재판에 크게 참고될 겁니다.
알렌	네.

용문구, 법정 스크린에 사진을 띄운다. 차우인이 제시했던 깨진 양주 병 사진이다.

용문구	저 깨진 양주 병은 카르텔에서 경찰이 습득한 증거품입니다. 군 검사 주장에 의하면 노태남 피고인이 한세나 씨를 협박할 때 사용한 흉기이기도 하고요.
알렌	(보는)
용문구	증인에게 묻겠습니다. 저 깨진 양주 병으로 노태남 피고인이 한세나 씨를 협박했습니까?

차우인, 뭔가 불길한 예감이 느껴지는데— 도배만, 팔짱 끼더니 입꼬리 올린다. 갈등에 휩싸인 알렌의 얼굴 위로—

용문구 (E)	이번 사건, 니가 다 안고 가.

52. (과거) **구치소 일반 면회실** (낮)
면회실 창을 두고 앉은 용문구와 알렌.

알렌	(어이없는) 뭔 소릴 하는 거야! 내가 미쳤어? 왜 뒤집어써? 노태남도 같이 즐겼는데?
용문구	(비릿한) 우리 좀 솔직해질까? 엄밀히 말하면… (얼굴 가까이 가져가며) 즐긴 건 너 혼자잖아.

알렌, 순간 당황하는데— 미소 지으며 보고 있는 용문구.

용문구	난 말야. 노태남에 대해서는… 노태남보다 더 잘 알아.
알렌	(두렵고 화나는) !!!
용문구	내 제안 거절하면 남은 평생 재판만 받다 좋은 시절 다 보내게 될 거야. 니가 지금까지 한 짓들에 비하면 이번 건은 약한 거잖아.
알렌	(아 씨발…) 지금 협박하는 거야?
용문구	협박 맞아.
알렌	(멈칫) !!
용문구	난 노태남을 위해서라면 못 할 게 없거든.

섬뜩한 표정의 용문구. 알렌, 두려움에 침을 꿀꺽 삼킨다.

53. (현재) **보통군사법원 법정** (낮)
증인석에서 답을 주저하던 알렌. 용문구를 한 번 보더니 마침내 입을 연다.

알렌   양주 병은… 제가 깼습니다.

세나   (벌떡 일어나 소리치는데) 아니에요. 노태남이었어요!!

차우인   (일어서며) 이의 있습니다. 지금 증인은 경찰에 진술한 내용과 완
전히 상반된 증언을 하고 있습니다.

용문구   그 부분은 민간 법정에서 다시 다뤄질 겁니다.

군판사   변호인 계속하세요.

표정 일그러지며 자리에 앉는 차우인. 도배만, 계속 상황을 지켜
보고 있다.

용문구   방금 증인은 양주 병을 본인이 깼다고 했습니다. 한세나 씨를
협박하기 위해서였습니까?

알렌   협박한 건 맞습니다만…

용문구   (무표정으로 강압 보내는)

알렌   (눈 질끈 감고) 한세나가 아니라 노태남을 협박했습니다. 촬영하
라고.

그러자 방청석 맨 앞에 있는 장교가 작게 수신호를 한다. 그에
맞춰 일제히 동요하는 방청객 군인들. 도배만, 그 꼴을 보며 어
이없는데-

차우인   재판장님!

군판사   군검사, 경고합니다. 재판 진행을 더 이상 방해하지 마세요!! (용
문구 보며) 변호인, 계속하세요.

용문구   그러니까 노태남 피고인은 증인 협박 때문에 촬영을 했다는 말
이군요.

알렌	네.
용문구	방금 증언은 본인 재판에서 불리하게 작용할 텐데… 괜찮습니까?
알렌	(힘겹게) 네, 다 사실이에요.

다시 크게 '우우우우' 기계적으로 동요하는 방청 군인들. 용문구, 방청 군인들을 향해 돌아선다. 승기를 잡은 자신감이 넘치는데-

용문구	노태남 피고인은 강압에 의해 현장을 촬영했을 뿐입니다. 이 말은 곧, 노태남 피고인이 성폭행에 가담하지 않았다는 증빙이기도 합니다.
차우인	(물러설 수 없는) 지나친 억측입니다, 재판장님.
군판사	변호인, 지금 주장에 대한 근거가 있습니까?
용문구	물론 있습니다. 피고인의 의료 기록을 증거로 제출하겠습니다.

도배만, 그럴 줄 알았다는 얼굴로 본다. 스크린에 뜨는 의료 진단 기록.

용문구	Male Erectile Disorder. 남성 발기 장애.
차우인	!!!
노태남	(얼굴이 확 굳는) !!
용문구	음경이 발기하지 못하는 남성 성기능 장애의 하나입니다. (쐐기) 애초에 피고인은 한세나 씨와 성교 자체를 할 수 없었습니다.

내내 기계처럼 반응하던 방청 군인들. 힘들게 웃음을 참으려고 애쓰다가- 누구 하나가 픽 웃음을 터트린다. 그러자 순식간에 전염되는 웃음.

용문구	정리하자면, 피고인은 피해자와의 성관계 자체가 불가능하며

촬영도 강압에 의해 했습니다.

피고인석에서 듣고 있던 노태남, 굴욕감에 얼굴 시뻘게지며 분노가 차오르는데-

노태남   용문구, 당신이 어떻게 나한테… 이렇게…

용문구, 노태남의 시선을 받다가- 이내 피하는데. 모두가 이러지도 저러지도 못하고 노태남을 주시한다. 군판사, 다시 의료 기록 보면서-

군판사   피고인, 변호인 말이 사실입니까? 발기 불능 상태인 게 맞습니까?

그 말에 완전히 돌아 버리는 노태남. 자리를 박차고 일어나 군판사에게 달려든다!

노태남   (분노) 감히 나한테 그 따위 걸 물어? 어? 그렇게 재밌어? 재밌냐고?
군판사   (핏대 높이는) 피고인! 자리에 앉으세요!

군검사석에서 묘한 표정으로 노태남과 용문구를 보는 차우인. 도배만, 미쳐 날뛰는 노태남을 지켜본다. 노태남, 이번에는 용문구에게 달려든다.

노태남   (용문구 멱살을 잡는) 여자도 못 건드리는 찌질이인 거 밝혀서…
           (분노) 이 군바리들 앞에서 개망신 주려고 여기 오라 한 거야?
군판사   (호통치는) 피고인! 자리에 앉으세요! 경고합니다!
노태남   닥쳐! 이 군바리 판사 새끼야!

| 군판사 | (벌떡 일어나) 정병! 당장 피고인 퇴정시키세요! |

정병들이 달려와 노태남을 붙잡는다. 하지만 힘으로 넘기더니 다시 용문구에게 달려든다. 그야말로 난장판이 되고 마는 법정. 결국 정병들에게 질질 끌려 나가는 노태남. 그 모습 보는 도배만과 차우인.

54. 노화영의 차 안 [낮]

노화영이 핸드폰에 뜬 뉴스를 보고 있다. 〈클럽 카르텔 성폭행 사건 IM 디펜스 노태남 회장 무죄〉 노화영의 입가에 스며드는 미소 위로-

| 노화영 (E) | 태남이 무죄 외에 다른 목적이 있어? |

55. [과거] 노화영의 관사 [밤]

50신에서 이어지는 상황이다.

용문구	(미소) 우연히 벌어진 이 사건으로 제가 많은 걸 얻게 되었죠. 그토록 바라시던 노 회장 입대, 노화영 장군님에 대한 세상의 관심 그리고…
노화영	예전에 약속했던… IM 대표이사 자리겠지.
용문구	(만족스런 미소)
노화영	(옅은 미소) 속마음을 숨기지 않는군.
용문구	제 마음은 변함이 없습니다.
노화영	(보는)
용문구	오직 장군님께 충성하겠다는… 다짐.

56. (현재) 노화영의 차 안 (낮)

그때를 떠올리고 있는 노화영. 조수석의 양 부관이 통화하던 핸드폰 끊더니 보고한다.

양 부관   위병소 앞에 기자들이 많다고 합니다. 그대로 통과할까요?

노화영   아니야. 위병소 앞에서 멈춰.

양 부관   알겠습니다, 사단장님.

57. 보통군사법원 법정 (낮)

판결이 끝난 군법정. 재판에 지고 자괴감을 느끼고 있는 차우인, 그 모습 보는 도배만.

도배만   뜨거운 마음으로 하는 복수는 상대를 제대로 못 봐. 넌 당연히 노태남이 성폭행에 가담했을 거라고 판단했어.

차우인   (고개 휙 들어) 지금… 위로하는 겁니까? 조롱하는 겁니까?

도배만   그래서 당연한 증거들조차 눈에 들어오지 않았던 거고…

차우인   고작 그런 말이나 하려고 (하는데)

도배만   (끊고) 난 고작 노태남 하나 감옥에 처넣으려고 돌아온 게 아냐.

차우인   (멈칫) !!

도배만   차우인, 잘 들어. (결연한) 지금부터 난 니 사냥개가 될 거다.

차우인   (마침내) !!

도배만   (따뜻한 눈빛) 한 번 물면, 물린 놈 생살이 뜯겨지든지… 지 이빨이 왕창 뜯겨지든지… 끝장을 보는 도베르만 말이야.

차우인   (와우!!!) …

도배만   (장난스런) 하지만… 까불고 걸리적거리면 너부터 처넣을 거다.

도배만, 재판 때 노화영이 앉아 있던 특별석으로 걸어가는데-

도배만	(강한) 노화영만은 어느 누구도 아닌 바로 내가 응징할 거니까.

이전과는 완전히 다른 분위기의 도배만. 차우인, 미소를 짓는다.

차우인	(밀리지 않는) 바라던 바입니다, 도배만 검사님.

58. 용문구의 로앤원 집무실 [밤]

용문구, 의자에 앉아 관자놀이를 누르며 피로를 풀고 있다. 그때 울리는 핸드폰. 저장된 이름은 '노화영'이다.

용문구	네, 장군님.
노화영 (F)	(무겁게) 태남이가 탈영을 했어.

당혹스러워하는 용문구의 얼굴에서-

6화

1. 야산 일각 (밤)

칠흑 같은 밤. 가쁜 숨을 몰아쉬며 야산을 달리고 있는 활동복 차림*의 노태남. 그 뒤로 신교대 조교들이 손전등을 밝히며 노태남을 쫓고 있다. 컹컹컹- 크게 짖으며 수색하는 군견들. 필사적으로 달리는 탈영병 노태남의 얼굴 위로 -

노태남 (E)   어머니, 군대가 감옥보다 낫다구요? 차라리 전 감옥이 나을 거 같습니다.

연신 뒤를 돌아보며 뛰다 발을 헛디디는 노태남. 산비탈을 굴러 떨어져 바위에 처박힌다. 고통과 두려움에 급기야 어린아이처럼 엉엉- 울음을 터트린다. 그 위로-

노태남 (E)   태어나서 한 번도 받아 보지 못한 남들의 무시… 모멸감… 재판할 때 느낀 치욕… 여기에 더 있을 수 없어요.

수색하는 인기척이 들리자 눈물을 닦고 다시 일어나는 노태남. 오로지 군대를 탈출하겠다는 일념 하나. 온몸이 흙과 땀범벅. 두려움과 희열이 뒤섞인 얼굴로 달리는-

노태남 (E)   내 인생은 어머니에게 완전히 통제당했어요. 이제… 다시는… 어머니 명령에 복종하지 않을 겁니다.

2. 보통군사법원 법정 (낮)

5화 57신 이후 상황이다. 노태남 재판이 끝난 군법정. 도배만과 차우인만 보인다.

---

* 취침 도중 탈영한 설정이기 때문에 군복이 아니라 활동복 차림이다.

도배만	차우인. 여기까지 오는 데 6년 걸렸다고 했지? 난 3개월 안에 끝낼 거다. 딱 90일. 얼음처럼 차가운 복수, 기대해.

도배만, 의미심장한 눈빛으로 차우인을 보더니 나가려는데-

차우인	어디 가십니까?
도배만	노화영 장군에게 복귀 신고해야지.
차우인	(옅은 미소) 선전 포고 하실 겁니까?
도배만	아직 일러. 내 스타일은 뜨거운 가슴이 아니라 차가운 머리니까.

차우인에게 미소 보내 주고- 나가는 도배만.

3. 보통군사법원 로비 (낮)

로비로 나오는 차우인. 기자들에게 둘러싸인 용문구를 발견한다.

용문구	피고인의 무죄가 밝혀졌습니다만, 그와 별개로 피해자의 상처가 아직 남아 있습니다. 이에 노태남 훈련병은 군복무를 반성하는 시간으로 여기고, 누구보다 모범적으로 병역을 마칠 것을 약속드립니다.

기자들을 물리치고 나오는 용문구. 차우인 발견하고, 가까이 다가가 선다.

차우인	(비소) 피고인이 아닌 변호사의 승리네요, 오늘 재판은.
용문구	(미소) 차우인 군검사님은 그 둘이 다르다고 생각하십니까?
차우인	아까… 법정에서 노태남이 보여 줬잖아요. 승리한 피고인이 아니라는 거.
용문구	(보는)

차우인	죄를 짓고 도피처로 군대를 선택한 당신들! 반성의 시간이 아니라, 죗값을 치르는 시간이 되어야 할 겁니다.
용문구	(여유) 감히 군대를 그렇게 악용하는 부류가 있다면 제 앞에 계신 차우인 군검사님께서 발본색원하셔야겠죠.
차우인	(미소) 발본색원… 네, 그럴 겁니다.
용문구	(잠시 보다가) 제가 변호사란 직업을 왜 좋아하는지 아십니까? 누군가의 운명이 내게 맡겨졌다는 걸, 전 아주 즐기거든요.
차우인	(보는)
용문구	한 사람을 망가뜨리려는 군검사와 한 사람을 구하려는 변호사. 누가 더 이롭고 정의로운 사람일까요?

그 말을 들은 차우인의 눈과 입가에 혐오가 드러난다.

차우인	우습네요. 검사 시절, 죄 없는 사람에게 무자비한 칼을 휘둘렀던 사람 입에서 정의라는 단어가 나온다는 게.
용문구	(보는)
차우인	재판에서 수치심을 심하게 느낀 것 같던데 탈영이라도 하지 않을까 걱정이네요. 승리에 도취되지 마시고 노태남이나 잘 지키시기 바랍니다.

돌아서 가는 차우인. 용문구, 그 모습을 찍어 두듯 본다.

4. 사단 사령부 위병소 [낮]

기자들이 진을 치고 있는 위병소 앞. 노화영의 차량이 멈춰 선다. 차에서 내려 기자들 앞에 서는 노화영. 기자들 사이에 도배만도 보인다.

기자1	오늘 재판에서 노태남 전 회장이 무죄 판결을 받았습니다. 소감

한 말씀 부탁드립니다.	
기자2	결심 재판을 참관하시지 않은 특별한 이유가 있으십니까?

노화영, 예의 그 특유의 무표정으로 대답한다.

노화영	국민의 이목이 집결된 재판을 사단장인 제가 지켜봤다면 판결을 내려야 하는 군판사가 큰 부담을 느꼈을 겁니다. (잠시) 제 사단 소속 병사의 혐의가 벗겨져 마음의 짐을 던 건 사실입니다. 아무쪼록 남은 군 생활에 최선을 다해 국민들의 우려와 관심에 보답하기를 바라며, 군대는 범죄의 도피처로 악용될 수 없는 성역임을 제 명예를 걸고 지키겠습니다.
기자1	어머니로서도 한 말씀 부탁드립니다.

노화영, 그 말에 잠시 좌중을 둘러보다 기자들 사이에서 도배만을 발견한다. 노화영과 도배만 둘의 시선이 허공에서 부딪히는데-

노화영	저보다도 먼저 피해자의 어머니를 생각하면 마음이 착잡합니다. 부디 두 분이 하루빨리 상처를 딛고 일어서시기를 진심으로 바랍니다.

쏟아지는 카메라 플래시 세례를 뒤로 하고 부대로 들어가는 노화영. 도배만, 그 모습을 굳은 얼굴로 보고 있다.

5. 노화영의 사단장실 [낮]

도배만이 사단장실에 들어선다. 그 모습 뚫어지게 보는 노화영.

도배만	(경례하며) 대위 도배만, 군검사 복귀 신고합니다.
노화영	직속상관인 내가 재입대를 결재하지 않는다면 어쩔 거지?

도배만	이미 법정에서 보셔서 좀 늦은 감이 있지만… 허가해 주십시오.
노화영	(비웃는) 전역 신고 할 때 그 건방진 태도는 다 어디 가고 (하는데)
도배만	사과드립니다, 사단장님.
노화영	(보는)
도배만	(자신 있게) 사단장님도 아시다시피 4사단에서 노태남 회장을 가장 잘 아는 사람이 바로 접니다. 노 회장 군 생활 적응을 제일 잘 도울 수 있는 적임자 역시 저구요.
노화영	(보는)
도배만	1심은 이겼지만 아직 군단의 항소심도 남아 있고, 용문구 변호사는 민간인 신분에 불과하죠. 분명 군검사인 제가 할 일이 더 많을 겁니다.
노화영	(흥미로운) 그래?

하지만- 쉽게 믿을 수 없다. 도배만의 진위를 파악하듯 뚫어지게 보는 노화영.

노화영	다시 돌아온 진짜 이유가 뭐야?
도배만	제가 있어야 할 곳은… 오직 여기 군대라는 걸 깨달았습니다.
노화영	(반신반의하는 표정으로 보다가) 그만 나가 봐.
도배만	(나가려다 경례하며) 아드님의 무죄를 진심으로 축하드립니다.

돌아섬과 동시에 표정 확- 무섭게 돌변하는 도배만.

6. 보통군사법원 주차장 [낮]

양쪽 정병들의 경계 속에 신교대 복귀 차량으로 향하는 노태남. 뒤에서 거리 두고 따라가고 있는 용문구. 정병들이 노태남을 차량에 태우려고 하는데.

용문구	(정병들에게) 신교대 복귀하기 전에 잠깐 얘기 좀 나누겠습니다.

그 말에 정병들이 뒤로 물러서자 용문구가 노태남에게 고개를 숙인다.

용문구	어떻게든 회장님이 무죄가 되어야 했습니다. 이해해 주십시오.
노태남	나더러 군대 가라고 했을 때부터… 당신은 다 내다본 거야, 오늘 재판.
용문구	(묵묵히 보는)
노태남	재판 이기는 대가로 어머니한테 뭘 받았어요? IM 대표이사 자리 약속받았겠지? (소리치는) 날 지옥으로 내몰고… 그 자리 차지하려고 계획한 거잖아? 안 그래요?
용문구	…
노태남	(차가운) 날 무죄로 만들었을진 몰라도 당신은 날 잃었어! 영원히.

노태남, 차가운 얼굴로 차량에 탑승하더니 문을 쾅 닫아 버린다. 차창 너머 용문구의 씁쓸한 모습. 잠시 후, 용문구를 남겨 두고 떠나는 군용차량.

7. 법무참모실 [낮]

서주혁이 중앙에 앉아 있고, 양옆으로 앉은 도배만과 차우인.

서주혁	입만 열었다 하면 난 군인 아니다! 검사다! 외치더니 꼴 좋네. 꼴 좋아. 군검찰이 이렇게 맥없이 진 게 말이 돼? 되냐구?
차우인	…
서주혁	내가 법무참모라고 고갤 못 들고 다니겠어! 차우인 너 땜에!
차우인	(굳은 얼굴로 당당) 노선을 하나로 정해 주시죠. 재판 진 덕에 사단장님께 면은 섰다고 얼굴에 써 계십니다.

서주혁	(버럭) 뭐가 어째? (도배만 보며) 너 법무실 관리 이따위로 할 거야?
도배만	죄송합니다.
서주혁	(차우인에게 다시 소리 빽~) 너처럼 입바른 말만 하면서 말 안 듣는 꼴통이 상사를 얼마나 환장하게 만드는지 알아?
차우인	겉과 속이 다른 상사, 책임은 안 지고 성과만 가져가는 상사도 부하를 참 힘들게 합니다.
서주혁	(소리 고래고래) 야! 차우인! 너 대체 아버님이 누구니? 뭘 믿고 이래?
차우인	저는 이만 나가 보겠습니다.
서주혁	(경례하고 나가는 차우인 보며) 저 저… 아우… 아우!!!

차우인이 나간 뒤, 문이 닫히자 표정 확 환해져서-

서주혁	그럼~ 그럼~ 천만다행이지. 재판 이겼으면 어쩔 뻔했냐고? 근데 나, 좋아하는 거 티 났냐?
도배만	네, 많이.
서주혁	노태남 영창 갔으면 나도 지금 여기 없다. 암튼, 도 대위가 다시 돌아와서 얼마나 기쁜지 몰라. 내가 힘쓴 덕분에 사단장님하고 육본에서도 아무 말 없는 거 알지?
도배만	더 열심히 하겠습니다. (미소) 차 검사 군기는 제가 제대로 잡겠습니다.
서주혁	그래 그래. 아주 좋아. 굿이야.

8. 법무참모실 앞 복도 [낮]

복도로 나오는 도배만. 그때, 차우인에게 문자가 온다. 〈주소 찍어 줄 테니까 이쪽으로 오세요. 부대에서 멀지 않습니다.〉

9. 다방 아지트 앞 (낮)

핸드폰으로 지도 보며 아지트를 찾아가고 있던 도배만. 딱 멈춰 서면- 부대 근방에 있을 만한 낡고 허름한 건물이 보인다. 자음 몇 개가 떨어져 나간 간판.

도배만   (황당한 얼굴로 간판 보며) 여긴데… (건물로 들어가는)

10. 다방 아지트 (낮)

도배만이 다방 안으로 들어선다. 카운터의 팽 여사(40대)가 무료한 표정으로 커다란 사각 얼음을 작은 정으로 깨고 있다. 일반 다방과는 한참 다른 느낌이 드는데.

도배만   (일단 자리에 앉으며) 사장님, 주문할게요.
팽 여사 (무료하게) 키오스크 이용하세요.
도배만   (엥?) 키오스크요?

팽 여사, 턱으로 가리키는 쪽 보면- 한 구석에 커피 자판기가 떡하니 서 있다. 도배만, 황당한 표정으로 자판기를 쳐다본다. 그러고는 하는 수 없이 일어나 자판기 앞으로 다가간다. 동전을 넣으며-

도배만   특이하네, 여기.
팽 여사 (정으로 얼음 계속 깨면서 심드렁) 아이스도 됩니다.
도배만   네, 지금은 좀 추워서… 됐습니다.

커피 자판기에서 종이컵 커피를 뽑아 와 앉으면- 차우인과 강하준이 들어선다.

강하준	도 검사님, 다시 보게 돼서 반갑습니다.
도배만	우리 지난번에 말 놓지 않았나? 그것도 아주 험하게. 차 검 있다고 컨셉 잡는 거야? (차우인에게) 이 인간은 왜 데려왔어?
강하준	한 팀이니까.
도배만	(거슬려) 팀? 난 허락한 적 없는데.
강하준	허락이라… 순서를 잘못 알고 있네. 우리가 만든 판에 들어온 건 그쪽이야. 그걸 허락한 건 나고.
차우인	(둘의 기싸움을 심드렁한 표정으로 쳐다보는)
도배만	(차우인에게) 이런 데서 어떻게 작전 회의를 해? 딴 데 세팅해. 여긴 정말 아니다. (팽 여사를 보며) 저 아줌마도 듣고 있고…

그때– 강하준이 팽 여사를 한 번 휙 보자, 얼음 깨던 팽 여사가 다방 입구로 가더니 'CLOSE'를 걸고 문을 잠근다. 차우인, 자리에서 일어나 숨겨진 벽면을 밀어서 열자 새로운 공간이 드러나는데!

11. 다방 아지트 - 비밀의 방 (낮)

비밀의 방에 들어서는 도배만. 그의 시선으로 내부가 드러난다. 법무실 영상 조사실을 연상시키듯 미러창이 설치돼 있어 다방 홀을 내다볼 수 있다.

도배만	(감탄하며) 6년 동안 준비 많이 했네, 차우인.
차우인	강 대표 건물이라서 편하게 세팅했어요.
도배만	(끙… 거슬린다)
강하준	너무 부담 가질 필요는 없어. 우인이가 하자는 대로 만든 거니까.
도배만	(짜증 팍) 도대체 당신이 왜!!! 있어야 하는 거지?
차우인	강 대표는 제 오랜 협력자예요. 도 검사님께도 분명 도움이 될 겁니다.

강하준	(미소 보내는) 카운터 팽 여사님도 믿을 만한 사람이니까 의심 안 해도 되고…
차우인	앞으로 보안이 필요한 모든 회의는 여기서 진행하겠습니다. 바로 시작하죠.

마음에 안 들지만 애써 할 말을 참는 도배만. 차우인, 프로젝터를 켠다. '애국회'의 멤버들 얼굴이 뜬다.

차우인	애국회. 노화영이 소속된 육군 내 비밀 사조직입니다. 이재식의 아버지가 만들었죠. 한때 와해돼 사라진 걸로 알려졌지만 대를 이어서 군인이 된 이재식이 물려받았습니다.
도배만	(보는)
차우인	육군 인사에 깊이 관여해 주요 요직을 대물림하면서 군부 내 세력 확장을 해 왔고요.
도배만	애국회라…
차우인	저들의 탐욕이 도 검사님 부모님과 제 아버지 죽음을 불러왔습니다.

화면에 크게 뜬 노화영 사진.

차우인	노화영. 창군 이래 여군 최초의 투 스타 사단장. 육군본부에서 비서실장을 하며 참모총장인 이재식을 보좌해 왔습니다. 4사단 사단장에 취임하면서 애국회 서열 3위가 됐죠.
도배만	그럼 서열 1위는 이재식일 거고, 2위는?

화면에 뜨는 홍무섭(9, 10화 공관하사 사건) 사진.

차우인	홍무섭 중장입니다. 20년 전 도 검사님 부모님 사고 담당 군검

사였고, 수사를 무마시키는 데 일조했습니다.

도배만, 차우인의 말에 홍무섭 사진을 매섭게 본다. 차우인, 그런 도배만을 똑바로 보며.

차우인   현재는 육군 4군단장이자 노화영의 직속상관이면서 노화영 장군을 가장 경계하는 인물이죠.

도배만   왜지?

강하준   언제 서열이 바뀔지 모르니까. 그만큼 이재식의 노화영에 대한 신뢰가 강하다는 거지.

차우인, 이번엔 원기춘(7, 8화 지뢰 영웅 사건) 사진 가리키고-

차우인   원기춘 중령. 4사단 수색대대장입니다. 6년 전에 합류한 애국회의 막내.

도배만   원기춘 중령이라면… 지뢰 영웅이잖아.

차우인   네, 노화영의 말이 곧 법이고 목숨이죠. 애국회 안에서도 완벽한 노화영 라인입니다.

도배만   지뢰 영웅이 애국회라… 흥미롭네. 파 볼 구석도 있을 거고.

화면에 뜨는 허강인(4화 육사 동기) 사진.

차우인   허강인 준장입니다. 홍무섭 밑에서 부군단장을 맡고 있고요. 노화영과는 육사 동기이면서 라이벌 관계. 최근 들어 이재식이 노화영 쪽에 힘을 실어 주면서 애국회 내에서 입지가 약해져 가고 있습니다.

도배만   그 점을 이용하겠다는 소리로 들리는데?

화면에 뜨는 이재식 사진.

차우인	노화영에게 명령을 내릴 수 있는 유일한 사람. 며칠 후 국방부 장관 취임식이 열릴 예정이구요.
도배만	이거… 상상 이상으로 큰판이네.

용문구 사진도 뜬다. 도배만, 면면들을 강하게 쳐다본다.

차우인	용문구, 곧 애국회 멤버가 되지 않을까 싶습니다.
강하준	(도배만 보며) 그게 뭘 뜻하는 지 알아?
도배만	애국회 내에서 노화영의 입지가 점점 강해지고 있다는 거겠지. 자기 사람을… 그것도 민간인을 꽂은 거니까.
강하준	정답. 노태남 입대로 공석이 된 IM 디펜스 대표이사 자리를 용문구가 채우는 것도 오래전부터 계획된 일인 거지.
차우인	타락한 군인들이 가장 필요로 하는 건 돈이니까요.

'복수의 지도' 속 인물을 둘러보며 눈빛이 강해지는 도배만.

도배만	겹겹이 뒤엉킨 거미줄 속으로 날 데려왔네, 차우인.
차우인	거미를 잡는 방법은… 하나밖에 없어요. 거미줄째 뜯어내는 거죠.

12. 신교대 취사장 (밤)

훈련병들의 석식 시간이다. 노태남, 배식 받은 식판을 들고 앉을 자리를 찾는데, 모두가 노태남을 곁눈질한다. 식판을 테이블에 탁 내려놓고 앉는 노태남.두부, 콩자반, 버섯, 김치… 숟가락 들어 밥을 먹으려는데- 앞에 앉아 밥을 먹던 훈련병, 노태남 보더니 '히죽' 웃는다. 놀리고 싶은 마음 가득한데-

훈련병	(제 아랫도리 찰싹 때리며) 아우… 이놈이… 시도 때도 없네. (노태남 식판에 담긴 콩자반 수저로 담아 입에 넣으며) 콩이 이놈을 잠잠하게 만드는 특효약이거든~ 넌 안 먹는 게 좋으니까 내가 먹어 주마.

그러자- 주변 훈련병들이 모두 노태남 힐끔거리며 키득거리고- 일제히 콩을 한 숟가락씩 입에 넣는데, 얼굴 일그러지며 숟가락 던지는 노태남.

노태남	(분노 올라오는) 뭐야, 니들. 왜 쪼개? 응? 콩밥이나 많이 처먹어! 이 군바리 새끼들아!!

그 말에 결국 밥알 튀어나오도록 킥킥 웃음 터트리는 훈련병들. 그때 빨간 모자 조교가 다가오더니 뚜껑 덮인 큰 접시를 노태남 테이블에 턱 내려놓는다.

조교	13번 훈련병, 특식이다!

'우와' 하는 함성~ 훈련병들 모두가 기대에 찬 얼굴로 몰려든다. 노태남, 반신반의하는 얼굴로 접시 뚜껑 열면- 살아 있는 장어 한 마리가 펄쩍거리며 튀어 오른다. 으아아! 놀라서 뒤로 자빠지는 노태남. 취사장 바닥을 팔딱거리며 활개치는 장어. 신난 훈련병들, 서로 장어를 잡으려고 난리 부르스.

조교	(장어를 들이밀며) 젤 큰 놈으로 골랐다. 먹고 이만큼만 솟아라!

훈련병들 와하하- 웃음바다가 된다. 노태남, 굴욕과 분노로 시뻘게지는 눈동자.

13. 신교대 생활관 [밤]

모두가 취침 중이다. 노태남은 울분에 잠 못 이루고 있다. 모포를 걷어차고 일어나는데.

14. 신교대 생활관 화장실 [밤]

소변을 보려는 노태남. 계속 서 있는데- 물줄기가 나오지 않는다. 어쩔 수 없이 세면대 물을 벌컥벌컥 들이키고 다시 소변기 앞에 서 봐도 나오지 않는다.

노태남   (고통) 아, 벌써 이틀째… 안 나와… 미칠 것 같아.

그때 '불침번' 완장을 찬 훈련병이 쓰윽 들어오더니 바로 옆 소변기에 선다.

불침번   (곁눈질로 옆을 쓰윽 보더니) 잘 안 나오냐?
노태남   (일그러진 얼굴로 보는)
불침번   오줌발 그거… 멘탈 문제야. (키득) 너 조루라며…
노태남   (분노 솟구치는) 이 새끼가… 너 지금 뭐라고 했어?

노태남, 참지 못하고 불침번에게 주먹을 날리려는데- 불침번, 가볍게 피하더니 노태남의 다리를 넘어뜨리고 밟아 누른다.

불침번   (개무시) 니가 밖에선 회장일지 몰라도 여기선 아무것도 아니야! 알겠냐? 요만한 새끼야!!

발로 퍽퍽퍽- 속수무책으로 당하는 노태남의 얼굴에서.

15. 신교대 생활관 복도 [밤]

화장실에서 터진 입술로 걸어 나오는 노태남. 돌아 버리고 미칠 듯한 얼굴이다.

노태남   여기 더 있다가는 미치거나 죽을 거야. 방법, 방법을 찾아야 돼.

취사병들이 냉동 탑차에서 식자재를 내리고 있는 모습이 보인다. 누군가 '담배나 피우러 가자.'라며 탑차 냉동 칸 문을 활짝 열어 둔 채로 모두 사라진다. 그 모습 보는 노태남의 눈이 번쩍!

16. 노화영의 관사 [밤]

소파에 앉아 휴식을 취하는 노화영. 양 부관이 택배 상자를 들고 들어선다.

양 부관   노태남 훈련병 장정 소포입니다.

상자를 놓고 나가는 양 부관. 노화영, 상자를 열면- 노태남이 입소 때 입었던 옷과 신발, 실크 수면 안대, 실크 잠옷, 화려한 약통, LED 마스크, 샤워 가운, 대용량 향수, 아이패드, 고급 향초… 보인다. 노화영, 어이없는 눈으로 물품들을 들춰 보다가- 그 안에 놓인 편지 한 통을 펼쳐 보는데-

노태남 [E]   어머니와 용 변호사가 시킨 대로 군대에 왔지만…

17. 신교대 취사장 앞 - 냉동 탑차 화물칸 [밤]

같은 시각. 냉동 탑차 화물칸에 몰래 숨어드는 노태남. 엄청난 냉기가 와락 덤벼들자 얼굴을 감싸 쥐며 고통스러워한다. 그 위로-

노태남 (E)　여긴 사람이 살 수 없는 지옥 그 자체… 제가 상상한 그 이상… 이런 곳이 이 나라에 존재한다는 게… 믿어지지 않습니다, 어머니.

쩍쩍 얼어붙는 손가락으로 생선 상자를 앞으로 밀어 앉을 공간을 만드는 노태남. 필사적이다! 냉동 칸 사각지대에 몸을 깊숙이 숨기자 냉동 칸이 쾅- 닫힌다.

18. 신교대 위병소 [밤]

신교대 위병소 앞에 멈추는 냉동 탑차. 위병조장들이 냉동 칸을 열어 본다. 대충 둘러보더니 통과시키는데.

노태남 (E)　군대 짬밥보다 감옥 밥이 더 잘 나오는 이유는 감옥엔 재벌들이 많이 가지만, 군대는 재벌들이 절대 가지 않기 때문이라고 하더군요.

19. 냉동 탑차 화물칸 [밤]

산길 도로를 달리고 있는 냉동 탑차. 냉동 칸에서 파래진 입술로 추위에 덜덜 떨고 있는 노태남. 냉동 인간 수준이다. 하지만 탈영하겠다는 일념에 눈빛만은 형형하다.

노태남 (E)　(울분) 생판 처음 보는 놈들이랑 같이 먹고 자고 씻고… 가장 참을 수 없는 건 아침마다 울리는 기상나팔 소리!

20. 노화영의 관사 [밤]

노태남 (E)　매일매일 똑같은 일과가 반복된다는 게 돌아 버릴 것 같습 (하는데)

편지글이 갑자기 끝난다. 짜증 솟구친 노화영이 편지를 확- 구겨 버린 것. 그때, 양 부관이 들어온다.

양 부관	신교대장 왔습니다.
노화영	이 시간에? (잠시) 들어오라고 해.

들어오는 신교대장, 잔뜩 주눅 든 얼굴로 노화영 앞에 선다.

노화영	무슨 일이야?
신교대장	노태남 훈련병에게 문제가 좀 생겼습니다.
노화영	문제? (신교대장이 머뭇거리자 버럭) 뭘 꾸물거려? 당장 보고해!
신교대장	노태남 훈련병이… 탈영을 했습니다.

순간- 머리를 맞은 표정인 노화영.

신교대장	조교들로 수색대 편성해서 부대 내부와 외부, 샅샅이 찾았습니다만.
노화영	(냉정하려고 애쓰며) …확실한 거야?
신교대장	네, 탈영이 확실합니다. (잠시) 어떻게 할까요?
노화영	(결심하고) 원칙대로 처리해.
신교대장	(당황) 네? 정말… 그렇게 해도…
노화영	노태남 훈련병이 내 아들이라고 해서 훈련 중에 특혜를 준 적이 있었나?
신교대장	(당당) 없습니다. 결단코 없었습니다.
노화영	이 일도 마찬가지야. 똑같이 처리해.
신교대장	…알겠습니다.
노화영	다만…
신교대장	(멈칫) !!
노화영	조만간 이재식 국방부 장관님 취임식이 있어. 우리 국군의 가장 큰 행사를 앞두고 일개 병사의 일탈이 60만 국군장병의 사기 저하로 이어져서는 안 돼. 군의 위신이 걸린 문제야.

신교대장	무슨 말씀이신지 잘 알겠습니다, 사단장님.
노화영	그래. 나가 봐.

신교대장, 경례하고 나가자- 노화영, 머리끝까지 솟아오르는 분노를 억누를 수 없다. 상자를 바닥에 내팽개쳐 버리는데- 쏟아지는 노태남의 물건들.

21. 용문구의 로앤원 집무실 (밤)

용문구, 의자에 앉아 관자놀이를 누르며 피로를 풀고 있다. 울리는 핸드폰. '노화영'이다.

용문구	네, 장군님.
노화영 (F)	(무겁게) 태남이가 탈영을 했어.
용문구	(당혹 그 자체) !!! (그러다) 지금 바로 가겠습니다.

핸드폰 내리는 용문구, 두 눈을 질끈 감는 데서-

22. 노화영의 관사 (밤)

용문구가 급하게 들어선다. 미동 없이 소파에 앉아 있는 노화영. 바닥에 떨어진 노태남의 물건 상자를 보는 용문구.

노화영	재판에서 태남이 수치를 밝힌 게 불가피한 선택이었다고 했지?
용문구	(어두운) 노 회장이 상심할 것까지 챙겼어야 했는데 승소만 생각한 제 불찰입니다.
노화영	신교대장한테는 알아듣게 얘기해 뒀어.
용문구	네… 시간을 벌어 주셨군요.
	노화영, 잠시 생각한다. 그러더니-

노화영   도배만을 활용해. 독기가 잔뜩 올라 돌아왔던데… 가치를 증명
하려 뭐든 하겠지.

용문구   (수긍하며) 군경 DP가 끼어들어 일이 커지느니 제 사람을 쓰는
게 낫죠.

23. 야산 아래 민가 (밤)

최대한 얼굴을 가리고 주변을 경계하며 걸어가는 노태남. 추위
에 사색이 된 모습. 야트막한 담을 넘어 민가 마당에 착지. 건조
대에 걸린 옷가지 중 입을 만한 걸 걷는다. 다시 담을 넘어 어둠
속으로 사라지는데-

24. 공사장 앞 (밤)

민가에서 훔친 얇은 내복과 몸뻬 바지를 입은 노태남. 재벌회장
은커녕 처참한 거지꼴이다. 추위에 꽁꽁 언 얼굴. 입김이 펄펄~
오돌오돌 떨며 숨을 곳을 찾는데- 멀리 공사판 불빛이 보인다.
각목으로 불 피운 드럼통에서 몸을 녹이고 있는 인부들. 노태남,
와락 달려가 인부들 사이를 비집고 불을 쬔다.

노태남   (눈물 날 정도) 아… 따뜻해… 이제 좀 살 거 같다…

인부 가운데 외국인 노동자 하나가 노태남을 보더니-

외노자   (노태남 거지꼴 보고) 오… 푸어(Poor) 보이. (주머니에서 천 원 건네
며) 먹어… 싸발… 면… (먹는 시늉) 사 먹어…

노태남   뭐? (열받는) 너, 내가 가진 돈이 얼만 줄 알아? 내가 IM 회장이
라고!

그 말에 옆에 있는 인부들, '돌았구나.' 하면서 키득거리고-

외노자   (더 측은한) …보이… 오늘 잘 데 있어? 우리 여보한테 물어보
         고… (핸드폰 꺼내는데)

         노태남, 핸드폰을 보자 눈 돌아가며- 확 빼앗는다!

노태남   (반갑) 나 이거 한 통만 쓰자! (하다가 허세 솟는) 너 나 거지 취급
         했지? 그래, 전화기 한 번만 빌려주면 당장 계좌로 1억 쏴 줄게!

         노태남 사라지고, 남은 인부들도 하나둘 자리 뜨고- 노동자 핸드
         폰에 문자가 온다. 〈입금-100,000,000〉, 노동자 눈 커지는 데서-

25. 국군 교도소 [낮]

         퍽퍽- 주먹으로 벽을 치고 있는 안 병장. (1화 황제복무 사건) 그
         위로-

플래시백_____

         1화 49신이다.

도배만   학폭으로 사람 죽이고 이름 개명하고, 군 생활 착실히 하면 과
         거가 세탁될 거라고 생각했어? 세상은 그리 만만하지 않아.

         달려드는 안 병장의 목을 잡아 테이블에 눌러 버리는 도배만.

         다시 현재. 주먹에 피가 맺힌다. 시간이 갈수록 더해 가는 도배
         만에 대한 분노. 그때-

교도병   안수호, 면회다!

26. 국군 교도소 가족 접견실 [낮]

안 병장이 접견실에 들어서면- 도배만이 앉아 있다. 순간, 눈이 튀어나오는 안 병장.

안 병장   감히… 니가 여길 왜 또 와?

도배만   니 덕분에 사이다 군검사로 방송도 타고 스타 됐지. 그땐 고마웠다.

안 병장   (절규) 너 때문에!!! 우리 아버지 (하는데)

도배만   (끊고) 평생 다니던 은행에서 쫓겨난 것도 모자라 그 은행에서 전재산 차압 들어오고… 아들 잘못 키운 업보를 늦게라도 받으셨더라.

격분한 안 병장, 박차고 일어나 도배만의 멱살을 잡는다. 놀란 교도병이 들어오자 제지하는 도배만. 교도병, 밖으로 나가면 잡힌 멱살을 힘으로 뿌리친다.

안 병장   나 두 달 있으면 나가. 나가면 넌 내 손에 죽어.

도배만   두 달? 너무 긴데. (미소) 그 전에 나가게 해 줄게.

안 병장, 악!!!! 더 미친 듯이 버럭. 접견실의 끝과 끝을 오가며 방방 뛴다.

안 병장   이 새끼가 아직도 사람을 가지고 놀아?

도배만   그래… 못 믿겠지. 여길 들여보낸 놈이 하는 말이니까. 며칠 후에 니 앞으로 선물이 하나 도착할 거야.

안 병장   (절규) 너… 자꾸 개소리하면 (하는데)

도배만   풀어 보면 나한테 연락하고 싶어 미쳐 버릴 거다.

안 병장   그게 뭔 소리냐고! 이 개새끼야!

바로 대답해 주지 않고 팔짱 끼고 보는 도배만인데-

27. (교차) **국군 교도소 주차장 + 용문구의 로앤원 집무실** (낮)

면회를 마치고 밖으로 나오는 도배만. 핸드폰이 울린다. '용문구'다. 마치 예상했다는 듯 입꼬리 쓰윽 올리더니 받는다.

도배만   절 찾는다는 건 뭔가 일이 터졌다는 거고… 그 일에 제가 필요하시단 얘기겠죠?

용문구 (F)   노 회장이 탈영을 했어.

도배만, 자신의 차로 걸어가며 통화를 계속한다.

용문구 (F)   전혀 놀라질 않는군.

도배만   저보다 더 노 회장을 모르시네요.

용문구 (F)   자넨 예상했다는 거야?

도배만   군대 안에서 노태남 회장은 경주맙니다. 땅- 출발 신호에 언제든 튀어 나갈 준비가 되어 있는 경주마. 탈영 기회만 생기면 뒷감당이고 뭐고…

용문구 (F)   …

도배만   잠시도 더는 못 있겠다… 붙잡혀도 어머니가 알아서 해 주겠지 하면서 군대 담장을 넘었겠죠. 잡혀 봤자 군대 감옥이고.

용문구 (F)   …

도배만   감옥 같은 군대, 군대 같은 감옥인데 노 회장한테 무슨 차이가 있겠습니까?

용문구 (F)   (피식) 자네가 군검사라는 사실을 내가 자주 잊는군.

차 앞에 도착한 도배만. 삑삑- 문 열리자 차에 탑승하며.

도배만	아직 법무실에 탈영 소식이 없는 걸로 봐선… 잘 틀어막고 계시네요.
용문구 (F)	그래.
도배만	일이 커지기 전에 움직여야겠습니다. 사단장님과 변호사님을 위해서라도 노 회장 꼭 찾아오죠.

의미심장한 표정으로 핸드폰 끊는 도배만, 시동 걸곤 곧바로 출발하는데-

28. 강스 솔루션 연구소 [낮]

차우인이 들어서면- 강하준이 급하게 다가온다.

강하준	그거… 확실한 정보야?
차우인	밤사이 신교대가 뒤집어졌어. 훈련병 하나가 사라져서.
강하준	그 훈련병이 노태남이라고?
차우인	(고개 끄덕이는)
강하준	혼자 온 거야? 도배만은 어딨어?
차우인	모르겠어. 오늘 하루 종일 연락 두절에 외근 중이야.
강하준	만일… 알고 있는데도 우리와 정보를 공유하지 않는 거면…
차우인	…
강하준	답은 하나지. 그 자식, 딴생각을 품고 있는 거야.

잔뜩 굳어 있는 차우인의 얼굴에서-

29. 신교대 위병소 [낮]

도배만이 운전하는 차량이 위병소를 통과한다.

30. 신교대 연병장 (낮)

연병장에 멈춰 서는 차량. 선글라스 걸친 도배만이 차에서 내린다. 대기하고 있던 신교대장과 빨간 모자 조교가 부리나케 달려온다.

도배만 (신교대장에게 건성으로 경례하며) 충성~ 대위 도배만입니다. (조교 보며) 넌 (누구) ?

조교 (엄청 쫄아서) 제가 노태남 훈련병한테 장난을 좀 쳤습니다.

도배만 (확 손 올라가려다 참는) 너 또 그러면… 나한테 죽는다!

조교 (고개 허리까지 숙이며) 죄송합니다, 군검사님!

도배만 노태남 탈영 사건 제대로 처리 못 하면… (신교대장 보며) 신교대장님은 그날로 군 생활 끝나시는 거고 (조교 군모 잡아당기며) 넌 그날로 군 생활 새로 시작이야, 영창.

신교대장, 조교 (얼굴 확 어두워지는) !!

도배만 (조교에게) 넌 가 봐.

경례하고 재빨리 가는 조교. 도배만과 신교대장만 남는다.

도배만 (날카롭게) 탈영 관련해서 사단장님한테 특별 지시 받으셨습니까?

신교대장 지시? (잠시) 아니, 사단장님은 오히려 FM대로 처리하라고 하셨네.

도배만 탈영 수색했던 조교들 입단속은 전적으로 신교대장님 판단이라는 거죠?

신교대장 (억지로) 그래, 내 판단이야.

도배만의 입가에 아쉬움이 살짝 묻어난다.

31. 신교대 생활관 (낮)

텅 빈 생활관. 침상에 턱- 올라오는 도배만의 군홧발.

도배만	훈련병들은?
조교	교육 훈련 때문에 교정에 나가 있습니다. 16시 복귀 예정입니다.

침상을 뚜벅뚜벅 걷더니 노태남의 자리인 '13번 훈련병' 관물대 앞에 멈춰 서는 도배만. 재벌 회장이란 직책과 무색하게 다른 훈련병들과 똑같은 소지품들. 수양록에 끼워 둔 사진들을 끄집어내는 도배만. 한 장씩 펼쳐 보면– 볼트를 끌어안고 있는 사진뿐이다.

32. 용문구의 로앤원 집무실 (낮)

도배만이 노태남의 흙투성이 활동복을 테이블에 올려놓는다. 그 앞에 용문구가 앉아 있다.

도배만	부대 근방 민가에서 찾았습니다.
용문구	(활동복에 새겨진 노태남의 13번 번호 확인하는) 음…
도배만	(태블릿 밀어 주며) 이건 신교대에서 받아 온 CCTV 영상이구요.

용문구, 태블릿을 재생하자 취사장 쪽 CCTV 영상이 재생된다. 17신, 노태남이 냉동 탑차로 뛰어드는 모습이다!

도배만	탑차 운전병이 이동 중에 냉동 칸에서 소리가 나서 차를 세웠고, 냉동 칸을 열어 보니… 그다음은 예상되시죠?
용문구	(태블릿 끄는)
도배만	아시겠지만… 우리나라는 국방부 장관이 바뀔 때마다 탈영병들에게 복귀 명령 공고를 냅니다. 다시 말해 탈영은 공소 시효가 없단 얘기죠.
용문구	죽을 때까지 탈영병 딱지가 붙지.

테이블에 와인 상자(나무 박스)를 올려놓는 용문구. 열어 보면-
5만 원권으로 가득하다.

도배만 이번 건을 시작으로 재계약입니까?
용문구 지난 5년 간 서로의 능력을 알았으니까 이제 계약서 같은 건 필
        요 없어. (보는) 그게 진짜 아닌가?

그때 도배만의 핸드폰이 울린다. 액정에 찍힌 '차우인'. 도배만,
핸드폰 아예 꺼 버리더니 (복귀 전처럼) 돈 냄새를 맡아 본다. 그
러더니-

도배만 돈이 원하는 게 뭔지 아십니까?
용문구 (보는)
도배만 더 많은 돈이죠.
용문구 (피식) 더 노골적이 돼서 돌아온 거야? 아니면 돌아와서 더 노골
        적이 된 거야?
도배만 (일어나며) 노 회장 핫라인 지인들 정보나 주시죠. 군대 밖으로
        나갔었다는 사실조차 모르게 되돌려 놓겠습니다.

33. 로앤원 로비 (낮)
와인 박스 옆구리에 끼고 로비로 나오는 도배만. 다시 핸드폰이
울린다. 받아 들면-

차우인 (F) 어디십니까? 전화도 꺼 놓으시고.
도배만   아까는 좀 통화가 곤란한 상황이었어.
차우인 (F) 장소가 곤란했나요? 만나는 사람이 곤란했나요?
도배만   상사가 그런 거까지 일일이 보고해야 되나?
차우인 (F) 와인 박스가 꽤 무거워 보이네요.

그 말에 화들짝 놀라 돌아보는 도배만. 차우인이 다가오고 있다.
서로 통화하던 핸드폰 내리고 마주 서는 두 사람.

차우인	(와인 박스 보며) 용문구한테 받은 와인이라…
도배만	지금 나 미행한 거야? 앞으로 같이 가기로 한 거 아니었나?
차우인	제가 묻고 싶은 질문입니다. 우리… 목적이 같지 않았습니까?
도배만	(보는)
차우인	노태남 탈영, 알면서 왜 곧바로 말하지 않으셨습니까?
도배만	(멈칫) !!

그때 로비에 몰려드는 사람들.

차우인	나가서 얘기하시죠.

34. 로앤원 밖 [낮]

로비에서 나오자마자 바로- 마주 서는 두 사람.

도배만	난 용문구한테 들었는데, 차 검은 어떻게 알아냈지? 노태남 탈영.
차우인	지금 그게 중요합니까?
도배만	난 말했잖아. 차 검도 정보 출처를 알려 줘야 내가 믿지. 안 그래?
차우인	(어쩔 수 없이) 신교대 PX에 문구류 납품하는 회사가 있습니다.
도배만	아하~ 그 회사 담당자한테 알아냈다? 돈 좀 먹여서?
차우인	아닙니다.
도배만	그럼?
차우인	그 회사를 인수했습니다.
도배만	(헉) 뭐? 노태남이 잠깐 있는 동안 정보 하나 얻겠다고 회사를 사?
차우인	문제 있습니까?
도배만	(기가 찬) 아니다. 문제를 너무 못 느끼니까… 내가 작아진다, 쩝…

차우인	돈은 그럴 때 쓰라고 있는 겁니다. (잠시) 이젠 질문에 답해 주시죠. 왜 노태남 탈영을 말하지 않았는지.
도배만	내 말 벌써 잊었나? 니 사냥개가 되어 준다고 했던 말.
차우인	(보는)
도배만	재판으로 빠져나간 노태남, 이번엔 못 빠져나가게 너한테 준 거다.

도배만, 팔짱 딱 끼고 씨익- 뿌듯한 미소 짓는다. 차우인, 알아차렸다.

| 도배만 | 노태남, 내가 탈영하게 만들었어. |

35. 시골 국도 (낮)

국도 주변으로 쫙 깔린 논밭. 주위를 경계하고 있는 노태남(23신에서 훔쳐 입은 옷차림). 멀리서 요란한 엔진 소리를 내며 스포츠카가 엄청난 속도로 달려오고 있다. 노태남 바로 앞에 드리프트하며 딱 멈춰 서는 스포츠카. 차창 열리자 보이는 멀대. (1화의 알렌 친구)

멀대	(코 막는) 아우, 냄새. (킥킥) 패피 태남이 형도 군바리 되니까 별 수 없네~ 누가 형을 재벌 회장으로 보겠어?
노태남	(올라 타며) 빨리 출발해! 빨리!

부아앙- 굉음 내며 출발하는 스포츠카.

36. 멀대의 차 안 (낮)

시원하게 질주하는 스포츠카.

| 멀대 | 형 군대 토꼈냐? 훈련병이 어떻게 나와? 나도 면제라 잘은 모르 |

지만.

노태남　(눈 감고 시트에 기대며 한숨 돌리는) 휴~

멀대　아아~ 알았다! 장군 엄마 찬스 쓰고 휴가 나왔구나? 재판도 이기고 군대도 째고~ 형 역시 진짜 클라스 쩐다~

노태남　입 다물어라! 나 지금 돌아 버릴 거 같으니까!

멀대　(표정 보고) 헉! 설마… 혹시 진짜 탈영한 거야? 영창 가려고 환장했어?

노태남　(분노) 영창? 좋아하네. 내가 군댈 다시 들어갈 거 같애?

노태남, 멀대의 핸드폰을 집어 들더니 검색을 해 본다. '노태남' 딱- 터치하는데 별다른 기사가 나오지 않는다. 입가에 번지는 미소.

노태남　암 것도 안 뜨네. 역시 우리 엄마 노화영 장군님. 아닌가? 이건 용문구가 막고 있나? (그러다 퍼뜩 생각나서) 볼트? (차 안 두리번거리며) 볼트 어딨어? 볼트? 설마 트렁크에 태웠어?

멀대　미쳤어? 개 태우면 냄새 나. 이 차가 얼마 짜린데…

코 막으며 향수 찍찍- 뿌리는 멀대. 노태남이 다짜고짜 주먹을 날린다. 퍽-

노태남　내가 볼트 데려오라고 신신당부했어? 안 했어?

멀대　(열 확 받는) 탈영하더니 진짜 돌았어? 도와주려고 온 사람을 쳐? 그깟 개새끼 하나 안 데려왔다구 이래?

노태남　(개새끼라는 말에 눈 돌아가는) 뭐 개새끼? 개새끼이? 야, 차 세워!!!

노태남, 시동 버튼을 끄려고 시도하는데- 멀대, 기겁하면서

멀대	지금 운전 중이잖아! (하다가 폭발) 신고하까? 응? 사단장 아들이 탈영했다고 신고해 줘?
노태남	(소리 빽) 너 당장 안 세워!!
멀대	탈영병 주제에 개까지 데리고 어떡하려고? 응?
노태남	(맞는 말) 아우… 아우…

분노 주체 못 하고 보조석 내리치는 노태남의 모습에서-

37. 다방 아지트 [낮]

화면 가득 놀라는 강하준의 얼굴.

강하준	도 검사가 노태남을 탈영시켰다고?
차우인	(도배만 보며) 자세히 좀 말해 주시죠.
도배만	(뻐기며) 신교대 조교가 나한테 신세를 진 적이 있었는데… 노태남 좀 자극해 달라니까 지가 알아서 해 줬던 거고. 냉동차 문 닫은 것도 개고.

플래시백_____

17신 다음 상황이다.

- 냉동 탑차에 뛰어드는 노태남을 거리 두고 보고 있는 조교. 잠시 후, 직접 다가가 탑차 냉동 칸 문을 '쾅' 하고 닫아 버린다.
- 떠나가는 냉동 탑차를 보며 핸드폰 꺼내 '도배만 군검사님'에게 연결한다.

조교	(핸드폰에 대고) 임무 완수.

다시 다방 아지트. 한쪽에 TV가 켜져 있다.

강하준	그럼 지금 노태남은 어디 있는 거야?
도배만	(또 거슬리는데…) 어디 처박혀 있는지는 나도 몰라.
강하준	기껏 탈영시켰는데… (도배만 보는) 아쉽네.
차우인	오히려 탈영시키는 게 어렵지, 잡는 건 쉬운 일이야.
도배만	내 말이! 그래 차우인이면 가능하지!
강하준	앞으로 그런 일 할 거면 나한테 먼저 말해. 사람 몸에 붙이는 추적 장치는 우리 회사에 널리고 널렸으니까.
도배만	(눈 번쩍!! …그러나 무시) 군검사는 그런 거 사용 안 하지.
차우인	그런데… (도배만 보며) 대체 노태남 탈영을 왜 계획한 겁니까?

도배만, TV에 '이재식 국방부장관 취임식' 관련 뉴스가 자막으로 나가고 있는 걸 본다. 도배만의 시선에 따라 TV를 보는 차우인, 강하준.

도배만	노태남 탈영으로 타오른 불씨를 노화영에게 옮기는 거지.

38. 클레이 사격장 (낮)

'애국회' 멤버들이 모여 있다. 이재식, '탕' 첫 발을 쏘는데- 빗나간다.

이재식	(크게 껄껄) 이런… 이런… 이젠 과녁이 나를 피하네. 섭하구먼. (셀프 디스) 목표에 총을 맞히지 못하는 군인은 군인이 아니지.
허강인	아니죠. 과녁을 바꾸셔야 할 때가 온 겁니다. 장관이 되셨으니 총구를 정치 쪽으로 돌리시면 되지 않겠습니까?
이재식	(흡족하게) 내가 그 과녁은 잘 맞힐 자신이 있어.
홍무섭	이제 내일이 우리 모두가 고대하던 장관님 취임식 아닙니까?
원기춘	아무 걱정 마시고 정치에만 힘써 주십시오 (노화영 보면서) 대한민국 최전방엔 우리 막강한 노화영 사단장님이 계시니까요.

이재식, 노화영 보는데-

이재식 태남이 재판도 잘 해결됐고. (보는) 이젠 사고 같은 거 치지 않아야 할 텐데 말이야? 잘 적응 중이지?

노화영 (태연하게) 네, 장관님. 태남이 걱정은 이제 안 하셔도 됩니다.

이재식 그래야지. (매섭게) 이젠 자식이 아니라 부하야.

노화영 (강한) 군인은 상관이 모든 책임을 지는 거죠.

이재식 (회한에 젖는) 세월이 참… 예전엔 말이야. 군인이 민간인을 재판하기도 했잖아? 그런 시절도 있었는데. 요새는 군인이 직업 그 이상도 이하도 아니야.

노화영 군인은 직업이 될 수 없습니다.

이재식 (보는)

노화영 신분이죠. 영원히 변할 수 없는…

이재식 (대만족) 역시! 화영이 넌 내 진정한 부하다! (과장되게 반말) 화영아~ 실력 한번 보자!

탁- 정확한 자세로 클레이 소총을 어깨에 견착하는 노화영. 방아쇠울에 중지를 넣어 원반을 정확히 맞힌다. 멤버들, 과장되게 환호하는데.

39. 고급 술집 [밤]

말끔해진 얼굴과 명품 슈트를 차려입은 노태남. 어두운 조명임에도 모자와 선글라스로 얼굴을 가렸다. 멀대와 술을 마시고 있는데-

노태남 (테이블에 있던 멀대의 차키 집으며) 차는 당분간 내가 쓴다.

멀대 형, 대체 어떡할라구? 계획은 있어?

노태남 며칠 호텔에서 자면서 군바리 물 좀 빼고 생각해야지.

멀대	알렌 새끼는 실형 나와서 인생 종쳤던데⋯ 형은 군대로 토껴서 그나마 한숨 돌리고 있는 줄 알았지.
노태남	⋯
멀대	딴 새끼들은 전번도 다 바꾸고 잠수 탔어. 의리 없는 새끼들.
노태남	(듣다가) 너⋯ 옛날에 흥신소 애들이 일 봐줬다고 했지?
멀대	흥신소가 아니고⋯ (아 참 나) 내가 아무나 상대하는 거 봤어? 오직 재벌만 상대하는 상위 1% 해결사들이라구.

멀대, 지갑에서 명함 꺼내 테이블에 올려놓는다. 하얀 눈이 쌓인 바닥에 기괴한 형태의 붉은 한자로 〈雪惡天地〉라고 쓰여 있다. 〈당신의 분노유발자를 영원히 재워 드리는 상위 1%〉- 핏자국으로 흘려 쓴 글씨체.

40. 설악의 사무실 앞 (낮)

다음 날이다. 설악의 사무실이 보이고 기괴한 글씨체로 〈雪惡天地〉라고 쓰여 있다. 스포츠카가 멈추더니 선글라스 낀 노태남이 내린다.

41. 설악의 사무실 (낮)

마치 스타트업처럼 세련되고 힙해 보이는데- 살벌한 소품들이 즐비하다. 부하가 까무잡잡한 표범 느낌의 남자(흑범)를 데리고 들어온다.

설악 부하	그때 말씀드린 놈이 이놈입니다, 북한 군인 출신.
흑범	흑범이라고 합니다. 973 부대에서 호위 사업했시요.
설악	호위 사업?
흑범	최고 사령관 경호를 맡았습네다.
설악	(눈 커지는) 최고 사령관이라면⋯ 김 위원장?

흑범	경호할 때 누구든 3초 이상 쳐다보면 바로 방아쇠 당겼습네다.
설악	아따, 몽타주하고 경력은 프리패스 각이네. 그라도 시범 함 보여 봐라잉.
흑범	(위압) 내래 오디션 같은 건 생각없시오.
설악	그라믄 허는 수 없제. 나는 주둥이에서 나온 말은 안 믿어. 오직 눈으로 본 것만 통허니께. 그만 나가 봐!

담배 입에 물고 착- 라이터 꺼내 담뱃불 붙이려는 그 순간 잽싸게 군용 나이프를 꺼내 전광석화 같은 속도로 가르는 흑범. 설악 입에 물린 담배가 절반으로 댕강 잘린다.

| 설악 | (감탄) 이제부터 나 경호혀. (부하에게) 연봉 협상허고 근로 계약 체결해! |

그 위로-

목소리 (E)	여기 설악산이 누구야?
설악	설악사아안? 식전 댓바람부터 어떤 새끼가 귀한 존함을 혓바닥에 올려?

설악, 발끈하며 돌아보는데- 선글라스를 낀 노태남이 들어오고 있다.

설악	몽타주가 심하게 익은데… (하다가 허거걱!) 어라, 노태남… 회장님?
노태남	(소파에 앉으며) 알아보네.
설악	(정중) 헌데 시방 지금 군대에서 뺑이치고 계셔야 하는 거 아닙니까?

그 말에 가까이 와 보라는 의미로 손짓하는 노태남. 설악이 얼굴을 가까이 댄다.

노태남   (귓가에 속삭이는) 탈영했거든. 나, 탈영병이야!
설악   (입 벌어지며) 헉, 타… (입 못다무는)
노태남   그래서 말인데… 내가 일 하나 맡길까 하는데…

42. 부대 연병장 (밤)

연병장에 서서 밤바다를 보고 있던 도배만. 잠시 후, 차우인이 다가와 옆에 선다.

도배만   노태남 라인 중에 한 놈이 들어왔어. 그날 카드 쳤던 멤버 중 하나니까 파 보면 뭔가 나올 거야.
차우인   네, 알겠습니다.
도배만   (바다에 시선) 이번 일에 차 검은 빠지지 그래?
차우인   (보는) 네?
도배만   딴 사람 보내.
차우인   누구 말입니까?
도배만   이런 일 처리하는 전문가.

그 말에 잠시 생각하다가 슬며시 입가에 미소 지어지는 차우인인데-

43. 고급 술집 (낮)

대낮부터 여자들과 노닥거리고 있는 멀대. 핸드폰에 문자가 온다. 터치하면- 〈어머~ 주차하다 범퍼를 박았네요. 이거 견적 좀 나올 거 같은데… 어쩌죵?〉

| 멀대 | (얼굴 확 일그러지며) 왁! 대체 어떤 년이야? 그게 얼마짜린데!

테이블에 놓여 있던 차키를 집어 들더니 자리 박차고 나가는데-

44. 고급 술집 주차장 (낮)

씩씩거리며 자기 차 앞에 멈춰 서는 멀대. 범퍼는 멀쩡하다! (노태남 태운 차와 다른 차)

| 멀대 | 뭐야? 어딜 박았단 거야?

그때- 뒤에서 또각또각 소리 내며 걸어오는- 빨간 머리 선글라스의 차우인. 멀대에게 다가가더니- 바로 목을 잡아채 범퍼에 퍽- 박아 버린다.

| 차우인 | 니 머리로 박았다는 말을 빼먹고 안 보냈네~
| 멀대 | (코피 줄줄 흐르는… 그러다 허거거거!) 너… 너… 빨간 머리… 맞지?
| 차우인 | 그래~ 기억하네~ 다시 보니 아주 반갑지?

차우인, 다시 멀대 머리를 범퍼에 강하게 박는다. 그제야 게거품 물고 기절하는 멀대.

45. 부대 근방 철로 육교 (낮)

3화에서 도배만이 병관의와 거래했던 철로 육교 밑. 멀대의 차량이 세워져 있다. 멀대, 서서히 의식이 돌아오면서- 조수석의 빨간 머리, 선글라스 낀 차우인이 보인다. 양 손목이 운전석 핸들에 청테이프로 단단하게 고정되어 있다.

| 멀대 | (덜덜덜) 이거 뭐야? 이거 안 풀어? 너 대체 나 볼 때마다 왜 이래?

차우인	노태남 어딨냐?
멀대	(미처 생각 못 하고) 그걸 내가 어떻게 알아? 안 잡히려고 어디 짱박혀 있겠지!
차우인	(피식) 노태남 탈영한 거 알고 있었네?

멀대, 헉- 하는데 그때 뒷좌석 문 열리며 타는 도배만. 한 손엔 뜨거운 커피.

도배만	(핸드폰 꺼내 들며) 잠깐 그 자식 음소거 좀 먼저 하자.
차우인	(살짝 짜증) 나가서 통화하시면 안 됩니까?
도배만	(커피 호호 불어 마시며) 밖에 넘 추워. 통화하다가 얼어 죽어.

차우인, 멀대의 입에 재갈을 물린다. 입 밖으로 새어 나오는 어어어어어~ 소리.

도배만	(핸드폰에 대고) 노 회장이 나와서 접촉한 놈 찾아냈습니다.
용문구 (F)	(기쁜 목소리) 그래? 입단속 확실히 시켰을 텐데, 말하겠어?
도배만	대답할 기회를 열 번 주려구요.
용문구 (F)	열 번? (하다가) 아무튼 서둘러.
도배만	전화드리죠. (끊더니 차우인에게) 음소거 제거해.
차우인	(멀대 입에 재갈 빼면서) 마지막이야. 노태남 어딨어.
멀대	(하- 숨을 토해 내며 미칠 노릇) 모른다구. 몰라! 정말 몰라!

차우인, 품에서 군용 나이프를 꺼낸다. 도배만, 핸드폰으로 시끄러운 음악을 켠다.

차우인	(나이프를 멀대 손에 대면서) 손가락이 열 개니까 딱 열 번만 물을 거다.

멀대	(공포) 너… 너… 내가 대체 뭘 잘못을 했다는 거야?
차우인	불법 도박. 노태남 탈영 방조. 그리고 한세나 불법 촬영물 공유.
멀대	(버럭) 그게 죄야? 남자들끼리 야동 좀 돌려 본 건데! 그게 뭐라고 이래?
차우인	(분노) 뭐?

그 말에 눈썹이 꿈틀거리는 차우인. 자기도 모르게 힘이 들어간다. 우지끈! 앞 유리창에 피가 확- 튀며 바닥에 툭 손가락 한 마디가 떨어진다. '우아아아악' 멀대의 비명은 시끄러운 음악 소리 때문에 차 안에 갇히고-

도배만	(놀라서 손으로 눈 가리면서) 진짜 잘랐어? 겁만 주려던 거 아님?
차우인	이 자식 말에… 저도 모르게 손에 힘이 들어갔습니다.
도배만	그래, 인정! (멀대보며) 좀 심했네. 내가 들어도…
멀대	(완전 넋이 나가 잘린 손가락 보는데) !!
차우인	(멀대 노려보며 소리치는) 다시 묻는다! 노태남 어딨어?
도배만	(나가려고 하는) 아우, 난 빠져야겠다. 무서워서 못 보겠어.

차우인이 두 번째 손가락으로 나이프를 가져가자- 자르기도 전에 '으아아아아'

멀대	(눈물 콧물 줄줄) 제발 제발… (ㅎㅎㅎㅎ흑) 넘 아파. 어딨는지는 정말 몰라. 정말 정말… 뭘 하려는지만 알아요.
차우인	뭘 하려는데?
멀대	밀항한다고 했어요.
차우인, 도배만	!!!
멀대	잡히면 다시 군대 끌려간다고… 배 타고 한국 뜰 거라고 했어요!
도배만	혼자 힘으로는 불가능해. 도와주는 놈이 누구야?

차우인	(다시 나이프 대는데) 말해!!! (잘린 손가락 집어 주며) 이거 빨리 병원 가야 붙일 수 있어!
멀대	(얼른 잘린 손가락 받아들며) 아우-우-우… 태남이 형이 나 죽일 텐데 책임지실 거죠? (울먹이며) 맞죠?

멀대, 울먹이면서 입을 여는 모습에서-

46. (교차) 용문구의 로앤원 집무실 + 멀대의 차 안 (낮)

용문구, 핸드폰이 울린다. 발신 표시 제한 번호. 예감이 이상하다. 곧바로 받아 들면- 노태남은 스포츠카를 운전 중이다.

용문구	(다급) 회장님????
노태남	(삐딱) 내 전화 되게 기다렸나 보네.
용문구	(기쁨!!!) 회장님, 지금 어디십니까?
노태남	(비꼬는) 재판도 이겨 주고. 그동안 내 뒤치다꺼리하느라 고생 많았어요. 어머니한테는… 따로 전화 못 하니까 전달만 해요. 나 한국 떠나니까…
용문구	(소리치는) 회장님!
노태남	담주가 IM 대표이사 취임식이겠네요?
용문구	(말문 막히고)
노태남	(울분 터지는데) 나 군대 보내고 그 자리 앉으니까 속 시원해요? 장군 엄마 덕에 회장 자리 앉았다고 다들 수군댔지만 나 회사 일 정말 열심히 한 거… 알잖아… 당신은 알잖아!! 엄만 인정 안 해도 당신은 날 인정해야지!
용문구	회장님, 제발 진정하시고 돌아오세요. 제발. 부탁입니다.
노태남	엄마한테 당신도 도구일 뿐이야. 그거 명심해요. 난 이제 엄마 명령 같은 건 안 들어.

듣던 용문구, 서서히 끓어오르고-

용문구   (분노) 대체 언제까지… 언제까지 장군님 속을 썩이실 겁니까? 네?

툭- 끊어지는 신호. 용문구, 정신없이 바로 도배만에게 건다. 연결되면-

용문구   방금 노 회장한테 전화가 왔어!

47. 선착장 (낮)

수도권 외곽의 어느 선착장. 작은 고깃배가 출항을 준비하고 있다. 설악 일당의 차량과 (멀대가 노태남을 태웠던) 스포츠카가 연이어 도착한다. 차에서 내리는 노태남의 짧은 머리 뒷모습. 그 위로-

도배만 (E)   중국으로 밀항하려는 것 같습니다.

48. 도배만의 차 안 (낮)

거칠게 질주하고 있는 도배만의 차량.

도배만   선착장 정보 얻어서 지금 가고 있습니다.
용문구 (F)   노 회장, 절대 나가게 해서는 안 돼! 절대로.
도배만   물론이죠. (의미심장하게) 그럼 지금까지 제가 한 일들이 모두 허사가 됩니다.

핸드폰 끊는 도배만, 피식 웃는데- 액셀을 밟아 더 속력을 낸다.

49. 선착장 - 고깃배 (낮)

설악 일당 서넛이 먼저 고깃배에 오르고, 이어 올라서는 노태남. 그때- 도배만의 차량이 먼지를 일으키며 달려온다. 끼이익- 거칠게 멈춰 서는 차량. 도배만이 운전석에서 튀어나온다. 선착장을 떠나기 시작하는 고깃배. 도배만, 필사적으로 달려 가까스로 배 위에 탑승한다. 덩치들을 물리치고 걸어가 노태남을 턱 잡아 돌려세우는데- 노태남이 아닌 다른 남자다!

도배만   (당혹) 뭐야?
설악 (E)   뭐긴 뭐야. 니가 시원하게 당해 부런 거지.

고깃배 운전석에서 천천히 걸어 나오는 설악.

설악   도바리~ 니 발로 호랑이굴에 들어와 줬구나.

50. (과거) 설악의 사무실 (낮)

41신 이후 상황이다.

노태남   나 오바이트 심해서 통통배 못 타. 친구 놈 통해서 전용기 구해 놨어.
설악   오마, 클라쓰! 그럼 지들이 회장님 밀항 대역쑈를 해야 하는 이유는 뭘까요?
노태남   분명히 내 변호사가 도베르만 닮은 군인 시켜서 날 찾을 거니까!
설악   (잉?) 도베르만 닮은 군인? (혼잣말) 도배만 닮은 놈이 또 있는 건가?
노태남   도배만 알아?
설악   (피식) 암요. 하늘 아래 단 하나의 원수!

51. (현재) 선착장 - 고깃배 (낮)

도배만 보면서 좋아 죽겠다는 설악의 얼굴.

도배만   (씁쓸하게 웃으며) 머리들 썼네.

설악   그 잘난 대가리 너만 쓰는 게 아니여. (부하들에게) 뭐더냐? 배 돌
려라.

뱃머리 돌려 선착장으로 향하는 고깃배. 멀리 선착장엔 설악의
부하들이 기다리고 있다. 위기에 빠진 도배만의 모습에서-

52. 공항 일각 (낮)

같은 시각. 선글라스 쓴 노태남. 검은색 카렌스 차량이 정차하더
니 뒷문 활짝 열린다. 설악 부하가 볼트를 데리고 내리는데- 볼
트를 본 순간 선글라스 획- 내던지고 달려가는 노태남, 와락-
볼트를 껴안고 볼트도 미친 듯이 꼬리 흔들며 좋아한다.

노태남   (눈물 흘러내리는) 볼트!!! 볼트야! 형 보고 싶었지? 나도 너무 보
고 싶었어. 이제 너 두고 안 가! 어디든 꼭 같이 갈 거야!

흥분한 볼트가 펄쩍펄쩍 뛰어오른다. 엉겨 붙어 바닥에 쓰러지
는 노태남과 볼트.

53. 국방부 대회의실 (낮)

'제49, 50대 국방부장관 이, 취임식' 휘장이 크게 걸린 대회의실.
남자 장군과 남자 관료들로만 채워진 그곳에 유일한 여군 장군,
노화영이 있다. 정복 차림, 정자세로 앉아 있다. 형형하게 빛나
는 노화영의 눈빛. 애국회 멤버들도 보인다.
무대에선 이재식이 전임 장관에게 깃발을 물려받고 있다. 우레

와 같은 박수 소리와 기자들의 플래시 세례. 이재식을 보고 있는 노화영의 모습에서-

54. 공항 VIP 라운지 (낮)

라운지 의자에 앉아서 대기하고 있는 노태남. 공항 직원이 다가온다.

공항 직원	애완견은 저희 전용기 동물칸에 탑승시키겠습니다.
노태남	(볼트 목줄 건네며) 볼트야, 좀 있다 보자.

볼트 데리고 가는 공항 직원. 노태남, 볼트가 사라질 때까지 보다가- 이제 정말 한시름 놓은 듯, 편한 자세로 몸을 누이며 눈을 감는다.

목소리 (E)	회장님~ 탑승 후 디너는 어떤 걸로 준비해 놓을까요?
노태남	(눈 감고) 아~ 먼저 여기로 샴페인 한 잔 부탁해. 그리고 메뉴는 최고급 한우 스테이크로!
목소리 (E)	일등급 장어구이는 어떠십니까? 노태남 훈련병.

그 말에 확 눈을 뜨는 노태남. 보면- 눈 앞에 빨간 머리 선글라스의 차우인이 서 있다.

차우인	(선글라스 아래로 미소 짓는) 노태남, 일어나.
노태남	(확- 생각나는) 빨간 머리! 너… 너… 알렌이 말한 빨간 머리 년이 너야?
차우인	너는 탈영병이고?
노태남	(자리에서 벌떡 일어나 뒤로 주춤주춤) 너… 여길 어떻게…
차우인	자, 군대로 돌아가야지?

노태남   (절규) 웃기지 마! 내가 다시 들어갈 거 같애?

주변에 있던 기물을 집어 들어 차우인에게 마구잡이로 집어던
지더니 밖으로 튀어 나가는 노태남. 회심의 미소 짓고 곧바로
뒤쫓는 차우인.

55. 공항 곳곳 (낮)

공항 보안 요원들을 물리치고 달리는 노태남. 차우인이 뒤를 쫓
는다. 그 위로-

도배만 (E)   교토삼굴. 영리한 토끼는 굴을 여러 개 파 놓지.

플래시백_____

공원. 메이드와 함께 공원을 산책하고 있는 볼트의 모습. 그 위로-

도배만 (E)   노태남에게 볼트는 단 하나의 가족이야. 한국을 뜬다면 반드시
볼트도 데려갈 거야.

누군가 다가가서 볼트를 쓰다듬어 주는데 보면- 사복 입은 차
우인이다.

차우인   와아~ 이 아이 도베르만이죠? 아주 잘생겼다, 너!!

볼트가 좋아하자, 차우인은 재빨리 볼트의 목줄에 작은 추적 장
치를 부착한다.

다시 공항. 노태남, 공항 에스컬레이터를 타고 미친 듯이 뛰어
내려가는데-

56. 공항 곳곳 (낮)

코너를 거칠게 꺾어 도는 차우인. 속도가 조금도 처지지 않고 펄펄 난다. 빨간 머리 휘날리며- 쏜살같이 도망치는 노태남을 쫓고 있다. 공항 곳곳에서 벌어지는 긴박한 추격전 모습.

57. 선착장 (낮)

고깃배가 도착하자 선착장으로 물러서는 도배만. 주위를 에워 싸는 덩치들. 수적으로 불리한 상황. 그때- 차 한 대가 먼지를 일으키며 달려와 미끄러지듯 멈춰 선다.

윤상기	(차에서 폼나게 내리며) 혼자 감당하시기 좀 어렵겠는데요?
도배만	(놀라는) 어? 너 여기 어떻게 알고 왔냐?
윤상기	전후 사정은 끝나고 말씀드리죠.
도배만	(엄지 척) 타이밍 오졌다, 상기야.

잔잔바리 덩치들이 도배만에게 달려든다. 덩치들과 맞서는 도배만. 윤상기도 헛주먹질을 하다가 운 좋으면 때리면서- 일단 둘 선에서 정리가 되는 분위기.

설악	몸은 다 푼 거 같으니까… 슬슬 본 게임 시작허까?

그때- 도배만 앞으로 나오는 흑범, 지금까지 설악 부하들과는 포스가 다른 느낌.

설악	이번에 채용한 북한 군바리여. 그것도 일급 경호원 출신.
윤상기	(쫄아 드는데) 오우… 저 눈 봐. 살벌하네요.

말이 끝나기도 전에 윤상기에게 달려드는 흑범. 강력한 발차기

에 윤상기가 바로 나가떨어진다. 흑범의 실력을 바로 실감하는 도배만, 바싹 움츠러드는데-

도배만 상기야! 괜찮아?

윤상기 (고통) 아구구구구구… 저놈 장난 아닙니다!

다가오는 흑범, 위기에 빠진 도배만인데-

흑범   남조선 군바리 검사양반 구경도 하고… 내래 내려와서 눈호강 많이 하는구마.

도배만 좀 천천히 와라. 응?

도배만, 슬슬 뒤로 물러나면서 시간 끌면- 쓰러져 있던 윤상기, 몰래 112로 신고하는데-

58. 공항 일각 [낮]

구석에 몰린 노태남이 가쁜 숨을 몰아쉬며 멈춰 선다. 반면, 지친 기색이 느껴지지 않는 차우인이 천천히 다가온다. 노태남, 주위에 무기가 될 만한 것을 집는데-

노태남 (분노) 나… 안 가. 절대… 다시는 군대 안 간다고!

차우인, 상의를 벗어 쫙- 반으로 찢더니 양 주먹을 둘둘 감는다. 죽기 살기로 무기를 휘두르는 노태남. 상의 감긴 팔을 방패처럼 쳐 내는 차우인.
그 팔에 맞아 탁- 바닥에 떨어지는 노태남의 무기. 긴장감 가득한 노태남의 얼굴 화면에 가득 잡히면서-

59. 선착장 (낮)

도배만과 흑범, 서로 주먹과 발차기를 주고받으며 처절하게 혈투를 벌이고 있다. 그렇게 일진일퇴를 거듭하는데- 그때 멀리 경찰차 사이렌 소리가 들린다.

설악　　　(다급) …일단 뜨고 봐야 쓰겄어. 잡히면 탈영 방조죄 추가여.

도배만, 젖 먹던 힘을 다해서 다시 달려드는데- 이미 진이 다 빠졌다.

도배만　　(괜히 소리질러 보는) 가긴 어딜 가? 오늘 끝장 봐야지!!!

분을 삼키며 자리를 뜨는 흑범과 설악 일당. 그 모습 보면서- 도배만과 윤상기, 땅바닥에 널브러지는데-

60. 공항 일각 (낮)

노태남과 마주 선 차우인, 마지막으로 분노의 일격을 픽- 먹여준다. '악' 정통으로 맞고 눈 돌아가는 노태남, 그때 어디선가 날아오는 테이저 건!! 또 한 번 노태남의 몸에 맞는다.
푸슉- 온몸에 전류가 흐르며 사시나무 떨듯 흔들어 대다가 끝내 쓰러지는 노태남. 차우인, 돌아보면 뒤늦게 달려온 공항 경찰 (여자)이 테이저 건을 발사했던 것.

차우인　　　고맙습니다.
공항 경찰　　근데 이 사람… 뭘 잘못한 거예요?
차우인　　　탈영병이에요. 군수사팀에 인계하시면 됩니다.
공항 경찰　　(본인이 더 놀라는) 탈영이요?

차우인, 공항 경찰을 향해 미소 보내며- 상의를 벗어 양 주먹을 둘둘 감는다. 게거품 물며 정신이 왔다 갔다 하는 노태남. 차우인, 그런 노태남에게 가까이 간다.

차우인   넌 이제 영창행이고 복무 기간도 더 늘어날 거야. 축하한다, 노태남.

노태남   (의식 잃어 가면서도 귀에 꽂히는) 뭐? (절규하려는데 안 되는) 안 돼.

차우인, 공항 경찰에게 노태남 넘기고 뒤로 물러선다. 시민들 몰려들어 쓰러진 노태남을 촬영하고 난리도 아니다. '노태남이다!' '군대 간 재벌 회장!' '성폭행 무죄 받고 탈영했대.' 그 모습, 뒤에서 옅은 미소로 쳐다보는 차우인인데-

61. (몽타주) 노태남 체포 반응

- 시민들, 각자의 SNS에 올리자 삽시간에 퍼지는 노태남 탈영 소식.
- '#재벌 회장 탈영' '#IM 노태남 탈영' '#정체불명의 여자가 체포' 태그 달고 퍼진다!
- 뉴스에 〈속보 - 군입대한 IM 디펜스 前 노태남 회장 탈영 후 체포〉 자막 뜨고.

62. 강스 솔루션 개발 연구소 (낮)

뉴스를 보며 입꼬리 올리는 강하준.

63. 국방부 대회의실 (낮)

연단에서 취임사를 하고 있는 이재식.

이재식   최근 우리 군이 몇 가지 사건으로 인해 국민들의 신뢰를 잃고

큰 위기를 맞이했습니다. 국민 속의 군대, 국민의 신뢰를 받는
군대가 되도록 병영 문화를 개선 (하는데)

기자석의 기자들이 각자 핸드폰 확인하며 웅성거리기 시작한
다. 그때- 양 부관이 객석의 노화영에게 다가가 귓속말을 한다.

노화영   (일순간에 와락 일그러지는) !!!

이재식, 취임사 도중 비서에게 귓속말로 전해 듣지만 이내- 표
정 관리하고. 그런 이재식을 발견한 노화영, 주변 기자들과 장군
들의 시선까지 모두 자신에게 쏠려 있다. 일어나 나가려는데-
기자들도 일제히 노화영을 따라 우르르 나간다. 연단에서 노한
얼굴로 노화영을 보는 이재식에서-

64. (교차) 용문구의 로앤원 집무실 + 선착장 (저녁)

노태남이 체포되어 끌려가는 모습이 뉴스에 나온다. 아뿔싸! 눈
감는 용문구. 핑- 어지러움이 돌고 다리 힘 빠져 의자에 털썩 주
저앉는다. 그때- 비서가 택배 상자를 들고 들어온다. 고개 숙이
고 나가면- 용문구, 풀어 본다. 도배만에게 준 와인 상자, 돈이
그대로 들어있다. 핸드폰 울린다.

도배만 (F)   택배는 잘 받으셨습니까?

혈투가 끝난 선착장. 해가 뉘엿뉘엿 지고 있다. 엉망인 얼굴로
통화하는 도배만.

도배만   쥐꼬리 같은 월급이지만 이젠 군인답게 나라에서 주는 돈만 받
               겠습니다. 이에 재계약은 거부합니다! 충성!

끊어지는 전화, 굳은 얼굴로 서 있는 용문구의 모습에서-

65. 영창 (밤)

교도병들, 노태남의 양쪽 팔을 잡고 끌고 들어온다. 온몸을 비틀며 발악하는 노태남, 철창에 손을 뻗어 붙잡으려고 애를 쓴다.

노태남   놔! 이거 안 놔? 이 새끼들아! 나 못 들어가! 안 가!!

뒤에서 가만히 앉아 그런 노태남 보고 있는 누군가의 뒷모습. 안 병장이다. 그 위로-

플래시백_____

26신 상황이다. 도배만이 안 병장에게 말하고 있다.

도배만   풀어 보면 나한테 연락하고 싶어 미쳐 버릴 거다.
안 병장   그게 뭔 소리냐고! 이 개새끼야!
도배만   (잠시 보다가) 니 분노가 향해야 할 놈은 내가 아니라… 노태남이거든.

노태남 보며 눈빛 예리하게 빛나는 안 병장의 모습에서-

66. 법무실 (밤)

늦은 밤의 법무실. 힘겨운 하루를 보낸 차우인이 책상에서 커피한 잔 마시고 있다.

도배만   (들어오며) 야근하나?
차우인   퇴근해야죠, 이제.
도배만   오늘 노태남 잡느라 수고했어. 실검 1위도 찍고!

차우인   뭘요. 제가 잡은 것도 아닌데.

책상 바닥에 놓인 종이 백에 슬쩍 삐져나온 빨간 가발이 보인
다. 피식 웃는 도배만.

차우인   (잠시) 제 복수에 왜 도배만 검사님을 택한 건지 물으셨죠?
도배만   (보는)
차우인   이 안(군대)에선 사회에서 말하는 정의가… 아예 통하지 않으니
까요. 더러운 진흙탕에서 싸우기 위해 기꺼이 오물을 묻히고!

플래시백_____

1화 49신 상황이다. 돌변한 안 병장의 목을 누르고 있는 도배만.
그 위로-

차우인 (E)   과거의 죄를 빠져나간 놈한테는 새로운 죄를 뒤집어씌우고!

플래시백_____

27신 상황이다. 용문구와 통화하고 있는 도배만.

도배만   군대 안에서 노태남 회장은 경주맙니다. 땅- 출발 신호에 언제
든 튀어 나갈 준비가 되어 있는 경주마. 탈영 기회만 생기면 뒷
감당이고 뭐고…

차우인 (E)   복수할 놈에게는 미끼를 던져서 물게 만들고! 지나치게 유능해
서 내가 당할까 봐 무서운… 사람.

다시, 현재. 법무실.

도배만   그런 사람을 상대편에 두고 싸우고 싶지 않았다?

그때- 군홧발 소리가 쿵쿵 울리고 누군가 법무실에 들어선다.
인기척에 도배만과 차우인, 고개를 돌리면- 정복 차림의 노화영
이다! 순간, 팽팽해지는 분위기. 도배만, 차우인, 노화영 세 사람
의 분할 화면에서 엔딩!

7화

1. 용문구의 로앤원 집무실 [저녁]

풀어 헤친 택배 상자. 그 안에 5만 원권이 가득 담긴 와인 박스.

도배만 (E)　쥐꼬리 같은 월급이지만 이젠 군인답게 나라에서 주는 돈만 받겠습니다. 이에 재계약은 거부합니다! 충성! (툭- 끊어지는)

굳은 얼굴로 서 있는 용문구의 모습에서-

용문구　도배만, 니놈이 감히 날 가지고 놀아?

용문구, 자리에서 일어나 와인 상자를 바닥에 던져 박살을 내 버린다. 지폐 다발을 밟으며 감정을 쏟아 내는데, 그때- 비서가 들어온다. 바닥에 흩어진 지폐 다발을 보며 당황해하다 사무적으로-

비서　(서류 올려놓으며) 일전에 지시하신 차우인 군검사 자료입니다.
용문구　알았어.
비서　IM 디펜스 대표이사 취임식 날짜는 언제로 잡을까요?
용문구　취임식 생략해. 노 회장 때문에 그룹 분위기가 안 좋으니까. 회장실로 바로 들어갈 거야.
비서　알겠습니다. (바닥에 떨어진 돈 보며) 이건 어떻게…
용문구　다 태워 버려.

서류 그대로 두고 나가는 용문구.

2. 선착장 [저녁]

설악 일당과의 혈투가 끝난 선착장. 얻어터져 엉망인 얼굴로 핸드폰 내리는 도배만.

윤상기	(옆에 앉으며) 군인 월급, 그거 그냥 통장에서 녹아 버리고 마는 건데 5년 동안 들인 공이 아깝지 않으십니까?
도배만	아깝지. 꿈속에 내가 포기한 돈이 나올 거 같아. 근데, 너 여기 어떻게 알고 왔니까?
윤상기	(작정) 제 질문부터 답해 주시죠.
도배만	(보는)
윤상기	한 달 전만 해도 차우인 검사님 손에 수갑을 채울 거라고 하셨죠? 근데 지금은…
도배만	…노태남 손에 수갑을 채웠지.
윤상기	네, 대체 어떻게 된 겁니까?
도배만	(잠시) 나, 차 검이랑 같이 가기로 했다. 같은 목적을 위한 동지라고 해야 하나? (생각) 마땅한 이름이 없네. 그러고 보니…
윤상기	(복잡한 얼굴로 보는) 차 검사님하고 도 검사님이 동지라… 왜 그렇게 된 건진 모르겠지만 일단 의문은 조금 풀렸습니다.
도배만	그래서 말인데… 상기 너, 나랑 계속 갈 거냐?
윤상기	(잠시 보다가 툭-) 가야죠, 뭐.
도배만	이제 나 돈 없는데 괜찮아?
윤상기	(섭한) 제가 돈 밖에 모르는 상기인 줄 아셨습니까?

그때- 도배만의 핸드폰이 울린다. 차우인이다.

| 차우인 (F) | 노태남 잡았습니다. 사냥감은 누가 요리할까요? |

3. 조사실 (밤)

안유라가 노태남을 데리고 들어온다. 테이저 건을 맞아 머리가 삐쭉삐쭉 선 노태남.

| 안유라 | (군기 빡) 군검사님 곧 오실 거니까 얌전히 앉아 있어! |

안유라, 쾅- 문을 닫고 나가자 노태남, 다시 조사실에 갇힌 것 깨닫고- 벌떡 일어나더니 문을 손으로 두드리고 발로 찬다.

노태남   열어! 열라고 이 새끼들아! 안 열어? (반응 없자) 내 말 안 들려?

그때, 문 열리고 들어오는 도배만. 선글라스를 끼고 있다. 도배 만을 본 노태남, 마치 구세주를 만난 듯, 입이 저절로 확 벌어지 는데-

노태남   (반가움에 덥석 끌어안으며) 도 군바리! 이게 얼마 만이야? (울컥) 도 검사가 내 담당이었어? (기분 째지는) 게임 끝이네! 끝이야!
도배만   유감입니다. 여기서 만나서.
노태남   (감격) 아우… 내 사람 들어오니까 기분이 좀 풀린다. 나 빨리 내 보내 줘. (엄살) 여기 총 맞은 데가 넘 아포. 얼른 병원 가서 MRI 찍어 봐야겠어.
도배만   (앉으며) 진술서 작성만 마치고 다른 곳으로 모시겠습니다.
노태남   응? 그거 꼭 해야 돼?
도배만   형식적인 겁니다. 군대니까 이해해 주시기 바랍니다. 앉으시죠.

마음 풀려서 거만한 자세로 앉는 노태남. 그 위로-

차우인 (E)   노태남 취조 시작했어.

4. (교차) 영상 조사실 + 강스 솔루션 연구소 (밤)
차우인, 연구소에 있는 강하준과 통화를 하고 있다.

강하준   잘 들어 봐. 도배만이 노태남에게 완전히 미련을 버렸는지 확인 할 수 있는 기회니까.

차우인	도 검사를 의심하는 거야?
강하준	난 아직 도배만 100% 안 믿어.

강하준, 연구소에 놓인 TV에서 뉴스 화면이 나오자 흥미진진한
얼굴로 보는데- 국방부장관 취임식 도중 굳은 얼굴로 급하게
빠져나가는 노화영 모습이 잡히고-
난감해하는 단상 위 이재식 표정이 그대로 방송에 나온다. 〈최
초의 여사단장 노화영 장군 아들 탈영 혐의로 체포〉

강하준	군인들 최고의 잔칫날에 아주 제대로 빅엿을 먹였네, 차우인!
차우인	(미소) 노화영과 이재식 사이에 제대로 금이 가겠지.

5. 국방부 주차장 [밤]

수행원들 사이, 화를 이기지 못하고 씩씩대며 걷고 있는 이재식.
그 뒤로 노화영, 양 부관.

노화영	장관님.

그 소리에 갑자기 멈춰 서는 이재식. 노화영의 뺨을 칠 기세로 손
을 올리는데- 그 순간 본능적으로 그 팔을 잡아 세우는 노화영.

노화영	(자신의 행동에 놀라 손 바로 놓으며) 저도 모르게 그만. 죄송합니다.

그 행동에 더 화가 치솟는 이재식, 바로 인정사정없이 노화영의
뺨을 후려갈긴다. 고개 돌아가는 노화영. 돌아갔던 고개 정면으
로 하고 다시 숙인다.

이재식	(분노) …니가… 니가 여자라면 못 때렸을 거다.

노화영	…알고 있습니다.
이재식	(피 거꾸로 솟아서) 내 40년 군 생활 중에 가장 영광된 자리를 니가 망쳤어. 다른 사람도 아닌 화영이 니가! (격노) 니 그 멍청한 아들 새끼 때문에… 내가 개망신을 당했어! 전 군, 전 국민이 지켜보는 자리에서!
노화영	(굴욕감에 고개 숙이는) …
이재식	넌 그놈 에미고 직속상관인데도 아무것도 막지 못했다고? 탈영 사실조차 몰랐던 게냐?
노화영	(입 꾹 다물고) …
이재식	니 아들을 잘라 내는 한이 있더라도 이번 일 수습해.
노화영	단연코… 다시는 제 아들이 사람들 입에 오르내리는 일은 없을 겁니다.
이재식	(보는)
노화영	제… 군복을 걸겠습니다.
이재식	(생각지 못해 오히려 놀라는) 뭐?
노화영	제 아들이 또 문제를 일으킨다면 바로 군인의 신분을 내려놓겠습니다.

예상외로 강경한 노화영. 이재식, 더는 뭐라 할 수 없다. 이재식, 차량에 올라타고 떠난다. 수행원들 뒤를 잇고- 남겨진 노화영의 차갑게 굳은 얼굴.

노화영	(양 부관에게) 태남인 지금 어디 있어?
양 부관	법무실에서 조사받고 있는 중입니다.
노화영	지금 당장 출발해.
양 부관	네, 사단장님.

6. 조사실 (밤)

서류를 탁- 펼치는 도배만. 테이저 건 맞은 후유증으로 다리가 후들거리는 노태남.

노태남   (서러운) 그때 도 검사 말 들을걸. 군대 안 왔으면 내가 이런 꼴을 왜 당해? (왈칵 솟구치는) 나갔다 다시 들어오니까 더 미치겠어.

도배만   신병교육대에서 탈영한 경위가 어떻게 됩니까?

노태남   오~ 우리 도바리 검사 여기서 이렇게 만나니까 진짜 군검사 맞네! (작게) 짜고 치는 취조 시작하는 거지? 맞지?

도배만   경위를 말씀해 보시죠.

노태남   (살짝 위압감) 응? 형식적인 진술서라고 했지? (머리 굴리는) 화장실 갔다가 창문 밖에 냉동 탑차가 보이길래 뭐 먹을 거 없나 들어갔는데 (더 쥐어짜는데)

도배만   냉동 칸이라 매우 추웠겠군요?

노태남   응? (장단 맞추며) 맞아 맞아! 너무 추워 가지고 정신을 잃었어.

도배만   눈 떠 보니까 부대 밖이었겠고.

노태남   (빠져드는) 그렇지! 그렇지!

도배만   그럼 (생각해 보다가) 탈영을 한 게 아니라, 당한 거네요?

노태남   (감탄) 와~ 그 말 너무 좋다! 바로 그거야. 탈영당했어. 당한 거야! 나!

도배만   (웃는)

노태남   근데 여기 너무 갑갑해. 나 폐쇄공포증 있잖아. 빨리 좀 나가게 해 줘.

도배만   탈영할 의도가 없었는데 왜 전용기를 타고 출국하려고 한 거죠?

노태남   (헉) 출국? 그게… 그러니까… 이왕 나왔는데 아니… 당했는데… 바로 들어가기가 아깝잖아. 바람만 쐬다 금방 들어오려고 했지이.

도배만   그건 좀 짜치네요.

노태남	(민망) 그래? 이 대목이 제일 구멍이야. 도 검사가 적당히 디테일 채워 줘. (책상 위에 퍼지는) 이제 나 좀 쉬자.
도배만	재밌냐?
노태남	(멈칫) !!
도배만	장단 맞춰 주니까 재밌냐고.

진술서 서류를 팍- 덮더니 선글라스를 벗는 도배만. 섬뜩한 눈빛 작렬-

7. 영상 조사실 [밤]

영상 조사실의 차우인. 미소 지으며 조사실 카메라를 탁- 꺼 버린다.

8. 조사실 [밤]

도배만, 카메라 불이 꺼진 것을 확인. 자리에서 일어나 노태남 앞에 선다.

도배만	어이, 노태남. (손가락으로 이마를 세게 툭 튕기며 불호령) 똑바로 대답 안 해? 이 새끼야!
노태남	(시뻘게진 이마를 만지며 황당…) 뭐? 너 지금 이게 뭐 하는 (하는데)

강하게 노태남의 따귀를 팍- 후려갈기는 도배만. 고개까지 휙 돌아갈 정도로 세다. 벌겋게 달아오른- 어안이 벙벙한 얼굴로 도배만을 보는 노태남.

도배만	(계급장 보여 주며) 난 다이아 세 개 대위. 넌, 아직 작대기 하나도 못 단 훈련병. 지금부터 상급자에 대한 존대와 호칭을 똑바로 한다.

노태남	(황당 그 자체) 미쳤어? 너 갑자기 왜 이래?
도배만	너 검사가 어떤지 잘 알지? 맘만 먹으면 사건을 덮기도, 부풀리기도 해. 근데 그런 인간이 군복까지 입었어. 어떨 거 같애?
노태남	(버럭) 이 군바리 새끼가 감히 날 때려?
도배만	(철썩- 따귀 때리며) 상급자에 대한 예의를 갖추라고. 어?
노태남	(말문 막히는데)
도배만	관등성명.
노태남	(기어오르는) 우리 엄마가 니 사단장 (하는데)
도배만	(픽- 따귀 날리며 불호령) 관등성명!
노태남	(겨우겨우) 너 이거… 강압 취조야.
도배만	(또 손을 쳐드는)
노태남	(바로) 훈련병 노태남!
도배만	(쩌렁쩌렁) 넌 교번 없어? 어?
노태남	13번 훈련병 노태남.
도배만	(비릿하게 웃는) 노태남 넌, 이제 여기서 절대 못 나가. 오늘부터 영원히 군대 짬밥을 먹게 될 거야.

도배만, 다시 맞은편 책상에 앉는다. 조사실 카메라에 불이 다시 들어온다.

도배만	(태연하게 카메라 보더니) 아, 이제 작동되네. 어디까지 했더라?
노태남	!!
도배만	탈영 직전 불침번 근무자의 증언, 취사장에 설치된 CCTV 기록, 탈영 중 접촉했던 친구 1인의 진술. 그리고 공항에서 촬영된 자료들이 탈영 사실을 증명하고 있으므로…
노태남	(이글거리는 눈으로 보는)
도배만	군형법 제30조 군무이탈죄가 적용될 거다. (진술서 툭 밀며) 싸인해!

도배만, 영상 조사실을 본다. 매직미러를 사이에 두고 서로를 보는 도배만과 차우인인데-

9. 노화영의 차 안 [밤]

노화영, 핸드폰을 꺼내 용문구에게 전화를 건다.

노화영	(가까스로 분노 억누르며) 어떻게 된 거야?
용문구 (F)	…지금 상황을 파악하고 있습니다. 하나 확실한 건.
노화영	(듣는)
용문구 (F)	도배만이 장군님과 저를 적으로 돌렸다는 겁니다.
노화영	(분노 솟구치는) 지금 도배만이 뭐가 중요해? 태남이 일로 내 위신이 어디까지 떨어졌는지 몰라? 그것도 장관님 취임식에서!
용문구 (F)	…장군님, 조금만 시간을 주십시오.

대답하지 않고 끊어 버리는 노화영. 분노로 가득 차는데-

10. 법무실 [밤]

6화 엔딩 신과 이어지는 상황. 법무실에 들어서는 노화영. 도배만과 차우인, 갑작스런 상황이지만 노화영과 마주한다. 도배만, 노화영에게 경례를 한다. 차우인은 차마 경례가 나가지 않는다. 세 사람의 그 모습에서 팽팽한 긴장이 흐르고-
도배만이 차우인을 툭- 치자 그제야 노화영에게 경례하는 차우인. 노화영, 미동 없이 그대로 경례를 받고만 있다. 계속 경례 중인 도배만과 차우인. 차우인의 곁으로 다가서는 노화영.

노화영	차우인 대위, 방금 자네가 머뭇거린 그 거수경례. 그걸 왜 하는지 아나?
차우인	군예식령 제5조에 의거, 상급자에 대한 복종의 동작입니다.

노화영	틀렸어.
차우인	(멈칫) !!
노화영	거수경례는 중세시대에 갑옷으로 무장한 기사들이 (손으로 동작하며) 투구 가리개를 들어 올려 자기 얼굴을 확인시켜 주면서 시작됐어. (차우인에게 가까이 가며) 난 당신의 적이 아니라는 의미지.

경례를 한 채로 듣는 차우인과 도배만.

노화영	차우인 대위, 쉬어. (차우인이 경례를 풀자) 다시 해 봐.
차우인	(노화영 뚫어져라 보다 어쩔 수 없이 속마음 숨기고 절도 있게 경례)
노화영	총알이 빗발치는 전쟁터에서 함께 싸우는 전우라는 의미… (차우인 보며) 이제 알겠나?
차우인	네, 사단장님.

노화영, 깐깐한 눈초리로 두 사람 보며-

노화영	둘 다 쉬어. 늦은 시간까지 수고들 하는군.
도배만, 차우인	(경례 푸는)
도배만	노태남 훈련병 탈영건 때문에 늦게까지 취조가 있었습니다.
노화영	취조는 누가 했지?
도배만	제가 했습니다.
노화영	취조 내용 보고해 봐.
도배만	어머니로 오신 겁니까? 사단장으로 오신 겁니까? 대답에 따라 말씀드릴 수 있을 것 같습니다.
노화영	뭐라고? 어머니? 자네 눈엔 이 군복과 계급장이 안 보이나?
도배만	죄송합니다, 사단장님. 탈영 관련된 진술 모두 받았습니다.
노화영	(강한 어조) 노태남 훈련병, 원칙에 따라 철저히 처벌해. 내가 있는 한 어떠한 경우, 어떠한 누구도 예외란 있을 수 없어!

도배만, 차우인	(멈칫) !!
노화영	이 말을 전하러 온 거야. 자네들 직속상관으로서. 알았나?

노화영 나가면- 예상외의 반응에 당황해 서로를 보는 도배만,
차우인의 얼굴에서-

11. 영창 (밤)

지쳐서 드러누운 노태남.

노태남	(중얼대며) 그래… 니들이 안 열어 줘도 난 조만간 나갈 거야. 나 가서 보자, 이 새끼들아.

그런 노태남을 보고 있는 안 병장. 그 위로-

플래시백_____

6화 65신 플래시백 다음 상황이다.

도배만	노태남이 니 아버지 은행에서 꿨던 돈 갚기 싫어서 벌인 일이라고.
안 병장	뭐?! (이 새끼가 계속…) 그걸 나보고 믿으라고?
도배만	칼은 내가 찔렀지만, 그 칼을 쥐여 준 놈이 노태남이라는 거지.
안 병장	이제 와서 그걸 나한테 말해 주는 이유가 뭐야?
도배만	너하고 나, 휴전을 위해. 그리고 니 남은 군 생활의 확실한 동기 부여?
안 병장	뭐?
도배만	노태남… 그놈을 니 개로 만들어.

다시 영창. 안 병장, 어둠 속에서 노태남을 노려보고 있는데-

12. 용문구의 로앤원 집무실 (밤)

용문구, 서류를 넘기자 드러나는 차우인의 신상명세서와 증명 사진. 한 장 더 넘기자 선명하게 적힌 '부친 – IM 디펜스 차호철 前 회장. 교통사고로 사망.'

용문구   (놀라서 눈 커지는) 차우인이 차호철 회장 딸?

기억을 더듬는 용문구의 얼굴 위로– 긴박한 사이렌 소리가 깔린다.

13. (과거) 사고 현장 (낮)

6년 전 차호철 회장의 사고 현장에 도착하는 용문구의 차량. 뚫린 펜스 뒤 비탈진 언덕 밑에 검게 타서 뼈대만 남은 차량이 보이고–

형사   (용문구에게 고개 숙이며) 검사님 오셨습니까?
용문구   네, 현장 좀 확인하겠습니다.
형사   그러시죠.

인사하고 사라지는 형사. 용문구, 핸드폰 꺼내 노화영과 통화한다.

용문구   도착했습니다. 차 회장은 현장에서 사망했고… 동승자가 있었습니다.
노화영 (F)   동승자…? 누구지?
용문구   딸이었습니다. 3일 전 미국에서 귀국했다고 합니다.
노화영 (F)   (침묵, 그러다) 함께… 사망했나?
용문구   의식불명입니다. 현장을 보니… 가망은 없어 보이구요.
노화영 (F)   (대답 없는)

용문구	(반응이 의아해서) 장군님?

툭- 끊어지는 핸드폰. (이 신은 차후에 노화영 입장에서 다른 뉘앙스로 보여집니다.)

14. [현재] 용문구의 로앤원 집무실 [밤]

서류 속 차우인을 의구심 가득한 눈으로 보는 용문구. 그 위로-

차우인 (E)	우습네요. 검사 시절 죄 없는 사람에게 무자비한 칼을 휘둘렀던 사람 입에서 정의라는 단어가 나온다는 게.

뭔가 퍼즐을 짜맞춰 보려는 용문구의 얼굴.

용문구	그때 같이 죽은 줄 알았던 차호철 딸이… 군검사가 됐고… 노태남 회장 일에 계속 연관이 된다?

그러다 서류를 툭- 책상에 던져 놓곤 유튜브로 들어가 '노태남 탈영' 관련 영상을 찾아본다. 거기서 발견하는 '빨간 머리 동영상'. 화면을 정지시키고 얼굴을 확대해 본다.
그러다가- 뭔가 더 생각이 나는지 다른 서랍에서 서류 파일을 펼치는데- 도배만이 알렌의 주상복합에서 가져온 (2화 32신) CCTV 속 빨간 머리 사진이 나온다. CCTV 흐릿한 빨간 머리와 서류 속 차우인과 동영상 빨간 머리를 번갈아 보는 용문구.

용문구	!!! (잠시) 우연이 차고 넘치면, 더 이상 우연이 아닌 거지.

15. 패스트푸드점 [낮]

유니폼을 입은 세나가 바쁘게 일을 하고 있다. 카운터 앞에 누가 서는데- 세나를 보며 미소 짓고 있는 차우인. 테이블에 앉아 대화하는 차우인과 세나. 세나, 과거와 달리 조금은 밝아 보인다.

차우인	(미소) 일은 할 만해?
세나	사장님도 잘해 주시고… 좋아요. (잠시) 노태남 재판 때문에 또 아주 괴로웠지만… 그래도 알렌이 벌받았잖아요. 이제 두 사람과 다시 보지 않아도 된다고 생각하니까 그것만으로도 견딜 수 있더라구요.

세나의 손을 따뜻하게 잡아 주는 차우인.

차우인	세나야, 때가 되면 모두 말해 주겠다고 했었지?
세나	(맑은 눈으로 차우인 보는)
차우인	내가…
세나	공항에서… 노태남 잡고 사라진 빨간 머리 여자. 그거… 언니 부캐죠?
차우인	(보다가 고개 끄덕이는) 응, 나였어.
세나	제 생각이 맞았네요… (미소) 동영상이 어떻게 언니한테 있었는지 궁금했는데 이제 알았어요. (잠시 차우인 보고) 더 물어보고 싶은 건 아주아주 많지만… 참을게요.
차우인	…
세나	언니는 지금 하고 있는 싸움, 그걸 끝까지 포기하지 않을 사람이니까.
차우인	…
세나	저도 저와의 싸움을 시작했어요. 더 이상 옛날 일 때문에 힘들어하지 않을 거예요.
차우인	(세나 손 잡는) 우리 꼭 이기자, 세나야.

서로 미소 지으며 보는 두 사람.

16. 비무장지대 (낮)

화면 열리면- 울창한 수풀 사이로 스윽 얼굴을 드러내는 원기춘(40대)과 수색대원들. 가슴에 달린 '민정경찰' 흉장. 한쪽 팔엔 MP 완장. 안면을 뒤덮은 위장 크림 때문에 눈빛만 형형하게 빛난다.
소총을 파지하고 은밀하게 수색로를 이동하던 그 순간! 펑- 후방에서 지뢰가 폭발한 소리가 들리고- 일제히 몸을 숙이는 대원들.

원기춘	현재 상황 보고해!
구 병장	중대장님이 확인되지 않습니다. 지뢰를 밟은 것 같습니다.
원기춘	각자 위치 사수하고, 구현석 병장은 본대에 지원 요청해.

구 병장, 무전기(P-99K)를 꺼내 연락을 하려는데- 손을 벌벌 떨면서 누르지 못한다.

원기춘	(구 병장의 뺨을 후려치며) 정신 똑바로 차려! 너한테 두 사람 목숨이 달렸어!
구 병장	(덜덜덜) 두… 두 사람 말입니까?
원기춘	(이 악물고) 중대장은 내가 구하러 간다.
구 병장	(믿기지 않는) 네? 저기는 지뢰 지댑… 니다.
원기춘	(버럭) 무슨 소리야? 내 부하가 저 안에 있는데! 여기 지형은 눈 감고도 갈 수 있어. 너희들은 움직이지 마. 이건 명령이다!
구 병장	대대장님!

모두가 말리지만 뿌리치고 지뢰 지대로 들어간 원기춘. 잠시 후,

'콰과과광' 2차 폭발이 다시 일어나는데- 구 병장과 부대원들-
그 소리에 넋이 나가고 여기저기서 눈물을 흘린다. 그때, 폭발
연기가 걷히고 나자- 원기춘이 중대장을 어깨에 들쳐 메고 지
뢰 지대를 나오고 있다!
믿을 수 없는 광경에 모두가 놀라서 입이 벌어지는데- 원기춘
의 한쪽 군화는 형체를 알아볼 수 없을 만큼 터져 있고- 핏물이
덕지덕지.

구 병장   (목이 터져라) 대대장님!!!

중대장을 구 병장을 비롯한 수색대원들 앞에 내려놓고서야 장
렬하게 기절하는 원기춘. 그 위로-

차우인 (E)   지뢰밭에서 부하를 구해 낸 살신성인의 지뢰 영웅. 원기춘 수색
대대장입니다.

17. 다방 아지트 - 비밀의 방 [낮]

도배만과 차우인, 강하준이 '복수의 지도'를 보고 있다. 화면에
떠 있는 원기춘 사진.

강하준   영웅이 된 대신 한쪽 다리를 잃었고 평생 목발을 짚고 살아가게
됐지.

도배만   (차우인 보며) 근데 왜 지뢰 영웅이 첫 번째 타겟이지?

차우인, 원기춘 사진 앞으로 가는데-

차우인   6년 전 아버지 회사를 무너뜨린 일등 공신이 둘이에요. 용문구
그리고 원기춘 수색대대장입니다.

도배만	(보는)
강하준	그 포상으로 용문구는 로앤원을 받았고, 원기춘은 애국회 막내 멤버로 들어갔지.
도배만	IM 디펜스와 관련해 지뢰 영웅이 무슨 역할을 한 건데?

그러자, 벽면에 6년 전 원기춘이 기자들 앞에서 답변하는 영상이 재생되기 시작한다.

원기춘 (E)	IM 디펜스 차호철 회장의 군사기밀 유출 혐의에 대해 고발합니다!

그 화면으로 파고드는 비주얼.

18. (과거) 기자회견장 (낮)

플래시 작렬하는 가운데- 단상에 앉아 고발을 하고 있는 군복 차림의 원기춘. 자막으로 '제4기갑여단 작전장교 원기춘 소령'이 뜨고-

원기춘	육군 국산 전차의 핵심 기밀을 건네는 조건으로 차호철 회장의 IM 디펜스와 중국 군수 업체 사이에 수백억 원의 뒷돈이 오간 증거 자료를 가지고 있습니다. 모두 차호철 회장의 주도로 이뤄졌습니다.

기자들, 웅성거리며 플래시 더욱 집중하고- 비장한 얼굴로 카메라를 노려보는 원기춘.

원기춘	군사기밀 유출은 나라를 팔아먹는 매우 중대한 반역 범죄입니다. 차호철 회장은 (강조) 일벌백계해도 부족합니다.

19. 서점 사인회장 (낮)

'살아만 있어라. 내가 간다.' 카피가 인쇄된 책들이 매대에 가득 쌓여 있다. 대형 패널을 배경으로 사인회를 하고 있는 원기춘. 사인을 받으려는 행렬.

기자 (E) 얼마 전, 비무장지대에서 수색 정찰 작전 도중 지뢰가 폭발한 사건을 기억하실 겁니다. 그 과정에서 목숨을 걸어 부하를 구하고, 다리를 잃은 자랑스런 군인이 있습니다. 지뢰 영웅 원기춘 수색대대장인데요.

'와! 영웅 아저씨다.' 여자아이가 셀카를 찍고 싶어 하자 펜을 놓고 일어나는 원기춘. 목발을 짚으며 일어나 아이 옆에 서더니 활짝 웃는 얼굴로 셀카를 찍어 준다.

20. 서점 로비 (낮)

사인회를 마친 원기춘, 목발을 짚은 채 기자들과 걸어 나오고 있다. 로비에 있는 사람들 박수치고 환호하는데- 원기춘, 활짝 웃으며 화답해 준다. 먼발치서 보고 있는 도배만과 차우인.

도배만 6년 전엔 고발 영웅이었다가… 이번엔 지뢰 영웅으로…
차우인 저 인간은 부하를 위해 지뢰밭에 들어갈 위인이 못 됩니다. 허위 증거를 만들어 아버지를 사지로 밀어 넣었던 놈이니까요.

분노 가득한 얼굴로 원기춘을 보고 있는 차우인.

도배만 지금 당장 총이라도 쏘고 싶은 얼굴이네?

그때- 군복 입은 김한용(20대)이 도배만과 차우인 옆을 지나친

다. 원기춘과 거리 두고 멈춰 서더니- 품에서 권총을 꺼낸다. 순
식간에 사람들이 엉키며 아수라장이 되는 로비. 기자들과 원기
춘, 아연실색이 되는데- 원기춘을 겨냥하는 김한용의 총구!
본능적으로 달려 나가려는 도배만. 그때- 차우인이 팔목을 잡아
챈다! 찰나의 시간, 둘 사이 복잡하고 미묘한 시선이 얽히다- 그
순간, 김한용의 총구가 불을 뿜는다! 탕! 소리와 함께 쓰러지는
원기춘. 모두가 숨죽이는 가운데- 김한용, 권총을 버리고 두 손
을 들고 투항한다.

도배만	(차우인과 김한용 번갈아보면서) 설마… 이거 니가 계획한 거야?
차우인	(보는)
도배만	(강하게) 대답해.
차우인	…아닙니다.

믿을 수 없는 듯 차우인을 쳐다보다 먼저 가 버리는 도배만. 차
우인, 끝까지 원기춘을 본다.

21. 노화영의 사단장실 [낮]

각 잡힌 부동 자세로 노화영에게 보고하는 서주혁.

서주혁	(경례) 충성! 원기춘 수색대대장 총기 저격 사건 보고 드립니다, 사단장님.
노화영	총을 쏜 범인이 내 병사라고?
서주혁	군경(군사경찰) 초동 조사 결과 저희 4사단 김한용 상병으로 밝혀졌습니다.
노화영	범행 동기가 뭐야?
서주혁	군경 조사로는 아직 밝히지 못해 용의자를 법무실로 이송 중에 있습니다. 그런데 좀 충격적인 사실이 하나 있는데 말입니다.

노화영	(그게 뭐지? 하는 얼굴)
서주혁	이걸 어떻게 받아들여야 할지 좀 난감합니다만… 김한용 상병 신원을 조사하는 과정에서…

서주혁 대답에 집중하는 노화영의 얼굴 위로-

기자 (E)	오늘 낮 벌어진 지뢰 영웅 저격 사건 용의자의 정체가 드러나 충격을 주고 있습니다!

22. 부대 위병소 앞 (낮)

부대 앞에 바글바글 모여 있는 기자들.

기자	김 모 상병은… 지뢰 영웅 원기춘 수색대대장이 목숨을 걸고 구해 낸 수색중대장의 친동생으로 밝혀졌습니다!

윤상기, 안유라와 함께 차량에서 나오는 김한용. 플래시 쏟아지는 아수라장의 모습에서-

23. (몽타주) 사건의 개요

자막 - 원기춘 수색대대장 총기 저격 사건

안유라 (E)	김한용 상병은 4사단 공병대대 총기 탄약 계원이었습니다.

- 정기 총기 탄약 점검을 하는 김한용.
- 김한용, 취침 소등 이후, 부대 탄약고에 들어가 권총과 총알을 챙긴다.

안유라 (E)	부대 총기 탄약 점검이 끝난 뒤 서류를 조작, 범행에 사용된 장

교용 9mm 자동권총 K-5와 총알을 훔쳐 외출을 나왔습니다.

- 위병소를 무사히 통과하는 김한용의 모습.

안유라 (E) 부대를 나간 직후 범행 장소인 서점으로 직행했으며 화장실에
서 범행 준비를 한 것으로 보입니다.

- CCTV 화면에 서점 화장실로 들어가는 김한용 모습이 찍힌다.
- 원기춘에게 다가가 권총을 꺼내 격발하는 김한용. 두 손을 들
어 투항한다.
- 보안 직원들에게 포박당해 바닥에 패대기쳐지는 김한용의 모습.

24. 법무실 회의실 (낮)

스크린에 떠 있는 자료와 화면들. 안유라가 브리핑을 계속 이어
가려는데-

도배만 김한용이 쏜 건 공포탄이지?
안유라 (놀라서) 어? 어떻게 아셨어요? 지금 보고하려던 내용인데.

스크린에 김한용의 발포 당시 모습이 재생된다. 날카롭게 그 모
습을 보는 도배만. 이어 탄피 클로즈업 화면들 컷컷.

도배만 공포탄은 탄두가 없어서 방아쇠를 당겼을 때 반동이 적어. 총성
도 다르고. 실탄이 빠앙! 이면 공포탄은 투웅! 이런 느낌.
윤상기 그게 저 CCTV 화면으로 식별이 됩니까? 현장에서 목격하신 것
처럼 아주 생생하신데 말입니다.
도배만 (피식) 나, 예리한 거 하루 이틀 겪냐?
윤상기 (혀 내두르며 엄지 척) …

차우인	공포탄이었다면, 살인 의도는 없었다는 말이군요.
도배만	꼭 그렇지는 않아.
차우인	공포탄으로는 누굴 죽일 수 없습니다.
도배만	실탄을 장전할 계획이었지만 긴장해서 공포탄을 장전한 거라면?

인서트_____

텅 빈 서점 화장실. 양변기 칸에서 (실탄과 공포탄이 섞인) 총알을 장전하려는 김한용. 잔뜩 긴장한 모습. 이마에서는 비 오듯 땀이 흘러내린다.

| 차우인 | 김한용 상병은 탄약 계원입니다. 그 정도는 구분할 수 있죠. |
| 도배만 | 누군가를 죽이려는 목적으로 권총을 탈취한 경우잖아. 이건 실전이야. (안유라에게) 김한용 소지품 중에 실탄도 있었나? |

안유라, 스크린에 사진을 띄운다. 실탄이 여러 발 찍힌 사진이다.

안유라	김한용 주머니에서 총 8발의 실탄이 발견되었습니다.
도배만	역시 명백한 살인미수! 공포탄이었지만 실탄을 소지했으니 살인을 위한 연속적 행위로 봐야 해. (차우인에게) 살인미수로 기소해.
차우인	실탄을 소지했어도 공포탄임을 인지하고 쐈다면 살인미수가 아닙니다.
도배만	그 부분은 좀 더 생각해 보고… 어차피 중요한 쟁점은 따로 있으니까.
차우인	네, 이 사건의 쟁점은 바로 살인 동기죠! 자기 형을 살린 사람한테 왜 총을 겨눴는지.

25. (교차) 조사실 + 영상 조사실 (낮)

어두운 조사실에 홀로 앉아 있는 김한용. 차우인, 김한용을 유심히 보고 있고, 도배만은 그런 차우인 얼굴을 살펴본다.

도배만	아쉽겠네. 저 녀석이 차 검 복수를 대신해 줄 수도 있었으니까.
차우인	제 복수는 제 손으로 합니다. 김한용 때문에 일만 더 복잡해졌구요.
도배만	(머쓱) 차 검이 계획한 게 진짜 아닌가 보네.
차우인	전 했으면 했다고 합니다.

그때- 안유라가 들어온다.

안유라	…저기… 군변호사가 좀 늦는다고 먼저 하시랍니다.
도배만	그 인간 여전하군.
차우인	아는 분입니까?
도배만	군단 법무실에 있었을 때 내 선임. 또 어디서 골프 치다 늦는 거겠지. 암튼, (조사실에 있는 김한용 보며) 먼저 저놈 입부터 열어 보자구.

26. 조사실 [낮]

도배만과 차우인, 조사실로 들어와 김한용 앞에 앉는다. 고개 숙이고 앉아 있는 김한용.

차우인	(잠시 보다가) 김한용.
김한용	(고개 숙인 채 묵묵부답)
차우인	군형법 제53조 상관 살해와 예비, 음모. 묵비권도 상황 봐 가면서 해. 굉장히 심각한 상황이니까.
김한용	(여전히 꿈쩍도 않는) …
차우인	일개 병사가 대대장을 쏜 사건이야. 피해자가 상관일 경우, 형량은 더 무거워. (확 내뱉는데) 왜 쐈어?

입 꾹 닫고 있는 김한용을 흥미롭게 보던 도배만. 슬슬 도발하기 시작한다.

도배만　게다가… 자기 형을 살려 준 은인한테 그런 짓을 해? 이 후레자식아!!

김한용　(그 말에 고개 휙 드는)

도배만　거슬려? 어디가? 후레자식? 아님… (점찍듯) 은인?

김한용　(분노) 그 새끼. 머리통을 날리지 못한 게 원통할 뿐입니다!

도배만　그래? 충분히 죽일 수 있었잖아. 실탄도 넉넉하게 챙겨 왔고.

김한용　(노려보는)

도배만　왜? 막상 기회가 오니까 겁났어?

김한용　(눈빛 흔들리는)

도배만　넌 후레자식인데다 겁쟁이야. 안 그래?

김한용　당신들 속셈 모를 줄 압니까? 날 자극해서 원하는 대답 받아 내면 그걸로 소설을 써 대겠죠. 난 당신 같은 군인들 절대 안 믿습니다!

분노하는 김한용을 유심히 보던 차우인.

차우인　너도 지금 군인이고, 병원에 있는 니 형도 군인이잖아.

김한용　(소리치는) 불쌍한 우리 형 함부로 입에 올리지 마십쇼!

차우인　(잠시 보다가) 하나는 확실하네. 형을 위해 총을 쐈다는 거.

김한용　(멈칫) !!

차우인　사람들은 지뢰 영웅이 형을 구했다고 알고 있지만… 넌 그렇게 생각하지 않는 거고.

김한용　…!!

차우인　하지만, 우리 앞에서 말 못 할 이유가 있는 거야. 나 같은 군인들을 믿지 않을 뿐만 아니라, 증오하고 있으니까.

그 말에 복잡한 얼굴로 차우인을 쳐다보는 김한용인데-

27. 조사실 앞 복도 [낮]

복도로 나오는 차우인과 도배만.

도배만   중요한 걸 건졌어. 지뢰 영웅한테 뭔가 있다는 거. 이번 사건은
            차 검이 진행해. 나는 내 식대로 서포트하지.

            그때- 저 앞에서 군복 차림의 군변호사가 느긋한 걸음으로 다
            가온다. 옆에 안유라도 같이 온다.

군변호사   어? 벌써 끝났나? 괜히 왔네. (도배만 보고) 너 전역 안 했냐?
도배만   그렇게 됐습니다. 이 사건 담당이셨군요.
차우인   (매서운) 너무 성의 없는 거 아닙니까?
군변호사   아무리 군변호사라도 지뢰 영웅한테 실탄 갈긴 놈 변호하고 싶
            겠습니까? 일이니까 억지로 하는 거지.
차우인   공포탄이었습니다. 군경 조서도 안 읽고 왔군요.

            그때- 조사실에 들어갔던 안유라가 김한용을 데리고 나온다.

차우인   변호할 병사 이름은 아십니까?
군변호사   (김한용 보며) 저런 버러지 같은 새 (하다가) 이름이야 뭐…
차우인   군변호사님이 이러시면 저 병사는 누굴 믿습니까? 가뜩이나 군
            인은 못 믿겠다고 하고 있는데.
군변호사   아니 거기야말로 누구 편을 드는 겁니까? 아예 군검사 떼고, 나
            대신 변호하지 그래요? (도배만 보며) 내 말이 틀리냐? 배만아?
도배만   (피식 웃는)
차우인   법정에서도 제대로 안 하시면 문제 제기할 겁니다.

그 말을 들은 김한용의 눈빛. 차우인의 뒷모습을 본다.

군변호사	하! 완전 싸가지네, 저거. 법무 기수 차이가 몇갠데 이래라 저래라야. (도배만에게) 쟤, 니 법무실 후임이야?
도배만	법무실 들어온 지 얼마 안 됐습니다. 이해하십쇼.
군변호사	(버럭) 과거 선임이 니 후임한테 당하는 꼴을 보고도 가만있나?
도배만	(차우인 보며) 좋은 후임은 때론 선임을 가르쳐 주기도 하죠.
군변호사	뭐? 지금 그거 나 들으라고 하는 소리야?
도배만	(미소) 제가 지금 그렇단 겁니다. 법정에서 뵙겠습니다.

건성으로 인사하고 가는 도배만.

28. 국군 병원 복도 (낮)

차우인과 안유라가 들어선다. 차우인의 손에 작은 화분(30~40센티 높이)이 들려 있다.

29. 국군 병원 VIP실 (낮)

기자들로 인산인해인 병실. 차우인과 안유라가 들어선다. 왼쪽 무릎 아래 의족을 보란 듯 드러내 놓고 인터뷰 중인 원기춘. 차우인, 응원 문구 달린 화환들 사이에 화분을 내려놓는다.

기자1	김한용 상병이 왜 저격을 했다고 생각하십니까?
원기춘	(영웅심 가득하고 카메라 앞이라 과장된 감정) 그거야… 가족이니까… 그랬겠지. 반송장이 된 형을 보고 분노를 토해 내고 싶었을 거야. 그 대상이 내가 된 거고… (눈물 글썽이며) 다 내 탓이야. 지뢰밭에서 중대장을 멀쩡하게 데리고 나오기만 했어도…
기자2	조심스러운 질문 드립니다. 평생 불편한 몸으로 살아가셔야 하는데 지뢰밭에 들어간 걸 후회하진 않으십니까?

원기춘	후회해. 뼈저리게 후회하고 말고.
기자 2	(예상외의 대답이라) !!
원기춘	내가 제대로 해내지 못한 것을 후회해! 하지만, 결단코!! 지뢰밭에 들어간 걸 후회하지는 않아!!

방송국 카메라에 담기는 원기춘의 모습. 감동적인 영웅의 모습이다. 뒤에서 차우인, 엷은 비소가 담긴 얼굴로 쳐다보는데-

(시간 경과) 방송국 취재팀이 나가자 방금 전 북받치던 감정이 완전히 정리된 원기춘 표정.

원기춘	군검사 자네도 알다시피… 이번 사건이 워낙 국민적인 관심이 크잖아.
차우인	국민들의 이목이 집중된 만큼 철저히 수사하겠습니다.
원기춘	(만족) 그래. 대체 그놈이 날 왜 쏜 거야? 동기 알아냈나?
차우인	수색대대장님은 뭐라고 생각하십니까? 방송용으로 말씀하신 거 말고.
원기춘	(버럭) 내가 어찌 알아? 지 형 살려 났더니 은혜를 원수로 갚은 놈인데.
차우인	혹시 선처를 바라십니까?
원기춘	(표정 바뀌는) 선처?
차우인	제가 내리는 구형에 참작될 겁니다. 탄원서 써 주시면 (하는데)

그러자 말 중간에 바지를 확 걷어 의족 다리를 침대에 턱 올린다.

원기춘	이 다리를 보고도 선처란 말이 나와? 그것도 군검사가!
차우인	(차분하게 보는)
원기춘	공포탄을 쐈건, 실탄을 쐈건, 그놈은 상급자한테 총을 쏜 놈이

야. 매우 중대한 반역 범죄라구! 김한용은 일벌백계해도 부족해! 알겠어?

길길이 날뛰는 원기춘을 차분히 보는 차우인의 얼굴 위로-

<u>인서트</u>_____

18신, 6년 전 기자회견장. 단상에서 원기춘이 열변을 토하고 있다.

원기춘   군사기밀 유출은 나라를 팔아먹는 매우 중대한 반역 범죄입니다. 차호철 회장은 일벌백계해도 부족합니다.

다시, 국군 병원 VIP실. 차우인, 잠시 원기춘 보더니-

차우인   일벌백계란 말을 자주 쓰시는군요.
원기춘   그랬나? (하하) 내가 제일 좋아하는 말이지.
차우인   걱정하지 않으셔도 됩니다. 수색대대장님께서 원하시는 대로 이번 사건이 확실한 본보기가 되도록… 제가 꼭 그렇게 만들 겁니다. (옅은 미소로) 법정에서 뵙죠.

돌아서는 차우인의 모습에서-

30. 국군 병원 일반 병실 [낮]

수색중대장(김한용 형)이 잠들어 있다. 붉게 부어오른 채 결박된 양팔과 다리. 그 모습을 보는 차우인, 안유라. 그때- 병실에 들어오는 군의관.

차우인   상태가 어떤가요?
군의관   조치가 빠르게 취해진 편이라 생명에 지장은 없습니다. CT 결과, 뇌에 지뢰 파편이 박혀 있는 걸 확인했는데 따로 제거는 안 했습니다. 무리하게 제거하다 더 위험할 수 있거든요. 이 정도면 천운이죠.

그때, 군의관의 주머니에 있던 핸드폰에 진동 느껴지고 화면 슬쩍 확인하더니 꾸벅 인사하고 병실 밖으로 나가는 군의관.

안유라   (다소 안타까운) 이만하면 다행인 건가… 근데 뭘 그렇게 보세요?

차우인의 시선이 서랍장 위에 놓인 액자에 가 있다. 김한용과 수색중대장(형)이 군복을 입은 채 충성 자세로 활짝 웃고 있다.

안유라   (사진에 시선) 애틋한 형제였더라고요. 부모님이 일찍 돌아가셔서 유일한 가족이자 아버지 같은 형이었다는데…
차우인   (보는) 익숙한 물건을 곁에 두는 거… 섬망 치료법 중 하나죠. (부은 팔다리 보며) 팔다리를 결박했지만 계속 탈출하려고 한 거고.
안유라   뇌손상은 못 피한 것 같아요. 사람도 못 알아보고, 계속 어디를 가야 한다고 그랬답니다. 정상적인 생활은 불가능한 상태인 거죠.

김한용 형을 보는 차우인의 얼굴 위로-

인서트_____

6년 전, 사고 후 죽은 차호철을 덮은 흰 천을 내리는- 휠체어 탄 차우인의 모습.

안유라   김한용을 두둔할 생각은 없지만… 저 같아도… 하루아침에 가족이 저렇게 되면 제정신 아닐 것 같습니다.

차우인, 아버지 기억에 다소 흔들리는 눈빛인데-

31. 사단장실 앞 복도 (낮)

다른 날이다. 도배만과 서주혁이 사단장실로 가고 있다. 서주혁,
긴장한 얼굴로 버럭-

서주혁   사단장님이 법무실 방문한 거 왜 보고 안 했어?

도배만   지금 그 반응 나오실 것 같아서 안 했습니다. 그냥 격려 차원에
서 오신 거니까 크게 신경 안 쓰셔도 됩니다.

서주혁   (못 믿겨) 정말 격려 맞지? 사단장님한테 실수한 거 없는 거 확실
하고?

도배만   제가 아는 한 없습니다.

서주혁   (전전긍긍하며 걷는) 하… 무슨 일로 호출이시지.

도배만   노태남 훈련병 건은 이미 법무실에 오셔서 엄단하라고 하셨습
니다.

서주혁   (놀라서) 엄단? 자기 아들을 엄단? 와. 사단장님 대단해. 정말 무
서운 여자… 아니 엄마다. 사단장님도 그렇고 차우인도 그렇고
여군이 더 독해. 피도 눈물도 없어. 내가 이렇게 위아래로 독한
여자들 사이에 껴서 군 생활 하게 될 줄이야.

도배만   (피식)

서주혁   (짜증 팍) 게다가 지뢰 영웅한테 총 쏜 놈까지. 내가 하루도 마음
졸이지 않는 날이 없다.

사단장실에 가까워지자 저 앞에 양 부관이 보인다.

32. 노화영의 사단장실 (낮)

딱딱 각 잡힌 걸음으로 들어오는 서주혁. 그보다는 편하게 들어
오는 도배만. 두 사람이 경례하자- 그 모습 빤히 보는 노화영.

서주혁, 눈동자도 못 돌리는데, 그 앞에 탁 던져지는 서류철.

노화영	전임 사단장 때 처리 안 하고 묻혀진 군납 비리업체들 리스트야.
서주혁	(이건 또 뭔 일?) 네?
노화영	민간인은 수사기관에 고발 조치하고…
서주혁	(서류철 들춰보며… 아… 골치 아픈)
노화영	군인들은 법리 철저히 적용해서 군복 벗기던가 수갑 채워. (서주혁 보며) 법무참모의 능력을 지켜보겠어.
서주혁	(다시 경례 척!) 썩은 살을 도려낸다는 각오로 보여 드리겠습니다.
노화영	그리고, 도배만 대위.
도배만	네, 사단장님.
노화영	(자리에서 일어나며) 자네는 나하고 갈 데가 있어. 따라와.

나가는 노화영. 영문 모르겠다는 얼굴로 따라나서는 도배만인데-

33. 명세건설 외경 (낮)

명세건설 건물이 보인다.

34. 명세건설 복도 (낮)

노화영 옆에서 걷는 도배만. 복도 벽면에 걸린 건설 회사 특유의 홍보물들.

도배만	여기에 온 용무를 알 수 있겠습니까?

노화영, 도배만과 눈도 마주치지 않고 걸어간다.

35. 명세건설 대회의실 (낮)

예정된 방문인 듯- 회사 임원진들과 시청 공무원이 잔뜩 심각한 얼굴로 기다리고 있다. 자리에 앉는 노화영. 도배만은 상황 파악 안 되는 얼굴로 노화영 옆에 선다.

노화영　　　저희 4사단 입장은 미리 보고받으셨을 겁니다.

임원 1　　　이런 경우가 어딨습니까?

임원 2　　　주민들 이주도 다 시켰고, 이제 땅 팔 일만 남았는데 갑자기 호텔 건설 계획을 전면 취소하라니요?

시청 공무원　저희 시청에서도 사업 계획 승인을 이미 내린 사항입니다.

도배만, 주위를 보면- 5동짜리 '분양형 호텔' 개발 계획 패널이 보인다.

임원 1　　　전임 사단장하고 다 합의된 일인데 그걸 지금 와서 뒤집겠다고요?

노화영　　　(보며) 그렇지만 이상하게도… 합의된 내용들이 계약서나 문서로 남겨진 건 없더군요. (도배만 보며) 도배만 대위!

도배만　　　대위 도배만!

노화영　　　군사지역 내 호텔 건설 계획의 법률적 문제에 대해 군검사로서 명확하게 설명해 봐.

갑작스런 요청에 잠시 노화영 보는 도배만, 그러다 표정 당당하게 확 바꿔서-

도배만　　　군사기지 및 군사시설 보호법 제13조에 의거 국방부장관 또는 관할부대장 등과 협의 없이는 모든 건축물의 신축, 증축이 불가능합니다. 더구나 인근에 위치한 저희 4사단 방공진지는 서울 외곽 방어를 위한 핵심 진지로…

벽에 걸린- (모델하우스 팸플릿에서 볼 수 있는) 사진 휙 보더니-

도배만	172m 높이의 5동 분양형 호텔이 건설되면 대공 방공여단 기지가 완전히 포위됨으로써 무용지물이 됩니다.

들을수록 일그러지는 임원들의 표정. 노화영, 엷은 미소 띄우며 듣는다.

도배만	건설밥 하루 이틀 드신 분들 아니니까 저보다 더 잘 아시겠지만 개발 사업할 때 절대 못 이기는 두 개가 있죠. (쐐기 박듯) 바로 문화재와 군부대! 법은 몰랐다고 봐주지 않습니다. 물론 몰랐을 리도 없지만. 힘들게 다 짓고 나서 국민청원 받아 허물지 마시고… 지금이라도 원점에서 재검토하시는 게 좋을 겁니다.
노화영	저희 군검사가 하는 말 잘 들으셨습니까?
임원들	(똥 씹은 얼굴 되는)
노화영	제가 있는 한 저희 4사단 입장은 변하지 않습니다.

노화영, 자리에서 일어나 나가려는데- 임원 1이 벌떡 일어선다.

임원1	사단장님! 이러시면 앞으로 곤란해지실 텐데 감당하실 수 있겠습니까?
노화영	(다가가 멈춰 서더니) 지금 군검사 앞에 두고 협박하시는 겁니까?
도배만	(날카롭게 임원 1 보는) …
임원1	(확 쪼그라들어) 죄송합니다, 사단장님. 오햅니다.

일제히 고개 숙이는 임원들. 그 상황, 적당히 즐기는 듯한 노화영의 모습에서.

36. 명세건설 복도 [낮]

회의실에서 나온 노화영과 도배만.

노화영	(도배만 보며) 아무런 언질도 주지 않았는데 제법이군, 도배만 대위.
도배만	전임 사단장이 하시던 일들을 모두 중단시킬 생각이십니까?
노화영	(비소) 내가 겨우 전임자가 남긴 설거지나 하려고 온 걸로 보이나?
도배만	아… 그런 뜻은 아닙니다.
노화영	저놈들 머릿속엔 전쟁 따윈 없어. 그러니까 부대 코앞에 호텔을 세우고, 100층짜리 빌딩을 올려서 비행장 활주로를 돌리게 만드는 거지.

노화영과 도배만, 복도 걸어가며–

노화영	하지만… 막상 전쟁이 터지면 저들을 위해 우리는 하나뿐인 목숨을 걸어야 돼. 군인의 운명이란 참으로 아이러니하니까.
도배만	(수긍하며) 법이냐 계급이냐… 군법정에 서야 하는 저희 군검사의 운명 또한 아이러니합니다.
노화영	(마침 잘됐군…) 그래… 원기춘 수색대대장 재판은 어떻게 돼 가나?
도배만	차우인 대위가 김한용이 총을 든 이유를 조사 중입니다.

노화영, 걸음 멈추는데–

노화영	총을 든 이유?
도배만	처벌을 내리기 위해서는 사건이 벌어진 원인부터 알아야 하니까요.
노화영	(강한) 군검사가 사건의 진상 파악을 위해 가해자의 편을 든다고?
도배만	검사는 누구의 편도 아닙니다. 상관 부하를 막론하고 말이죠.
노화영	이 사건은 일개 병사가 지휘관에게 총을 쏜 거야. 군대 조직을 밑동부터 무너뜨리는 가장 악랄한 범죄가 바로 하극상이지. 내 사단에선 절대 용납할 수 없어. 그런데 이유 따위를 찾는다고?
도배만	이 자리에 절 대동하신 이유가 수사에 개입해 가이드라인을 내

리기 위함이었습니까?

그 말에- 도배만을 무섭게 쏘아보는 노화영.

노화영   말을 함부로 하는군, 도배만 대위.
도배만   김한용의 행위가 하극상인건 맞지만… 저희 군검찰은 이 사건의
                 진상을 밝히는 것이 무엇보다 중요하다는 말씀드리는 겁니다.
노화영   (비소) 자네들이 어떻게 진행하는지 똑똑히 지켜보지.

목례하는 도배만. 차갑게 굳은 얼굴로 다시 걷는 노화영인데-

37. 법무참모실 [낮]
서주혁, 노화영에게 받아 온 '군납 비리업체 리스트' 파일을 뒤
적이고 있다. 뒤적일수록 머리가 아프고 짜증이 나는데-

서주혁   (혼잣말) 아우… 왜 이렇게 많아… 이걸 다 언제 조사하냐구…

잠시 후, 참모실 문을 두드리는 노크 소리 들리고 차우인이 결
재 파일을 들고 들어온다. 차우인을 보지도 않고 찌푸린 얼굴로
서류만 보는 서주혁. 그 모습 보던 차우인, 결재 서류 놓고 나가
려고 하는데- 그 위로.

서주혁   차우인!
차우인   네.
서주혁   (매서운 눈매로) 손톱 내밀어 봐.
차우인   네?
서주혁   (짜증도 나겠다 꼬투리나 잡자하는) 요새 말이야… 치장 물품에 화
                 장도 모자라 민간인들처럼 네일아트까지 하는 군기 빠진 여군

들이 있다던데… 당장 펴 봐!

손을 쫙 펴 보이는 차우인. 서주혁, 매의 눈으로 점검하는데 단
정한 맨 손톱이다.

서주혁   살색 네일아트는 아니겠지? (아쉬워서 쩝!) …운이 좋구만… 차
          대위는 언제나 요리조리 잘 피해 간단 말이지.
차우인   참모님, 아직도 제가 여군으로만 보이십니까?
서주혁   뭐?
차우인   군인으로서 최선을 다해 복무 중이고 또 검사로서 실적을 내고
          있음에도 불구하고 남군들에게 없는 이런 불시 점검을 받는 것
          이 부당하다고 생각됩니다. 왜 매번 여군은 남군과 다르지 않다
          는 걸 증명해 내야 하는 겁니까?
서주혁   (기세 밀리는) …그거는… (할 말 없다가) 여군들이 눈에 띄니까 그
          런 거잖아? 지금 너처럼! (다시 기세 올리고) 암튼!! 군인은 털끝
          하나도 절대적으로 국가의 소유임을 명심해!
차우인   (미소로) 네, 참모님.

경례하는 차우인. 서주혁, 억지로 경례 받아 준다. 차우인 나가
자, 파일 잡고 부르르-

서주혁   으, 여군!!! 이러니 내가 결혼을 안 한다니까!!!

38. 고급 한정식집 (밤)

'군부대 반대로 호텔 건설 계획 무산!' 이재식이 태블릿으로 기
사를 보고 있다. 태블릿 곧바로 팽개치는 이재식, 그때 문이 열
리면서 노화영이 들어선다. 들어선 뒤, 떨어진 태블릿 주워서 이
재식 앞에 바로 놓는 노화영.

이재식	(대노) 니가 여길 어디라고 와? 오길?
노화영	죄송합니다. 장관님. 미리 연락 못 드렸습니다.

노화영, 맞은편에 앉는다. 분노가 가시지 않은 이재식. 태블릿 기사 가리키며—

이재식	이걸… 화영이 니가 했다고?
노화영	전임 사단장 통해 장관님께도 돈이 흘러간 거 압니다. 그래서 제가… 잘랐습니다.
이재식	잘랐다? 거 묘한 소리네.
노화영	장관 자리에 앉게 해 준 총알이 결국엔 장관님의 심장을 관통할 겁니다.
이재식	뭐가 어째? 이젠 내 머리 위에 올라앉겠다는 거냐?
노화영	(고개 숙이며) 제 아들 일로… 어떻게 하면 심기를 풀어 드릴까 고심하다가 내린 결정입니다. 제 모든 열과 성을 다해 장관님의 방패막이가 되어 드릴 겁니다.
이재식	(보다가) 날 위해서… 더러운 장수 놈 안고 강물에 뛰어든 논개가 된 거다?

노화영의 뜻 알아차린 이재식, 스스로 한 잔 따라 마신다.

노화영	(고개 숙인채) 앞으로 저희 4사단에서 군납 비리 체포 소식이 줄 줄이 터질 겁니다. 역대 어느 누구도 해내지 못한 군기강 쇄신을 장관님 손으로 시작하시는 겁니다.
이재식	(약간 누그러지는데) 내 평생 군인으로 살 땐 무서운 게 없었는데… 정치판에 뛰어드니까 니 말대로 어느 놈이 나한테 총을 쏠지 겁이 나.
노화영	(고개 들며) 제가 장관님을 지켜 드리겠습니다.

이재식	(듣는데… 점차 만족스럽다)
노화영	지금까지 전 장관님이 만들어 주신 길을 걸어왔습니다. 이젠… 제가 장관님의 길을 만들어 드릴 겁니다.
이재식	(술잔 건네며) 난 내 사람 절대 버리지 않는다. 넌 알지?

그 말에- 이재식이 내미는 잔 받아 단숨에 마시는 노화영.

39. 고급 한정식집 앞 (밤)

저녁을 마치고 밖으로 나오는 노화영과 이재식, 한정식집 앞을 걷는다.

이재식	(어이없는) 원기춘이 그 군인 같지도 않은 놈이 나보다 먼저 훈장 달게 생겼다. 화영아.
노화영	(보는)
이재식	(티 나게 질투) 정치권에서도 그놈 퇴역하기만을 기다린다니… 요지경도 이런 요지경이 있나…
노화영	원 중령한테 전하겠습니다. 많이 기뻐하겠네요.
이재식	전쟁 나면 부하들 총알받이 세워 두고 숨을 놈이잖아? 그런 놈이 부하 구하겠다고 지뢰밭에 들어가다니… 지나가던 개가 웃을 소린데…
노화영	…
이재식	사고 치지 말라고 수색대 처박아 뒀더니… 정신을 차린 건지 어쩐 건지… 참 오래 살고 볼 일이다.

간간이 이재식을 쳐다보는 노화영인데-

40. 노화영의 차 안 (밤)

이재식과의 저녁을 마치고 돌아가는 차 안. 시트에 몸을 누인 노화영, 조금 전 이재식의 말을 다시 떠올리고 있다.

이재식 (E)   난 내 사람 절대 버리지 않는다. 넌 알지?

노화영의 입가에 비릿한 미소가 머금어진다. 그러더니-

노화영   (혼잣말) 이미 한 번 버린 사람을 또 버릴 순 없겠지.

41. 병원 주차장[낮]
다음 날이다. 퇴원한 원기춘이 수행원들과 나온다. 그 앞에 멈춰
서는 차량. 유리창 내려가며 드러나는 노화영의 얼굴.

원기춘   (고개 바로 숙이는) 사단장님.
노화영   (조수석의 양 부관에게) 태워.
양 부관   네, 사단장님.

양 부관이 내려 원기춘을 부축해 뒷자리에 태우는데- 긴장한
얼굴로 차에 타는 원기춘.

42. 노화영의 관사 [낮]
관사에 들어서는 노화영과 그 뒤를 목발 짚고 따라오는 원기춘.
노화영이 의자에 앉고- 원기춘은 목발을 짚고 서 있다. 아랑곳
하지 않는 노화영의 표정.

노화영   …그놈이 뭔가를 알아낸 게 분명해.
원기춘   (영문 모르겠는) 네? 누구 말입니까?
노화영   김한용. 너한테 총 쏜 놈.
원기춘   …

| 노화영 | 어떻게 알아냈는지 모르지만… 뭔가 알아낸 건 확실해. |
| 원기춘 | (눈치 보며) 그놈이… (주저하다가) 뭘 말입니까? |

그 말에 확 인상 굳는 노화영. 벌떡 일어나 원기춘에게 다가간다.

| 노화영 | 영웅놀이에 빠져 있다 보니 다 까먹은 거야? |

그러더니- 원기춘의 성한 한쪽 다리를 발로 강하게 걷어차는데-
'아악' 고통스러워하면서도 목발로 겨우 짚고 버티는 원기춘.

| 노화영 | 니가 그놈 형을 총으로 쏜 거 말이야, 이 멍청한 새끼야. |
| 원기춘 | !! |

43. (과거 교차) 원기춘과 수색중대장

- (지뢰 지대) 원기춘이 보인다. 권총의 방아쇠를 당긴다. 탕!
- (서점 로비) 김한용이 보인다. 방아쇠를 당긴다. 탕!
- (지뢰 지대) 원기춘이 쏜 총을 머리에 맞고 풀썩 쓰러지는 중대장.
- (서점 로비) 김한용 쏜 총에 놀라 목발을 놓치고 쓰러지는 원기춘.
- (지뢰 지대) 원기춘, 패닉에 빠진 얼굴로 쓰러진 중대장 바라본다.
- (서점 로비) 김한용, 권총을 버린 후 두 손을 들고 투항한다.

44. (현재) 노화영의 관사 (낮)

노화영	이제 곧 재판이 시작될 거고 사실이 알려지는 날엔 니 영웅담은 끝이고…
원기춘	(그 말에 바로 주저앉는데) 사… 살려 주십쇼, 사단장님.
노화영	넌 내 손에 죽어.
원기춘	(간절함과 애절함 섞이면서) 네… 네… 명령만 내려 주십쇼, 사단장님. 뭐든 다 하겠습니다. 뭐든지요.

| 노화영 | (똑바로 보며 감정 없이) 그래. 넌 뭐든지 해야 돼. |

45. IM 디펜스 로비 (낮)

용문구가 로비에 들어서면- 미리 정렬하고 있던 직원들이 일제히 박수로 환영한다. 미소로 답하고 들어가는 용문구를 따라 군인들처럼 각을 잡고 걷는 직원들.

46. IM 디펜스 복도 (낮)

〈대표이사실〉명패가 달린 집무실 앞에 서는 용문구. 잠시 호흡을 가다듬는데. 문 열고 들어가면-

47. (과거) 차호철의 IM 집무실 (낮)

집무실에 문 열고 들어오는 용문구의 시점. 〈회장 차호철〉이 새겨진 명패. 검은 가죽 의자에 앉아 통화를 하고 있는 차호철의 뒷모습이 보인다. 차호철, 통화 중인 핸드폰 내려놓으면- '내 딸'이라고 찍힌 액정.

용문구	지금 바로 수사관들이 들이닥칠 겁니다.
차호철	(굳은 얼굴로 돌아보는)
용문구	먼저 나가시죠. 직원들에게 험한 꼴 보이시지 않도록 제가 그건 배려해 드리겠습니다.
차호철	용문구 검사, 난 자네가 기소한 그 어떤 혐의도 저지르지 않았어. (분노) 나한테 죄를 덮어씌우는 이유가 대체 뭐야?

차호철 책상에 놓아 둔 핸드폰이 종료되지 않은 채- 여전히 통화 중이다.

| 차호철 | 내 회사를 무너뜨려서 자네가 얻는 게 뭐냐고? |

용문구	(보는)
차호철	모두 노화영이 시킨 일이지?

그때- 집무실에 압수 수색 상자를 들고 우르르 들어오는 수사관들. 난장판 되는 와중에 책상에 올려 둔 핸드폰이 떨어져 수사관 발에 밟힌다.

용문구	후문으로 모셔.
수사관	차호철 씨, 가시죠.

참담한 얼굴로 수사관과 나가는 차호철. 그런 차호철을 보는 용문구인데-

48. (현재) 용문구의 IM 집무실 (낮)

용문구의 시선에 따라 6년 전 과거에서 현재로 바뀌는 비주얼. 통창으로 보이는 창밖 풍경을 포함해 내부 모습이 변해 간다. 책상에 올려진 명패 〈대표이사 용문구〉 손으로 명패를 한 번 쓸어 보는데-
시선 돌리면- 한쪽 편에 차호철이 앉았던 검은 가죽 의자(볼트의자)가 보인다. 가죽 의자를 발로 걷어차 버리는 용문구, 천천히 럭셔리한 새 의자에 앉는다.

용문구 (E)	차호철, 노태남에 이어 내가 이 방의 세 번째 주인. 지금은 껍데기에 불과하지만… 머지않아… IM 디펜스는 내 손안에 들어오게 될 거야.

49. 차우인의 관사 (밤)

차우인, 눈을 감고 철봉에 거꾸로 매달려 있다. 블루투스로 연결

된 에어팟으로 들리는-

차호철 (E)　내 회사를 무너뜨려서 자네가 얻는 게 뭐냐고? 모두 노화영이
　　　　시킨 일이지?

이어 압수 수색 소리와 함께 종료되는 녹음. 매달려 있는 차우
인의 얼굴 위로-

50. (과거) 체육관 (낮)

차호철과 차우인(21)이 스파링을 하고 있다. 둘 다 땀에 흠뻑 젖
었다. 여유 있게 마크하면서 가끔 센 펀치를 날려 보기도 하는
차호철, 딸의 스파링을 오래 해 준 느낌이다. 차우인, 제법 파워
있는 주먹을 날린다.

차호철　　(헉헉) 6살이었던가? 글러브 처음 꼈던 거 말이야.
차우인　　(여유) 아빠 내가 아들이었으면 더 좋았겠다 한 적 정말 없었어?
차호철　　응, 한 번도. 이렇게 잘하는데 왜?
차우인　　(미소) 역시 울 아빠 다른 아빠들이랑 달라.

차우인, 키득거리며 세게 펀치 날려 주고- 차호철, 일부러 맞아
주는데.

차호철　　와~ 우리 우인이 선수해도 되겠는데? 응?
차우인　　그럼 법대 때려칠까? 평생 싸우는 건 마찬가지니까.

51. (현재) 차우인의 관사 (밤)

차우인, 매달려 있던 철봉에서 내려온다. 촉촉하게 젖은 눈가를
훔치는데-

52. 관사 앞 (밤)

관사를 나오는 차우인. 핸드폰 꺼내 도배만에게 전화를 건다.

차우인	보여 드릴 게 있습니다.
도배만 (F)	월척이라도 건졌나?
차우인	낚싯대가 부러질 뻔한 대업니다.
도배만 (F)	나 궁금한 거 못 참는 거 몰라? 당장 법무실로 가지고 와.

핸드폰 끊고 피식 웃는 차우인. 그 위로-

도배만 (E)	(버럭) 차우인 너, 미쳤어?

53. 자료 보관실 (밤)

도배만이 차우인의 핸드폰을 보고 있다. 원기춘 병실 내부 모습이 찍혀 있다!

도배만	(흥분) 군검사가 카메라를 몰래 심어 놔? 아무리 복수에 눈이 멀어도 그렇지!
차우인	일단 보고 말씀하시죠.
도배만	(핸드폰 밀어 버리며) 재판에 꺼내지도 못할 증거를 뭘 하러 봐! (짜증 팍) 이 야밤에 달려왔더니 기껏… 불법 증거나 내놓고!
차우인	그럼 보지 마시죠. 어차피 제 재판이니 (하는데)
도배만	(휙 핸드폰 뺏으며) 너 그 버릇 안 버리면 진짜 큰일 (하는데)

핸드폰 화면에서 눈을 떼지 못하는 도배만.

도배만	(계속 보며) 카메라 정말 잘 심어 놨다, 차우인.
차우인	(피식)

도배만	당장 원기춘 수색대대장 기소해서 지뢰 사건 재조사 들어가야 겠어.
차우인	(버럭) 안 됩니다!
도배만	왜?
차우인	지금 기소하면 원기춘이 대비할 겁니다. 영웅놀이에 푹 빠져서 방심하고 있을 때, 제대로 허를 찌를 겁니다.

54. 보통군사법원 법정 (낮)

자막 – 원기춘 수색대대장 총기 저격 사건 제1차 공판

증언을 하기 위해 증인석으로 가고 있는 원기춘 모습 위로-

차우인 (E)	모두가 지켜보는 가운데 가짜 영웅의 최후를 보여 드리죠.

군검사석에는 차우인만 있다. 그때, 군변호사의 핸드폰이 울린
다. 받아 들면-

도배만 (F)	접니다, 도배만.
군변호사	너 뭐 하냐? 재판 안 들어오고?
도배만 (F)	이 재판에 관심도 없고, 능력도 없는 거 스스로도 아시죠?
군변호사	(욱 하는데) 뭐? 죽고 싶어? 당장 튀어 와.
도배만 (F)	지금 사진 몇 장 보낼 테니까 그거 보고 얘기하시죠.

의족을 절뚝이는 원기춘이 증인석에 앉기까지 시간이 걸리고
있다. 군변호사 핸드폰에 뜨는 사진들. 〈군대 골프장에서 티샷
을 날리는 군변호사 모습들〉 군변호사의 얼굴이 대번에 와르
르– 일그러진다.

55. 보통군사법원 일각 [낮]

텅 빈 복도를 걸어가며 에어팟으로 통화 중인 도배만.

도배만   김한용 취조 때 골프장에 있다가 늦게 오신 거죠? 재판 째고 골
프 치고 있었던 게 몇 번이시더라? 뭐, 활동 수당 부당 수령은
밥 먹듯이 하셨고…

군변호사 (F)   (단번에 차갑게 굳는)

도배만   구산은행장 아들 황제복무 사건 제 작품인 거 기억하시죠? 그
2탄으로 황제 군변호사 준비할까요? 말까요?

군변호사 (F)   나한테 원하는 게 뭐야?

도배만   바로 알아들으시네요. 지금부터 내가 하는 말 토씨 하나 바꾸지
말고 그대로 변론하세요.

군변호사 (F)   (황당) 뭐?

도배만   법정에서 제 아바타가 되시라구요. 제가 스타 군변호사로 만들
어 드리죠.

어이없는 얼굴로 군검사석으로 시선 돌리면- 알고 있다는 듯
차우인이 미소 짓고 있다.

56. 보통군사법원 법정 [낮]

증인석에 원기춘이 앉아 있다. 영웅답게 자신감 가득한 얼굴.

도배만 (F)   책상 밑에 무선 이어폰이 있을 겁니다. 페어링 하세요.

군판사   군변호사, 통화 언제까지 할 겁니까? 변론 안 해요?

군변호사, 일그러진 얼굴로 책상 밑에서 무선 이어폰을 꺼낸 뒤
페어링 한다. 무선 이어폰을 귀에 꽂자- 도배만의 목소리가 들
린다.

도배만 (F)	증인은 김한용 상병의 형, 즉 수색중대장을 구했지만⋯

군 변호사, 원기춘에게 다가가며-

군변호사	증인은 김한용 상병의 형, 즉 수색중대장을 구했지만⋯

아바타가 된 군변호사. 귓속 무선 이어폰으로 파고드는 비주얼-

57. 보통군사법원 일각 + 법정 [낮]
도배만이 끼고 있는 무선 이어폰으로 나오는 비주얼.

도배만	영웅담이 사실과 다르다는 말이 있습니다.

벽에 설치된 모니터로 군법정을 보며 변론하는 도배만. 화면 절반씩 나눠서- 마치 도배만과 차우인이 공방을 주고받는 듯한 모습.

차우인	(일어나며) 재판장님, 본 건과는 관계 없습니다.
도배만	김한용 피고인의 범행 동기를 알 수 있는 중요한 사안입니다.
원기춘	(버럭) 어디 찌라시 같은 얘기를 듣고 와 가지고⋯ 사실무근입니다!!
차우인	(끊고) 증인은 가만히 계세요.

법원 일각의 도배만, 군검사석의 차우인 보면서-

도배만	군검사님은 어떻게 생각하시나요?
차우인	변호사님이 쓴 소설 같은 질문엔 답하지 않겠습니다.
도배만	이상하게도⋯ 변호사인 저는 점점 더 수상하단 생각이 드네요.

차우인	무슨 뜻이죠?
도배만	국민적 관심을 받고 있는 재판입니다. 김한용 피고인이 수색대대장을 저격한 사실만큼이나…

군변호사, 어느새 아바타 연기에 푹 빠져 열연하고 있다.

군변호사	지뢰 영웅에 대한 의문 역시 밝혀져야 합니다, 재판장님!!
차우인	지금 살신성인을 몸소 실천한 증인을 모독하는 겁니까?

다시 도배만으로 넘어가는 화면. 도배만, 그 어느 때보다 정의로워 보인다!

도배만	검사가 수사 및 공판 과정에서 피고인에게 유리한 증거를 발견하게 되었다면 피고인의 이익을 위하여 이를 법원에 제출하여야 한다. 대법원 판례. 2001 다 23447.
차우인	(구석에 몰리는 듯한)
도배만	한 말씀만 더 보탤까요? 군검사는 벌을 주는 사람도 아니고 누군가를 변호하여 지키는 사람도 아닙니다. 이 군법정에서 법의 수호자로서 진실을 밝히는 사람이죠.

말을 마치는 도배만. 군판사, 도배만의 말에 수긍하는 얼굴이다. 그러더니-

군판사	군검사는 재판을 준비하면서 수색대대장에 대해서도 조사했습니까?

그 말에 얼굴 일그러지는 원기춘. 반면, 차우인은 눈치채지 못하게 틈새 미소를 짓는다.

차우인	(잠시) 그렇습니다.
군판사	본 재판장은 군이 정직할 때 강군이 된다고 생각합니다. 군검사의 생각은 어떻습니까?
차우인	동의합니다. (어쩔 수 없지만) 알고 있는 부분을 말씀드려 보겠습니다.
원기춘	(생각지 못한 차우인의 답에 멈칫) !!

58. 보통군사법원 일각 (낮)

귀에서 에어팟 빼는 도배만. 모니터 속 차우인 보며 미소 보내고-

도배만	그래. 지금부턴 차우인 니 독무대다!

59. 보통군사법원 법정 (낮)

화면에 떠 있는 자료. 해당일 날씨 관련 자료다.

차우인	지뢰 사고가 났던 당일은 안개가 심해 수색에 적합한 날이 아니었습니다. 하지만 원기춘 수색대대장의 결정으로 강행됐습니다.
원기춘	이보쇼! 여자 군검사 양반. 전쟁은 갑자기 찾아옵니다. 비 오고, 안개 꼈다고 전쟁 안 납니까? DMZ 작전 환경을 모르면 잠자코 있으라고.
차우인	말은 그렇게 하시지만 복무 기간 동안 단 한 번도 날씨가 안 좋을 때 수색 정찰을 나간 기록이 없더군요. 증거 자료를 보여 드리죠.

화면에 뜨는 자료. 수색 정찰 일지 기록이다. 원기춘의 얼굴이 일그러진다.

차우인	해당 지역은 안개가 자주 끼는 지형입니다. 안개가 끼면 피아

	식별이 힘듭니다. 저 앞에 걸어가고 있는 병사가 아군인지, 적군인지, 고라니인지조차 구분하기 힘들 정도죠.
원기춘	…
차우인	혹시라도 오인 사격을 하게 되면…
원기춘	(미묘하게 움찔하는) !!
차우인	…더 큰 문제가 되기 때문에 아예 수색 정찰을 나가지 않습니다. 이런 데도 전쟁 핑곌 대실 겁니까?
원기춘	(굳은 얼굴로 노려보는)
차우인	예외적으로 그날 수색에 나간 이유는 뭐였습니까?
원기춘	특별한 이유, 없었다니까!!

팽팽하게 차우인을 노려보는 원기춘.

차우인	두 번째 의문점은 왜 지뢰 지대로 들어갔냐는 것입니다. 4군단 합동조사단 보고서 내용입니다.

화면에 뜨는 자료. 보고서에서 표시된 '작전 도로에서 미개척된 약 5미터 지점'

차우인	한국전쟁 때 비무장지대에 뿌려진 지뢰만 2백만 발로 추정됩니다. 지구상에서 가장 지뢰 밀도가 높은 곳이 바로 이 비무장지대죠. 그래서 반드시 정해진 길로만 다녀야 합니다. 하지만 사고가 난 곳은 안전이 확인된 길이 아닌 (잠시) 지뢰밭이었습니다.
군판사	증인, 왜 수색로를 이탈해 지뢰 지대로 들어갔습니까?
원기춘	거긴 내가 눈 감고도 가는 길입니다.
차우인	안전한 길이었다면 지뢰가 터지는 일도 없었겠죠. 지뢰가 발이 달려 움직이지 않는 한 말입니다.
원기춘	(점점 분노가 올라오는) !!

차우인	마지막 질문입니다. 증인은 지뢰 지대를 어떻게 빠져나왔습니까?
원기춘	포복으로 기어 나왔습니다.
차우인	포복으로요?
원기춘	그렇습니다.
차우인	80킬로의 중대장을 안고 압력감지식 지뢰밭을 온몸으로 쓸면서 나왔다는 말이죠? 더구나 증인은 지뢰를 밟아 한쪽 다리를 잃었는데… 고통을 참고 기어 나왔다구요?

그 말에- 더 이상 참지 못한 원기춘이 목발을 짚더니 자리에서 일어난다.

| 원기춘 | (고래고래) 지금 당신과 이 재판은 지뢰 영웅인 나를 모독하고 있어! (차우인 보며) 군판사 넌 응분의 책임을 져야 할 거야!! 어디 터무니없는 낭설을 재판에 올려? 올리긴? |

원기춘, 목발을 짚고 법정 밖으로 나가 버리는데- 피고인석에서 그 모습 가만히 지켜보는 김한용, 떨리는 눈으로 차우인을 본다.

60. 보통군사법원 로비 [낮]

분노를 참을 수 없는 얼굴로 절뚝거리며 법정 문을 나서는 원기춘. 대기하던 기자들 보이고- 윤상기와 안유라가 막아선다. 그 뒤로 다가오고 있는 도배만.

| 도배만 | DMZ 지뢰 폭발사고 전면 재조사 들어가겠습니다! (윤상기에게) 체포해. |

윤상기, 원기춘을 붙잡는데- 기자들, 사진 셔터 작렬한다.

원기춘	(불같이 소리치는) 이것들이… 이거 안 놔? 감히 누구 몸에 손을 대?
도배만	군검사 측에 결정적인 증거가 있습니다. 조용히 가시죠. 더 이상의 예우는 해 드릴 수 없습니다.
원기춘	(확- 치솟는) 뭐? 증거? 가져와! 가져오라고!
도배만	여기서 바로 보여 드려도 되겠습니까?

도배만, 목발 짚은 원기춘의 의족으로 시선이 간다. 그 위로-

61. [과거] 자료 보관실 [밤]

53신 이후 상황이다.

도배만	(할 말 잃은) 와… 이건…

차우인, 핸드폰 넘기면- 원기춘 입원 병실 내부 몰카 화면이다. 다리가 가려운지 의족 위를 긁는 원기춘. 그러다 성에 안 차는지 의족을 확- 빼 버리고 맨다리를 긁기 시작한다. 그러고는 멀쩡한 다리로 병실을 왔다 갔다 하는데- 그때, 발소리 가까워지자 급하게 의족을 다시 끼우더니 침대에 눕는다. 잠시 후, 병실로 들어오는 간호사.

차우인	퇴원하기 전 찍힌 영상입니다.
도배만	(영상에서 눈 못 떼고) 지금까지 연기를 하고 있었네.
차우인	지뢰 영웅 자작극을 깨부숴 버릴 강력한 증거죠. 저 멀쩡한 다리가!

62. [현재] 보통군사법원 로비 [낮]

도배만, 눈빛 빛내면서 다가온다. 원기춘, 그 기세에 잠시 움찔하는데-

도배만	지금부터 가짜 영웅이 자작극을 펼쳤다는 증거를 보여 드리죠.

기자들, 그 말에 탄성 터트리면서- 모두가 도배만을 주목한다. 도배만, 인정사정없이 원기춘의 왼쪽 무릎 아래 군복 하의를 북- 찢어 버리자 플라스틱 재질의 의족이 드러나는데- 기자들 모두가 셔터를 누를 준비 완료!

원기춘	(도배만 먹살 잡더니) 너 이 자식! 날 어디까지 능멸할 생각이야? 니들이 이러고도 멀쩡할 거 같애?

도배만, 자신만만한 얼굴로 주머니에서 작은 망치를 꺼내더니 의족을 쾅- 내리친다. 뚜둑- 플라스틱에 금이 가더니 파바박 깨지는 의족. 그러나 의족 아래로 드러난 것은 아무것도 없다. 원기춘의 왼쪽 무릎 아래 밑으로 있어야 할 다리가 없는 것!

도배만, 차우인	!!!

기자들을 비롯한 모두가 말을 잊은 채 굳어 버리는데- 원기춘, 분노가 절정에 달해 도배만에게 달려든다.

원기춘	(도배만 먹살 잡으며) 이 새끼야!!! 니가 알고 싶었던 게 이거야?

원기춘, 도배만의 먹살을 흔들다가 중심을 잃고 쓰러진다. 그 때- 누군가의 군홧발 소리. 노화영이 들어선다. 이 모든 상황을 예상하고 있었다는 듯, 눈빛 흔들리지 않고 뚜벅뚜벅 걸어오는 얼굴에서-

8화

1. [과거] IM 디펜스 앞 도로 - 차우인의 차 안 [밤]

자막 - 3년 전

화면 열리면- 'IM 디펜스 건물' 위로 장대비가 쏟아지고 있다. 대형 LED 전광판. '남북 정상 판문점 도보다리 산책' 뉴스가 시기를 짐작하게 해 준다. 도로변에 시동 꺼진 차량. 운전석에 홀로 앉은 차우인이 보인다.

콘솔박스를 열자 보이는 권총. 탄창에 총알을 끼우더니 권총 몸체에 탁- 밀어 넣는다. 그때- 차우인의 시선으로 사이드미러에 가까워지는 차 한 대. 차우인 차 바로 뒤에 멈춰 서더니 누군가가 장우산을 펼쳐 들고 내린다. 눈앞을 가늠할 수 없는 장대비 사이로 드러나는- 노화영의 얼굴.

차우인, 권총을 치켜든다. 짙게 썬팅 된 조수석 유리창 너머- 건물로 천천히 걸어 들어가는 노화영을 향하는 총구. 차갑게 굳은 눈빛. 살기를 머금은 입술. 결국- 방아쇠를 당긴다. 타-앙! 발사된 탄환이 조수석 유리창을 박살 내고, 장대비를 뚫고- 마침내 노화영의 뒤통수를 관통해 피를 흩뿌리는 그 모습에서-

2. [현재] 군단 대회의실 앞 복도 [낮]

화면 가득 차우인의 얼굴. 바로 옆에 도배만이 보인다. 둘 다 무겁게 가라앉은 얼굴로 의자에 앉아 대기 중이다.

진행병   (다가와) 도배만 대위님, 차우인 대위님, 들어오십시오.

3. 대회의실 [낮]

대회의실 상단에 '특별징계위원회' 거대한 타이틀. 군법정처럼 무거운 분위기. '징계위원장' 팻말의 4군단장 홍무섭이 보이고, 테이블 가득 채운 '징계위원' 팻말의 사단 영관급 장교들(소, 중,

대령) 그리고 노화영도 보인다. '징계대상자' 팻말 앞에 덩그러니 놓인 빈 의자 두 개. 잠시 후, 도배만과 차우인이 들어온다. 홍무섭을 보는 도배만의 얼굴 위로-

플래시백_____

6화 11신 상황이다. 비밀의 방 스크린에 떠 있는 홍무섭 사진.

차우인 홍무섭 중장입니다. 20년 전 도 검사님 부모님 사고 담당 군검사였고, 수사를 무마시키는 데 일조했습니다.

다시 대회의실. 도배만과 차우인, 경례를 하고 착석하려는데-
그 모습 노려보는 홍무섭.

홍무섭 (위압) 누가 착석하라고 했어? 징계받으러 온 놈들 태도가 그 따위야?
도배만 네, 서서 받겠습니다.

의자 앞에 서는 도배만과 차우인.

홍무섭 먼저 징계대상자 신원을 확인하겠다. (하대하듯) 관등성명.
도배만 4사단 군법무관 대위 도배만.
차우인 4사단 군법무관 대위 차우인.
홍무섭 대위 도배만, 대위 차우인. 위 징계심의대상자는 적법절차를 위배하면서까지 원기춘 수색대대장에 대한 체포 절차를 진행함으로써 그 직권을 남용하고, 군인으로서 지켜야 할 법령 준수 의무 및 품위 유지 의무를 위반하여 징계위원회에 회부된 바, 징계심의대상자들의 각 혐의에 대한 징계위원회를 시작하겠다.

진행병이 관련 자료를 스크린에 띄우자- 7화 62신 상황이 법원 CCTV 시점으로 나온다. 원기춘이 도배만의 멱살을 잡고 있다. 그 안으로 파고드는 비주얼.

4. 보통군사법원 로비 (낮)

원기춘 너 이 자식! 날 어디까지 능멸할 생각이야? 니들이 이러고도 멀쩡할 거 같애?

도배만, 주머니에서 작은 망치를 꺼내더니 의족을 쾅- 내리친다. 뚜둑- 플라스틱에 금이 가더니 파바박 깨지는 의족. 그러나 의족 아래로 드러난 것은 아무것도 없다.

도배만, 차우인 !!!

기자들을 비롯한 모두가 말을 잊은 채 굳어 버리는데- 원기춘, 분노가 절정에 달해 도배만에게 달려든다.

원기춘 (도배만 멱살 잡으며) 이 새끼야!!! 니가 알고 싶었던 게 이거야?

원기춘, 도배만의 멱살을 흔들다가 중심을 잃고 쓰러진다. 그때, 도배만과 차우인을 똑바로 보며 걸어오고 있는 노화영. 엎드려 있던 원기춘, 눈물 고인 눈으로 노화영을 보는데- 노화영이 다가와 원기춘을 부축해 일으켜 세운다. 원기춘, 한쪽 다리로만 강하게 버티고 서서 경례를 때린다!

원기춘 (비통하고 장렬한) 충성!

화답하듯 애틋한 눈빛으로 경례를 받아 주는 노화영. 그 감동적인 모습에 탄복한 기자들의 카메라 플래시가 일제히 터진다.

5. 군단 대회의실 (낮)

도배만과 차우인을 매섭게 보고 있는 홍무섭.

홍무섭   이 사실관계에 대해서 징계대상자에게 질문을 하겠다. 원기춘 수색대대장의 의족을 깬 이유가 뭐지?

도배만   김한용 상병 총기 저격 사건을 조사하는 과정에서 원기춘 수색 대대장에게 의문점이 생겼습니다.

홍무섭   의문 내용이 뭐였나?

차우인   원기춘 수색대대장이 전 군과 전 국민을 속이고 있다고 판단했 습니다.

홍무섭   속였다? 비무장지대 지뢰 폭발 사고가 조작이라고 의심했다는 건가?

차우인   그렇습니다.

홍무섭   그 근거가 뭐지? 자네들 발언에 의하면 수색대대장이 모두를 속 였다는 판단하에 의족을 깨부쉈단 건데… 멀쩡한 다리라도 목 격했나?

도배만   아닙니다.

차우인   (잠시) 아닙니다.

홍무섭   그렇다면 다른 목격자나, 제보자가 있었나?

도배만   아닙니다.

홍무섭   (테이블 치며 불호령) 지금 나랑 장난쳐! 군검찰이 국민적인 영웅 을 욕보였다고 온 나라가 들끓고 있어! 증거도 증인도 없으면서 그런 어처구니없는 짓을 벌인 이유가 대체 뭐냐고!

차우인   제가 확보한 동영상이 있었습니다.

그 말에 차우인을 강하게 보는 노화영. 차우인도 노화영을 바라

보는데-

홍무섭   (멈칫) 동영상?

도배만   (차우인 대신 끼어드는) 출처가 불분명한 허위 제보였습니다, 군단
장님!

차우인   (도배만 보는) !

홍무섭   군검사가 허위 제보를 근거로 수사를 진행했다? 도배만 대위는
실수를 인정하는 건가?

도배만   제보를 확실히 검증하고 확인했어야 했습니다. 제 불찰입니다.

홍무섭   모든 재판 진행은 차우인 대위가 한 걸로 아는데?

도배만   차우인 대위는 초임 군검사로서 모두 제 지시를 받아 재판 임무
를 수행했습니다. 법무실 선임 군검사는 저이기에 이번 사건에
대한 책임은 제가 모두 지겠습니다.

차우인   (표정 굳어지는) !!

홍무섭, 차우인 유심히 보다가- 노화영을 돌아보며.

홍무섭   직속상관인 노화영 사단장의 의견은 어떤가?

노화영   계급도 없고, 법도 없는 두 군검사의 무소불위 수사가 법정에
피해자로 나온 상관에게 씻을 수 없는 모욕을 줬습니다. 원기춘
수색대장의 명예를 회복하는 유일한 길은 차우인, 도배만 대
위를 일벌백계로 다스리는 것 뿐입니다.

홍무섭   10분간 휴회한 뒤에 징계위원들의 투표로 처분을 결정하겠다!

6. 군단 대회의실 앞 복도 [낮]

밖으로 나오는 도배만과 차우인. 화를 겨우 삭이고 있는 도배만.

도배만	(차갑게) 내가 지금 제일 화나는 게 뭔지 알아? 법원에서 개망신 당하고, 징계까지 처맞게 생겼단 거?
차우인	(무겁게 보는)
도배만	아니야. 너한테 말려서 나까지 사리 분별 못 했단 거야. (버럭) 내 자신이 한심해서 미쳐 버릴 거 같다고. 알았어?
차우인	동영상이 가짜일 거라고 생각하지 못했습니다. 죄송합니다.

차우인, 억울하고 분하다. 굳은 얼굴로 도배만 보는 데서-

7. 군단 대회의실 (낮)

처분을 앞두고 굳은 얼굴의 도배만과 차우인.

홍무섭	징계심의 결과, 징계심의대상자들에게 직권 남용, 법령 준수 의무 위반, 성실 의무 위반 및 품위 유지 의무 위반에 해당하는 각 징계 사유가 있음이 인정된다. 이에 본 징계위원회는 군인사법 제57조 및 군인징계령 시행규칙 제2조에 따른 징계양정 기준에 따라 징계심의대상자에 대하여 다음과 같이 의결한다. 도배만 대위, 정직 3월. 차우인 대위, 근신 10일.

회의가 끝나자 나가는 홍무섭과 노화영을 비롯한 징계위원들. 도배만, 차우인 남겨 두고 먼저 일어나 나가는데- 그 모습 보는 차우인.

8. 법무실 (낮)

잔뜩 굳은 얼굴의 윤상기와 안유라가 상심하고 있다.

안유라	정직 3개월이면… 정직 중에서도 제일 장기간이잖아요.
윤상기	차 검사님도 근신 처분이야. 징계 풀릴 때까지 영내 대기. 위병

소 밖으로 한 발짝도 못 나가.

안유라　　　아니, 군검사한테 부대 밖으로 나가지 말라면 법원 출석하지 말란 거예요? 사건 수사는 어쩌란 거고?

서주혁 (E)　어쩌긴 뭘 어째? 사건에서 모두 손 떼라는 거지.

두 사람, 놀라서 돌아보면– 서주혁이 들어오고 있다. 바로 경례 때리는 윤상기와 안유라.

서주혁　　　지금 차우인 걱정하는 거야? 도배만이 뒤집어써서 그 정도로 끝난 게 어딘데?

안유라　　　…죄송합니다, 참모님.

윤상기　　　(눈치 살피며) 저… 그런데 말입니다. 도배만 군검사님은 정직이고 차우인 군검사님은 업무 배제라면 우리 법무실에 산적한 재판은 누가…

서주혁　　　(회심의 미소로) 누군 누구야? 모두 다 내가 처리한다!

윤상기　　　(엥?) 참모님께서 말입니까?

서주혁　　　그래. 이번 기회에 법무실 기강을 바로 세워야겠어. 차우인 대위가 진행하던 사건이 뭐였어?

안유라　　　이번 김한용 총기 저격 사건하고, 노태남 탈영 사건입니다. 둘다 같은 날입니다.

서주혁　　　(엷은 미소로) 잘됐네~ 관련 서류들 모두 내 방에 갖다 놔. 알았나?

안유라　　　…네? (하다가) 네…

서주혁　　　(나가려다가 돌아서서 버럭) 다시 한번 강조하는데. 앞으로 법무실에서 지뢰의 'ㅈ'자도 입에 올리면 (버럭) 아주 아작을 내 버릴 거야. 알았어?

윤상기, 안유라　네, 참모님.

문 쾅 닫고 나가는 서주혁.

9. 부대 연병장 (밤)

텅 빈 연병장. 차우인 혼자 달리고 있다. 벌써 몇 바퀴째인지, 땀으로 푹 젖었다. 격한 움직임에 신발 끈도 풀리지만 아랑곳 않고 속도 높인다. 그 위로-

플래시백 + 인서트_____

- 7화 61신. 차우인과 도배만이 원기춘 병실 동영상을 보고 있다. 의족을 확- 빼 버리고 멀쩡한 다리로 병실을 왔다 갔다 하는 모습.

차우인   지뢰 영웅 자작극을 깨부숴 버릴 강력한 증거죠. 저 멀쩡한 다리가!

- 5신. 징계위원회에서 노화영이 일갈한다.

노화영   계급도 없고, 법도 없는 두 군검사의 무소불위 수사가 법정에 피해자로 나온 상관에게 씻을 수 없는 모욕을 줬습니다.

- 6신. 도배만이 차우인에게 버럭한다.

도배만   너한테 말려서 나까지 사리 분별 못 했다는 거야. (버럭) 내 자신이 한심해서 미쳐 버릴 거 같다고. 알았어?

- 법무참모실. 차우인의 어깨를 서류 뭉치로 꾹꾹 누르며 면박 주는 서주혁.

서주혁   (버럭) 니가 법무실에 오고 나서 하루도 바람 잘 날이 없어! 도 대위 복귀할 때까지 모든 사건에서 빠져! 알았나?

차우인을 향해 서류 뭉치를 던져 버리는 서주혁.

다시 현재. 분노를 삭이기 위해 계속해서 달리던 차우인, 풀린
신발 끈에 걸려 발을 삐끗하고 넘어진다. 다시 일어나려고 하지
만, 몸과 마음 모두 지쳤다. 연병장에 누워 격한 숨을 내쉬는데-
한편, 멀리서 그 모습, 씁쓸한 얼굴로 쳐다보는 도배만.

10. 도배만의 관사 [밤]

어두운 얼굴로 짐을 싸고 있는 도배만. 틀어 놓은 TV에 뉴스가
흐른다.

기자 [E]   군사 재판 중에 벌어진 초유의 해프닝으로 징계위원회를 소집
한 군단 지휘부는 해당 군검사들에게 중징계를 내렸다고 발표
했습니다.

4신 상황. 원기춘이 한쪽 다리로 서서 노화영에게 경례를 하고
있다. 노화영이 경례받고 기자들이 플래시 터뜨리는데-

기자 [E]   정치권에서는 다가오는 보궐선거에 명예로운 전역을 앞둔 원기
춘 수색대대장을 영입하기 위해 여야를 막론하고 앞다투어…

TV를 확 꺼 버리는 도배만. 싸던 짐들을 모두 내팽개쳐 버린다.
그때 진동음 울리는 핸드폰.

11. 도배만의 관사 앞 [밤]

도배만, 밖으로 나오면 정차 중인 차량에서 용문구가 나온다.

용문구   소식 들었어. 3개월 정직이라지?

도배만	(경계) 이 시간에 저를 위로해 주러 오셨을 리는 없고… 왜 오신 거죠?
용문구	내 밑에 있었다면 징계 자체가 없었겠지. 내가 미리 손을 썼을 테니까.
도배만	(피식) 아쉬워하라는 말 하러 오신 겁니까?
용문구	자네가 원기춘 중령 의족을 깬 거 말이야. 내가 아는 도배만은 확증 없이 그럴 사람이 아니야. 이유가 뭐지?
도배만	염탐을 꽤나 직접적으로 하시네요. 노화영 사단장이 보냈습니까?
용문구	이번 건에 관해서는 장군님께 들은 바는 없어.
도배만	(비소로) 노화영 장군이 말하지 않은 걸… 제게 얻어 내시겠다?
용문구	삐딱하기는. 하긴 징계 때문에 심경이 좋진 않겠지. 자네에겐 안됐지만 징계 덕분에 노 회장 탈영 재판이 좀 수월해졌어.
도배만	(멈칫) !!
용문구	차우인 검사에서 서주혁 법무참모로 담당이 바뀌었잖아? 자네가 일을 봐줬더라도 이보다 좋은 상황이 되진 않았을 거야.
도배만	(굳은 표정으로 보는)
용문구	계란으론 절대 바위를 깰 수 없다는 말… 곱씹을수록 진리야. 안 그래?

용문구, 차에 타서 출발한다. 남겨진 도배만, 뭔가를 깨달은 얼굴인데-

12. 법무실 [낮]

도배만이 책상 위의 짐들을 더플백에 싸고 있다. 또다시 싹 비워진 책상. 잠시 책상을 바라보는 도배만. 그 모습 보는 윤상기와 안유라.

| 안유라 | 전역 취소하고 다시 오신 지도 얼마 안 됐는데… 이게 또 무슨 |

일이에요.

윤상기　(착잡) 우리 법무실이 왜 자꾸 이렇게 꼬이냐…

도배만　(더플백 메며 미소) 나 없는 동안 참모님 잘 보좌하고 잘들 지내라.

차우인　(차마 도배만 보지 못하고 멍하니 자리에 앉아 있는)

안유라　도 검사님은 부대 안으로 못 들어오시고. 차 검사님은 부대 밖으로 못 나가시고…

윤상기　(거의 울상) …이건 뭐 견우와 직녀도 아니고. 누가 보면 두 분 떼어 놓으려고 작정이라도 한 것 같네요.

도배만과 차우인, 서로 눈이 마주친다. 그러다 도배만, 법무실 나가고- 윤상기와 안유라가 차우인에게 나가 보라고 휙휙 손짓. 어두운 얼굴로 따라 나가는 차우인.

13. 부대 주차장 (낮)

도배만과 차우인, 주차된 차를 향해 걷고 있다.

도배만　(자조 섞인) 우리가 원기춘한테 동정표까지 달아 준 셈이네. 전역하면 바로 금배지 달게 생겼으니까.

차우인　(착잡한 얼굴로 듣는)

도배만　거기다가 내가 탈영시켰고, 차 검이 잡아넣었던 노태남도… 우리 손으로 끝내질 못하게 됐네.

차우인　왜 다 책임지신다고 하신 겁니까? 실수는 제가 했는데.

차 앞에 멈추는 도배만. 트렁크 열고 더플백 툭- 밀어 넣는다. 그러더니-

도배만　그러게. 징계받는다는 게 이런 거네. 기분 더러운 거.

차우인　(어두운)

도배만	왜 내가 다 뒤집어썼냐고? 우리 둘 다 손발 묶이면… 뭘 하겠다는 거야?
차우인	네?
도배만	차 검은 여기서, 난 밖에서 뭐라도 해 봐야지?
차우인	(아… 그렇게 깊은 뜻이) …
도배만	우린 실패한 거지, 포기한 건 아니잖아.
차우인	저도 지뢰 사건 절대 포기할 생각 없습니다.

마음이 통한 듯, 의미심장한 눈빛을 주고받는 두 사람.

도배만	게다가 나는 차 검한테 한 약속도 있는데…
차우인	90일 안에 끝내기로 하셨죠.
도배만	3개월이나 쉬면 안 되잖아~ 지뢰 사건 마무리 지어야지.
차우인	저희 둘 다 직무 배제된 상탭니다. 공식적으로 움직일 수 없습니다.
도배만	세상일도 사건 수사도 꼭 공식적으로만 되지 않잖아? 내가 남이 가라는 길로 가는 사람도 아니고. 나 몰라?

전화하겠다는 의미로 제스처. 출발하는 도배만. 멀어지는 차 보며 낮게 미소 짓는 차우인.

14. (교차) 수제 양복점 + 자료 보관실 (낮)

2화 18신의 양복점이다. 도배만, 에어팟으로 차우인과 통화하며 슈트를 착용하고 있다.

도배만	이제 검사 떼고, 군인도 떼고. 민간인으로 움직인다!

자료 보관실에서 자료를 정리하며 에어팟으로 통화하고 있는 차

우인. 통로 너머로- 서주혁이 도배만 책상에 자기 짐을 세팅하는 모습이 보인다. 바로 코앞에서 차우인을 감시하겠다는 의도.

차우인 (낮춰서) 공식적으로 수사할 수 없다는 건 절대 튀면 안 된다는 겁니다.

도배만 당연하지. 아주 무난하고 얌전한 민간인으로 보여야지. 그래서 (재단사에게 미소로) 여기부터 온 거고.

재단사 이 원단은 너무 튀지 않으실까요? 군검사님?

풀 슈트를 착장한 도배만. 거울에 비친 자기 모습 보는데- 포스 작살!

도배만 아주 맘에 드네요. 누가 봐도 군검사로 안 보이는 게… 아주 완벽해요.

재단사 (무슨 소린지) 네?

도배만, 양복점을 활보하며 통화를 이어 간다.

도배만 다시 첨으로 돌아가서… 김한용 진술부터 제대로 받아 보자고. 오늘 재판 끝나면 상기 통해서 김한용 보낼게.

자료 보관실. 차우인, 통화하다 문득 시선 느껴져 통로 너머 법무실 보는데- 서주혁이 차우인을 보고 있다. 재빨리 자료 정리 중인 척하는 차우인. 서주혁이 자료 보관실로 가려 하자 윤상기와 안유라가 앞으로 나서며 막아서는데-

안유라 (급하게) 참모님, 이제 법원으로 출발하셔야 할 것 같습니다.

윤상기 (고이 접은 법복을 내밀며) 새로 세탁하고 다림질까지 싹 해 놨습니다. 몇 년 만에 컴백이시죠?

서주혁   (거들먹) 노병은 죽지 않는다. 잠시 사라졌다 나타나는 거지.

서주혁, 윤상기와 함께 앞서 법무실 밖으로 나가면 안유라, 그
뒤를 따라 나가면서 손으로 오케이 사인 보내는데- 그 모습 확
인한 차우인.

차우인   (안심하며) 지금부터 비공식으로… 단서 얻으면 바로 알려 드리죠.

도배만   난 그거 받아서 밖에서 움직이고. 오케이?

15. IM 디펜스 주차장 (낮)

수행 비서와 함께 주차장으로 나오는 용문구. 노화영과 통화 중
이다.

용문구   네, 장군님. 지금 출발합니다. 군법정에서 뵙죠.

핸드폰 끊고 차 앞으로 걸어가는데- 불쑥 덩치들이 다가온다.
흑범도 보이고- 일제히 용문구를 향해 고개를 푹 숙이는데. 잠
시 후, 주차된 SUV에서 설악이 내리더니 90도로 정중하게 인사
한다.

설악   IM 디펜스 용문구 대표님 맞으시쥬?

용문구   (들은 체도 하지 않고 걸어가는)

비서   (무시하며 큰소리) 당장 저리 가세요! 보안 부릅니다!

설악, 슬며시 웃음 띠면서 큰소리로 대뜸 소리친다.

설악   노태남 회장님, 밀항 작업. 지가 진행혔어유.

용문구	(걸음 멈추는)
설악	(예의 지키는) 쪼깨 드릴 말씀이 있는디 좀 만나 주셔유, 대표님!!

용문구, 잠시 서 있더니- 그대로 자기 차량에 올라탄다. 수행 비서도 재빨리 운전석에 오른다.

| 설악 | (똥 씹은 표정으로 작게) 뭐여? 씹힌 거여? |

그때- 차량 조수석이 열린다. 타라는 뜻이다. 잽싸게 달려가 용문구 차에 타는 설악.

16. 용문구의 차 안 [낮]

조수석에 앉은 설악, 뒷자리 앉은 용문구에게 정중히 〈설악천지〉 명함을 내민다.

설악	검사, 변호사 허실 적에야 고상허게 법원 계단만 오르락내리락 하심 되지만… 이젠 큰 회사 오너신데 일일이 손에 더러운 거 묻히실 일 있나유? 어렵게 돌아갈 일도 지가 하면 일사천리니께유. 이래 봬도 상위 1%만 상대허니께유.
용문구	(시선 창밖) 노태남 회장 밀항을 도왔다고?
설악	도왔다 뿐유? 도배만 고놈 새끼하고 아주 화끈하게 한따까리 했지유.
용문구	도배만하고도 아는 사이라… (피식) 타이밍 좋네.
설악	(넙죽 고개 숙이는) 지 모든 열과 성을 다 바쳐 대표님 손에 먼지 티끌 하나 묻힐 일 없게 해 드리겠습니다.

17. 갓길 [낮]

갓길에 정차하는 용문구의 차량. 설악이 내린다. 떠나는 차를 향

해 고개 푹 숙이고 있으면- 뒤에 따라오던 SUV가 멈춰 흑범이
내린다.

흑범   이제 그 도베르만 잡으러 가는 겁네까? 그날 내 명예가 더럽혀
         진 거 그것만 생각하면 분통이 터져 내 잠을 못 자오.
설악   (혼잣말) 참… 세상에 똥 하나 허투루 버릴 게 없다는 말이 참말이
         여. 도바리 그 자식 덕에 용문구 대표와 바루 한편이 된 거잖여?
흑범   (뭔 얘긴지 답답) 잡으러 가오 안 가오?
설악   (욱- 하다가 참는) 이거 봐… 북군바리. 남쪽에서 일할라믄 말
         여… 뭣보담도 참을 줄 알어야 혀. 고진감래다 이거여.

18. (교차) 보통군사법원 법정 (낮)

고요한 군법정. 피고인석에 김한용이 보이고, 특별석에 원기춘
이 앉아 있다. 법복 차림의 서주혁이 일어나더니 김한용이 아니
라 특별석을 향해 다가간다. 그러더니-

서주혁   지난주 이곳에서 벌어진 불미스러운 사태로 피해를 입으신 원
         기춘 수색대대장님께 군법무실 최상급자로서 깊은 사과를 드립
         니다.

         원기춘을 향해 정중하게 고개 숙이는 서주혁. 절도 있는 경례로
         답해 주는 원기춘.

군판사   군검사, 재판과 관련된 사항만 진행해 주세요.
서주혁   (예의) 네. 알겠습니다, 재판장님.

         서주혁, 천천히 걸어가 김한용 바로 앞에 딱- 선다. 그러더니-
         갑자기 표정 돌변.

서주혁	(불호령) 김한용 피고인!! 반성했습니까?
김한용	(대답 없는) …
서주혁	(기다렸다는 듯 책상을 쾅!! 치며 크게) 보십시오, 재판장님. 판결을 앞둔 지금도 김한용은 후안무치로 일관하고 있습니다.

특별석에서 재판을 만족스러운 얼굴로 보고 있는 원기춘.

| 서주혁 | (분노로) 김한용이 공포탄을 쐈다는 사실은 하등 중요하지 않습니다. 범행 현장에서 김한용이 실탄을 소지했다는 것은!! 이 사건은!! 반론의 여지가 없는, 상급자의 계급에 도전한 하극상 범죄입니다! |

분노를 쏟아 내 스스로도 제어가 안 되는 서주혁의 모습. 그 위로-

| 서주혁 (E) | (정중) 노태남 피고인, 반성 많이 하셨습니까? |

화면 바뀌면- 피고인석에 노태남, 변호인석에 용문구가 앉아 있다. 조금 전까지 버럭하던 서주혁의 모습은 온데간데없고, 온화하고 자상한 얼굴이다.

노태남	(억지로) 물의를 일으켜 죄송합니다. 깊이 반성하고 있습니다.
서주혁	(책상을 앙증맞게 툭 치며) 이거 보십시오, 재판장님. 깊이 반성 중이라고 합니다.

방청석에서 기가 찬다는 표정으로 보고 있는 윤상기와 안유라. (다른 재판이라 특별석에 원기춘은 없다.)

| 서주혁 | (감정이입) 피고인은 비록 탈영을 했지만… 부대를 이탈해 있던 |

기간이 매우 짧았으며, 이미 한 번의 개인적 프라이버시가 노출 되는 힘든 군사 재판과 신교대 교육 훈련을 겪으면서 정신적, 육체적 스트레스가 많이 쌓여 있던 상태였습니다. 이로 인해 우 발적인 행동을 했다는 점을 고려하지 않을 수 없습니다.

마치 친아들을 보듯- 애잔한 얼굴로 노태남을 보는 서주혁의 얼굴.

다시 분노의 서주혁으로 변했다. 피고인석에 고개 숙이고 앉아 있는 김한용.

서주혁 김한용이 원기춘 수색대대장을 살해할 목적으로 총을 겨눈 행 위는 상관 살인미수죄에 해당하므로!! 이에 피고인에게 군형법 제53조 제1항 및 제63조를 적용!! 엄하게 심판해 주십시오. 군 기강 확립을 위해 응분의 처벌이 반드시 필요합니다, 재판장님.

이제는 따뜻한 서주혁 모드. 피고인석에 피식 웃으며 앉아 있는 노태남.

서주혁 (간절) 신성한 국방의 의무를 수행하려는 피고인에게 무관용의 형사 처벌은 제2의 탈영병을 만들어 낼 뿐입니다. 법이 내릴 수 있는 관대한 처분을 요청드리겠습니다. 국방의 의무를 수행하 려 입대한 이 땅의 청년들에게는 처벌만이 능사가 아니기 때문 입니다, 재판장님.

판결을 각각 받아 드는 김한용과 노태남의 얼굴 위로-

군판사 피고인 김한용, 징역 5년에 처한다.

군판사	피고인 노태남, 징역 1월에 처한다. 피고인에 대한 형의 선고를 유예한다.

절망적인 김한용의 얼굴과 입꼬리 올라가는 노태남의 얼굴이 교차로 보여지면서–

19. 보통군사법원 복도 [낮]

복도에 들어서는 노화영과 양 부관의 모습.

20. 보통군사법원 법정 [낮]

텅 빈 군법정에 용문구와 노태남만 앉아 있다.

용문구	처벌이 가벼워 다행입니다.
노태남	(미소로) 선고 유예라… 결국 여기 군대는 돌고 돌아서 다 어머니 뜻대로 돌아가네요? 이제 조금 적응이 되려고 하네, 여기.

그때, 문 열리며– 법정에 들어서는 노화영과 양 부관. 양 부관, 문 앞에 서서 누가 들어오지 못하도록 지킨다.

노태남	(일어서며) 어머니… (반가워서 다가가려고 하는데)

분노한 얼굴로 노태남의 따귀를 날려 버리는 노화영. 벌건 뺨으로 노화영을 보는 노태남.

노화영	너 때문에 받은 수모, 이걸로 대신하는 걸 다행으로 생각해.
노태남	(고개 숙이고) …
노화영	넌 내일부로 자대 배치를 받게 될 거야. 사단 내 최전방 부대로.
노태남	(놀라는) 네?

용문구	(놀라는) !!
노화영	넌 이제 그 누구보다 모범적으로 복무하는 모습을 사람들에게 보여 줘야 해.
노태남	(겁 가득) 제가 어떻게 최전방에 가요? 어떻게요?
노화영	이번이 네게 주는 마지막 기회야. 또 사고를 내면… 그땐… (노태남 얼굴에 대고) 널 미련 없이… 끊어 낼 거야.

용문구, 둘의 대화를 주시하며 듣고 있는데-

노화영	내 명령에 불복종하는 사람, 그게 누구든 반드시 잘라 낸다. 아들이든, 부하든, 그 누구든.

노화영의 얼음 같은 일갈 앞에서- 아무 말도 할 수 없는 노태남의 얼굴.

21. 보통군사법원 복도 [낮]

복도를 걸어 나오는 노화영과 용문구.

용문구	그런데… 정말 최전방에 보내도 되겠습니까?
노화영	내 결정이야.
용문구	네, 노 회장 자대 배치 이후에도 더 케어하겠습니다.
노화영	(빠른 걸음으로 걸어가는) …
용문구	저 혹시… 원기춘 수색대대장 관련해서 제가 알아야 할 게 있겠습니까?
노화영	그 질문을 하는 의도가 뭐지?
용문구	도배만이 원 중령의 의족을 아무런 확신 없이 깼을 리가 없습니다.

그 말에 냉랭한 얼굴로 걸음 딱- 멈추는 노화영.

노화영	분명히 말하는데 자네는 내 사단, 내 부하 일에 쓸데없는 관심 뻗지 마.
용문구	(보다가) 알겠습니다.

다시 걸어가는 노화영. 제자리에서 노화영을 한 번 날카롭게 쳐다보더니 뒤따르는 용문구.

22. 용문구의 IM 집무실 [낮]

집무실 책상에 앉아 손가락을 까닥거리며 생각에 빠져 있는 용문구. 책상에 '4사단 DMZ 지뢰 폭발 사고 보고서'와 '군단 법무관 오정호' 명함이 놓여 있다. 용문구, 핸드폰 들어 전화 거는데-

용문구	오랜만이야, 오 법무관.
군단 군검사 (F)	선배님! 이게 얼마만입니까? 아이구… 제가 먼저 전화드렸어야 했는데.
용문구	내가 뭐 하나 확인 좀 하려고…
군단 군검사 (F)	급하신 일인가 보네요. 뭐든 말씀하십쇼.
용문구	원기춘 수색대대장 지뢰 폭발 사고 그거 자네가 처음 조사했었지?
군단 군검사 (F)	네, 저희 군단에서 합동조사단 꾸려서 시작했죠.
용문구	혹시 특이사항 없었나?
군단 군검사 (F)	그런 건 딱히 없었고. 김한용 그 자식이 크게 사고 칠 줄 알았습니다.
용문구	(솔깃) 수색대대장 쏘기 전에 조짐이 있었다는 거야?
군단 군검사 (F)	아이고… 말도 마십쇼.
용문구	(집중하는) !!

23. 군용차량 안 [낮]

국군 교도소로 향하는 차 안이다. 운전대 잡고 있는 안유라. 뒷좌석엔 윤상기가 수갑 채워진 김한용과 함께 앉아 있다. 백미러로 서로 눈빛 주고받는 안유라와 윤상기.

안유라	(헉-) 아이고,이거 어떡하죠?
윤상기	왜? 뭐야?
안유라	(난처한) 이감 지휘서랑 재판 집행 지휘서를 빠트렸어요.
윤상기	(일부러 버럭) 안 계장, 하루 이틀 일해? 그걸 안 가져오면 어떡해?
안유라	죄송합니다. 법무실 좀 후딱 들렀다 가겠습니다.
윤상기	얼른 차 돌려. (김한용 보며) 할 수 없이 너도 같이 가야겠다.

24. 자료 보관실 [낮]

윤상기, 김한용을 데리고 자료 보관실로 들어온다.

윤상기	니가 조용한 게 이럴 땐 도움이 되네.

윤상기, 김한용의 수갑 한쪽을 빼더니- 나머지 수갑 한쪽을 철 제장에 채우고 나간다. 상황 파악 안 되는 김한용. 그때- 차우인이 들어선다. 눈이 마주치는 두 사람.

김한용	(비소) 왜 법정에 다른 군검사가 있었죠? 지난번엔 날 이해할 것처럼 하더니.
차우인	내가 징계를 받았어.
김한용	(멈칫) !!
차우인	오늘이 마지막 기회야.
김한용	이미 판결 났잖아요. 이제 와서 무슨 소용입니까?
차우인	진실이 아직 묻혀 있잖아. 니가 총 든 이유도 그 때문이었고.

김한용, 차우인을 보는데- 다소 무거운 얼굴의 차우인. 김한용,

묘한 느낌을 받는다.

차우인	넌 권총을 빼돌리고, 기자들이 몰려 있던 서점으로 장소를 정하고… 마지막까지 실탄을 쏠지, 공포탄을 쏠지 고민했어. 그 고민엔 오로지 형만 있었어. 넌 없었고…
김한용	!!
차우인	단번에 총알 하나로 복수를 하고 끝낼지, 아니면 형의 억울한 진실을 알릴지 끝까지 고민했어, 넌.
김한용	(눈빛 흔들리며) 군검사님이 나에 대해 뭘 압니까?
차우인	잘 알아. 나도 너처럼 총을 든 적이 있었으니까.
김한용	(눈 커지는) !!
차우인	총알 한 방으로 단번에 죽이고 싶은 사람이 나도 있었거든.

강한 눈빛의 차우인. 그 위로 거센 빗소리 깔리면서-

25. (과거) 차우인의 차 안 (밤)

1신의 실제 상황이 펼쳐진다. 차 안의 차우인, 건물로 걸어 들어가는 노화영을 향해 총구를 겨눈다. 차갑게 굳은 눈빛. 살기를 머금은 입술. 방아쇠를 쥔 손가락. 하지만- 차마 당기지 못한다. 멀어져 가는 노화영의 모습이 눈물로 흐리게 보이고-

다시 권총을 쥐어 당기려 하지만 끝내 당기지 못하고- 총을 뒷좌석에 던져 버린다. 장대비가 차창 지붕을 때리고, 핸들을 잡은 채 꾹꾹 목 넘김으로 대신하는 차우인의 목울음.

차우인 (E)	머릿속으로 셀 수 없이 죽였던 사람. 하지만 막상 눈앞에 기회가 왔지만 난 쏘지 못했어.

26. [현재] **자료 보관실** [낮]

차우인, 담담한 얼굴로 김한용을 보고 있다.

차우인   그렇게 끝내 버리기엔 내 증오가 너무 컸으니까. …고작 2그램
        도 안 되는 총알의 무게가 그 사람의 죄를 사라지게 하는 것만
        같았거든.

김한용   …

차우인   너도 그랬겠지. 그래서 넌 실탄이 아닌 공포탄을 넣은 거야. 충
        분히 죽일 수 있었지만 니 증오의 무게가 총알 따위와는 비교가
        되지 않았으니까.

        김한용, 눈빛이 흔들린다. 차우인, 과거 감정 애써 지우는데-

차우인   미안하다. 너한테 할 말은 아니었어. 다만… (하는데)

김한용   (어렵게) 형의 CT 사진이었습니다.

차우인   CT 사진?

인서트_____

        국군 병원 진료실. 조 군의관이 김한용에게 CT 사진을 보여 주
        고 있다. 김한용, 의구심 가득한 얼굴로 사진을 보는데-

김한용   형이 어릴 때 교통사고가 나서 머리를 다쳤어요. 선천적으로 뇌
        모양이 남들과 다르다고 했습니다. 어릴 때 본 거지만 똑똑히
        기억해요. 근데 군의관이 보여 준 사진은…

차우인   (놀라는) 형의 CT 사진이 아니었다?

김한용   네, 그게 의심의 시작이었고 결정적인 건…

27. (과거) **국군 병원 복도 - 병실 - 복도** (낮)

물통을 들고 병실로 가던 김한용. 그때, 형의 병실에서 군복 입은 남자가 황급히 나온다. 빠르게 지나쳐 가 버려 얼굴조차 보지 못했는데-

김한용, 무슨 일인가 싶어 급히 병실로 들어가면- 눈을 감고 누워 있는 수색중대장. 침대 한편에 편지가 꽂혀 있다. 편지를 집어 펼치면- 눈빛이 심하게 떨리는 김한용. 재빨리 복도로 뛰어나오지만- 군인은 이미 사라지고 없다. 그 위로-

차우인 (E)   편지에 뭐라고 적혀 있었지?

28. (현재) **자료 보관실** (낮)

김한용, 어느 새 떨리고 있다. 그날의 기억이 되살아나는데- 김한용이 군화 한쪽을 벗어 밑창에서 뭔가를 꺼낸다. 그날의 편지다.

김한용   원기춘 수색대대장이 형을 살린 게 아니라 형을 쐈다고 써 있었습니다.

차우인   (편지 받아 읽는) 원기춘이 총을 쐈다고?

29. 다방 아지트 - 비밀의 방 (밤)

'수색대대장은 중대장을 살린 게 아니라 총을 쐈습니다.' 익명의 제보 편지가 스크린에 떠 있다. 슈트 차림의 도배만, 스크린 보고 있는데- 강하준이 들어선다.

강하준   (눈 번쩍) 아! 저거네! 우인이가 김한용 증언 받아 냈다더니!

도배만   김한용은 저 투서와 형의 CT 사진을 군단 합동수사본부에 보여주면서 재수사를 요청했지만 번번이 묵살당했어. 그래서 같은 군검사인 우리한테도 입을 열기 힘들었던 거고.

강하준	뭐, 나도 대한민국 검사들 절대 안 믿으니까 충분히 이해해. (도배만 들으라는 듯) 도 검사도 복귀 전엔 썩은 검사였으니 공감되겠네.
도배만	(또 거슬리는) …
강하준	(빙긋) 내가 믿는 검사는 딱 한 사람… 차우인뿐이라서.

도배만, 강하준 말 무시하고- 편지 자세히 보면서.

도배만	하지만 저 투서가 팩트라는 증거는 오직 김한용의 진술뿐이야.
강하준	(쯧쯧하며 보는데) 정직 하루만에 벌써 감 떨어진 거야? 저 투서와 CT 사진… 같은 싸인을 보내고 있잖아?

제보 편지 옆에 CT 사진이 같이 뜬다.

강하준	군의관이 CT 사진을 바꿔치기한 거라면 저 투서대로 지뢰 파편 대신 총알이 박혀 있을 가능성이 크다는 거니까.
도배만	(쩨리는) 참 말 많네.

도배만, 강하준 힐끔 보는데- 말은 맞는 말이다. 다시 한번 편지와 CT 사진을 보는 데서-

30. 국군 병원 외경 (낮)
국군 병원 외경이 보인다.

31. (교차) 국군 병원 로비 + 부대 일각 (낮)
로비에 들어서는 도배만. 차우인과 에어팟으로 통화하며 걸어가고 있다. 차우인은 부대 일각에서 통화 중이다.

도배만	국군 병원 도착했어.
차우인	조수찬 군의관 신상 조사해 보니까 원기춘과 링크가 하나가 걸리더군요.
도배만	그래?
차우인	원기춘 담당 주치의가 바로 조수찬 군의관이었어요.
도배만	역시… 이거 군의관만 잡으면 생각보다 빨리 실마리를 풀 수 있겠는데?
차우인	체포할 권한이 없으신데 조 군의관 신변은 어떻게 확보하실 거죠?
도배만	젠틀하게 해야지. 누구보다 신사적으로. (엘리베이터 앞에 서며) 티 내지 않고 최대한 눈에 띄지 않게 조용히. (슈트 깃 올려 세우고 얼굴 가리는) 차칸 남자 민간인으로~

엘리베이터 문 열리면-

32. 국군 병원 복도 [낮]

땅- 엘리베이터 문 열리면 밖으로 걸어 나오는 구둣발. 화면 위로 올라가면- 뜻밖에도 용문구다! 데스크를 향해 걸어가는 용문구의 얼굴 위로-

플래시백_____

22신 이후 상황이다.

용문구	수색대대장 쏘기 전에 조짐이 있었다는 거야?
군단 군검사 [F]	아이고, 말도 마십쇼. 자기 형 CT 사진이 바뀌었다면서 군의관 좀 조사해 달라고 얼마나 귀찮게 했는지 모릅니다.
용문구	(눈빛 빛내며) 김한용이 군의관을 의심했다는 거지?

33. 국군 병원 간호사 데스크 (낮)

데스크 앞에 서는 용문구. 간호사들에게 핸드폰 속 조 군의관 사진을 보여 준다.

용문구 (예의 바른 부드러운 미소로) 제가 이분한데 진료 받은 군인의 가족인데… 군의관님 지금 어디 계십니까?

간호사 (사진 확인하더니) 조수찬 군의관님이네요. 오늘부터 장기 휴가 내셨는데… 방금 짐 챙겨서 나가셨어요.

용문구 방금이요?

용문구, 간호사 데스크에 놓인 CCTV를 보자- 짐가방 든 군의관이 엘리베이터 앞에 서 있는 모습이 보인다! 바로 뛰어나가는 용문구.

34. 국군 병원 복도 (낮)

복도로 급하게 나온 용문구. 복도 끝 쪽 엘리베이터에 조 군의관이 타고 있다. 용문구, 곧장 달려가지만 간발의 차로 엘리베이터 문 닫히며 내려간다. 비상계단을 타고 내려가는 용문구. 한편, 다른 엘리베이터 문 열리면서 도배만이 나오는데-

35. 국군 병원 지하 주차장 (낮)

비상계단 문 벌컥- 열고 지하 주차장으로 뛰어나오는 용문구. 동시에 헤드라이트 켜지며 출발하는 조 군의관 차량. 용문구, 주차장 한중간에 뛰어든다.
하지만 쇄도하는 차량. 속도를 줄일 생각이 없다! 용문구, 잽싸게 몸을 던져 아슬아슬하게 피한다. 멀리 사라지는 조 군의관의 차량. 입가에 묻은 피를 닦아 내며 핸드폰 꺼내 든다.

36. 설악의 차 안 [낮]

거리에 주차된 설악의 SUV. 설악, 두 손으로 공손히 핸드폰을 받고 있다.

설악	(이렇게 빨리?) 아! 용문구 대표님!
용문구 (F)	(급박) 니가 찾아야 할 사람이 생겼어. 3467.
설악	3467 말입니까?
용문구 (F)	차 넘버야. 빨리 움직여!
설악	(눈 번쩍) 알겠시유!!!!

37. 국군 병원 간호사 데스크 [낮]

데스크에 서 있는 도배만. 일에 열중하느라 모니터에 얼굴 박고 있는 간호사.

도배만	(소리 죽여) 저… 조수찬 군의관님 진료실이 몇 호죠?
간호사	(듣지 못하고 일에 열중)
도배만	(간호사에 가까이) 저… (아주 착한 미소로) 저기요…
간호사	(그제야 보는데… 슈트 입은 도배만 보고 한눈에 뿅~!)
도배만	(찡긋- 눈웃음) 조수찬 군의관님 좀 만나려구요.
간호사	(오호호호… 잘 보이려는 미소) 오늘 군의관님 찾는 사람이 많네요.
도배만	(의아한) 그래요? 누구죠? 그게?
간호사	(이뻐 보이는 표정으로) 글쎄요. 군의관님께 진료받은 환자 가족이라고만 해서… 진료실은 복도 맨 끝 쪽이에요.
도배만	(찡긋 미소로) 어이구~ 이거 감사합니다.

돌아서며- 의구심 가진 얼굴로 걸어가는 도배만.

38. 국군 병원 복도 (낮)

도배만, 화재 비상벨을 누른다. '에앵' 시끄러운 사이렌 울리며 번잡해지는 병원. 데스크에 있던 간호사들이 사태 파악을 위해 복도를 분주히 돌아다니면- 도배만, 그 사이를 유유히 걸어가며 핸드폰 꺼내 든다. 차우인에게 연결되고.

도배만   나쁜 소식과 더 나쁜 소식 있는데 뭐부터 들을래?
차우인 (F)   지금 사이렌 소린가요? 아까 조용히 설득한다고 했던 거 같은데… 나쁜 소식은 군의관 놓쳤다는 거겠고… 더 나쁜 소식은요?
도배만   우리 말고도 군의관 찾는 놈이 또 있어.

도배만, 주위 살펴보며 슬쩍 군의관실에 들어간다.

39. 국군 병원 군의관 진료실 (낮)

도배만, 군의관실을 뒤지며 계속 차우인과 통화를 이어 간다.

차우인 (F)   지뢰 사건 진상을 파헤치는 누군가가 또 있다?
도배만   파헤치는 건지, 완전히 덮으려는 건지는 아직 모르지. 확실한 건…

도배만, 컴퓨터 본체 뚜껑을 오픈하더니 본체에 박힌 SSD 하드를 우드드- 확 뜯어낸다.

도배만   성가신 파리 한 마리가 꼬였단 거지.

40. 강스 솔루션 활주로 (밤)

이착륙 조명등이 반짝반짝 빛을 내고 있는 활주로. 슈트 차림 도배만이 활주로를 보고 있다. 잠시 후, 연구소에서 연구하다 온 강하준이 다가오는데- 도배만의 시선으로 내려가면 강하준 손에 이끌려 나온 볼트가 보인다. 도배만을 빤히 보는 볼트.

도배만   (다이아몬드 목줄 보고 알아챈) 어? 노태남 개가 왜 여기 있어?

강하준   지난번 공항에서 노태남 체포하고 나서 우인이가 이리로 데려
         온 거야. 내가 임보 중인데… 우인이가 군대 밖에 못 나오니 난
         감하네.

         도배만, 무릎 앉기 해서 볼트를 잠시 쳐다보는데- 머리 한 번 쓰
         다듬는다.

도배만   너도 고생이 많다.

         도배만, 일어나서 강하준에게 SSD 하드 건네주면서-

도배만   조 군의관이 쓰던 거야. 뒤져 봐. 쓸 만한 게 나오는지.

강하준   (황당) 이걸 통째로 뽑아 왔어? 무단으로? 나중에 어떻게 감당하
         려고?

도배만   압수 수색을 조금 일찍 당긴 거지. 원기춘 구속 영장 받아 낼 거
         니까. (주머니에서 USB도 꺼내 건네며) 이건 원기춘 병실 동영상.
         프로그램 돌려서 진본 여부도 체크해 주고.

         강하준, 하드와 USB 받아 든다. 재밌는 먹잇감을 손에 넣은 호
         기심 어린 얼굴로-

강하준   (칭찬인지 비아냥인지) 징계 먹고 찌그러져 있을 줄 알았더니 하
         여간… 능력 하나는 알아줘야 돼.

도배만   (한 번 쩨리고) (하드랑 USB) 그거 빨리 까 보고 연락해.

돌아서 가려는데, 도배만의 팔을 잡는 강하준.

강하준   당분간 애 좀 맡아 줘. (재채기) 난 개털 알레르기가 심해서 도저히 더 못 데리고 있겠다. (재채기)

도배만   뭐? 내가 개를 어떻게 데리고 있어?

강하준   (도배만 옆에 몸 비비고 있는 볼트 보며) 아주 잘 따르네. (둘 보더니) 군대 쫓겨난 군인과 주인 잃은 개… 처량맞은 게 신세가 비슷하네. (도배만 얼굴과 볼트 번갈아 보고) 어? 그러고 보니 둘이 진짜 닮았어!!

바로 도배만의 손에 볼트 목줄 쥐어 주고는 손 한 번 흔들어 주고 연구소로 달려간다.

도배만   (당황) 어! 이봐! 강 대표!!!

도배만, 볼트 목줄을 쥐고 연구소로 다시 데리고 들어가려고 하는데- 그 자리에서 움직이지 않는 볼트.

도배만   (난감) 아우… 뭐야… 나더러 어쩌라구…

41. 도수경의 집 (밤)

식탁에 앉아 핸드폰으로 뉴스를 보고 있는 도수경. 도배만의 징계 뉴스다. 식탁 위에는 던져 놓은 수갑과 가지고 다니는 수첩, 소주병, 잔, 과자 등이 보이고- 심란한 얼굴인데-
그때, 도어 록 비번 누르는 소리 들린다. 도수경, 획- 시선 돌리고 '배만이 너 마침 잘 왔다' 하는 얼굴로 현관으로 가면- 볼트를 데리고 어정쩡하게 서 있는 도배만이 보인다.

도수경	(화들짝) 뭐야? 이 개는?
도배만	어… 고모… 이게… (어디서부터 설명할지)

데리고 오는 게 지쳤는지 휴- 한숨 돌리고 도수경의 눈치를 보며 볼트와 함께 집 안으로 들어오는 도배만.

도수경	(더 화나는데) 이젠 개까지 데리고 들어와? (하다가 볼트 보며) 가만있자… 도베르만… 눈에 익은데… 내가 어디서 봤더라?

도배만, 주방에서 그릇을 꺼내 물을 담아 볼트 옆에 둔다. 그 모습 보는 도수경.

도수경	바쁠 땐 코빼기도 안 보이더니 징계받고 쫓겨나서 갈 데 없을 때 오는 데냐? 여기가?
도배만	(시무룩) 내가 오늘도 지뢰 영웅 사건 수사하려고 사방팔방으로… (하는데)

도수경, 갑자기 뒤에서 도배만 팔 꺾으면서 의자에 앉히고- 수갑 탁 내민다.

도수경	(정색하면서) 지금부터 형사로 묻는 거니까 바른대로 말해! (수갑 들면서) 거짓말하면 바로 채운다. 나 지금 장난하는 거 아니야.
도배만	왜 그래, 고모.
도수경	(취조하듯) 클럽 카르텔… 너지? (하다가 벌떡!) 저 개! 거기서 봤어!! 노태남이 데리고 있었던 그 개!! 맞지?
도배만	(멈칫) !!
도수경	그날 노태남이랑 술 마시다가 도망쳤던… 그 쥐새끼! 배만이 너맞지?

도배만	(올 게 왔다!) 고모… 그건 이제 옛날 일이야…
도수경	옛날 일? (더 놀라며) 너… 니가 맞아? 정말 너였어?
도배만	그 건은 내가 고모한테 자백하려고 했어. 하지만 더 큰 얘기가 있어.
도수경	(아연실색) 뭐, 더 큰 게 있다고?
도배만	… (보다가) 엄마 아빠 얘기야.
도수경	(어이없는데) 뭐라고?
도배만	(어디서부터 말을 해야 할지…) 고모… 내 말 좀 들어 봐.
도수경	(버럭) 너 당장 나가!!! 이젠 언니 오빠 핑계를 대? 다신 여기 오지 마!!! 이 자식아!!! 그 개도 데리고 나가!!

도수경, 가방에 대충 도배만의 옷들을 구겨 넣어서 던진다. 그렇게 도수경에게 쫓겨나는 도배만인데-

42. 도수경의 집 앞 (밤)

터덜터덜 집 앞으로 나오는 도배만. 가슴이 답답하다. 도수경 집을 한 번 돌아본다. 볼트의 목줄을 잡고 있자니 저절로 한숨 나온다. 볼트와 함께 걸어가는 도배만의 처량한 모습.

43. (교차) 차우인의 관사 + 다방 아지트 (밤)

어둑한 관사에서 노트북만 켜 놓고 사건 조사 중인 차우인. 테이블 옆에 놓인 제보 편지를 펼쳐 본다. 그 위로-

김한용 (E)	형을 살린 게 아니라 쐈다고 써 있었습니다.

핸드폰이 진동한다. 윤상기가 보낸 문자다. 확인하면-

윤상기 (E)	차 검사님, 그날 수색 정찰 참여한 소대원들 자료 보냈습니다.

차우인, 노트북 화면에 관련 자료 띄운다. 수색소대원들과 하사관 사진이 쭉 나오고- 그때 걸려오는 핸드폰. 받아 들면- 도배만이다.

영업이 끝난 아지트. 소파를 길게 붙여 놓고 누워서 통화하는 도배만.

도배만	군의관은 강 대표가 찾는 중이야. 조만간 단서 나올 거야.
차우인	김한용한테 편지를 보냈을 만한 용의자 체크 중입니다. (잠시) 노태남 탈영 판결 나왔습니다. 김한용두요.

소파 아래엔 볼트가 얌전히 누워 있다. 도배만, 자는 볼트 보는데-

도배만	알고 있어.
차우인	(무거운) 노태남은 솜방망이 처벌받고 군 생활 시작하게 됐네요. (한숨) 계획이라는 게 다 계획대로 되진 않으니까요.
도배만	아니. (피식) 다 내 계획대로 되고 있어.
차우인	(의아) 네?
도배만	두고 보면 알게 될 거야.

44. 군용 트럭 (새벽)

화면 가득 노태남의 얼굴. 뒤로 넓게 빠지면- 군용 트럭 화물칸이다. 맞은편에 앉아 먹잇감을 노리는 듯 눈빛 빛내는 안 병장. 그 얼굴 위로-

도배만 (E)	내가 노태남 옆에 천적을 붙여 놨거든. 군 생활 재밌게 하라고.

안 병장, 노태남 향해 씨익 웃어 보인다. 그러더니-

안 병장	안수호 병장이라고 한다. 니가 그 유명한 노태남이지?
노태남	(말 섞기 싫은) …
안 병장	같은 영창에… 같은 부대까지… 이것도 인연인데 잘 지내보자.
노태남	(쳐다보기만) …
안 병장	(대답 없자 표정 변하며) 나랑 잘 지내기 싫은가 봐?

불편해지는 분위기. 노태남, 노화영이 했던 말이 떠오른다.

노화영 (E)	넌 이제 그 누구보다 모범적으로 복무하는 모습을 사람들에게 보여 줘야 해. 이번이 네게 주는 마지막 기회야.

억지로 온화한 표정을 짓는 노태남.

노태남	…잘 부탁드립니다. (이름표 확인하고) 안수호 병장님.
안 병장	그래, 태남아.
노태남	(반말에 인상 팍 일그러지만 억지로 미소 짓는)

45. 산길 (새벽)

구불구불 산등성이를 타고 계속 올라가는 군용 트럭 모습. GOP 소대 막사 앞에 도착하자 노태남과 안 병장이 트럭에서 내린다.

46. GOP 소대 생활관 (아침)

생활관에 들어오는 노태남과 안 병장 그리고 GOP 소대장.

GOP 소대장	좀 있다 경계 근무 끝나고 소대원들 복귀하니까 기다리고 있어.
안 병장	네, 알겠습니다.
GOP 소대장	(노태남에게) 넌 대답 안 해? 신병 새끼가 빠져가지고.
노태남	(분위기에 경직되는) 알겠습니다.

소대장 나가면- 노태남과 안 병장만 남는다.

노태남	(소심한) 여기가 최전방 부댑니까?
안 병장	정확히는 GOP. 철책선을 24시간 지키는 소대지. 일반 부대하고 달라.
노태남	다르다구요?
안 병장	페바* 내려가기 전까지는 PX도 없고, 외출, 외박, 주말도 없어.
노태남	(아득해지는) 그럼 여긴 뭐가 있나요?
안 병장	실탄하고 수류탄?
노태남	(놀라서) 수… 수류탄이요?
안 병장	(피식) 왜? 무섭냐?
노태남	(떨려 오는데) …
안 병장	여기선 성질 죽여라. 실탄 들고 생활하니까 수틀리면 바로 갈겨 버리고, 바로 수류탄 까 버리니까.
노태남	(살짝 긴장) 근데… 안 병장님은 어쩌다 영창을 왔던 겁니까?
안 병장	나? (의미심장하게 웃으며) 궁금하냐? 천천히 알려 줄게.

그때- 우르르 생활관에 들어오는 GOP 소대원들. 모두가 하나
같이 섬뜩한 인상들. 조폭 한 무리가 들이닥치는 느낌이다. 노태
남, 그 모습 보며 공포에 휩싸이며 표정 굳어지는데-

47. 스크린 경마장 외경 [낮]
스크린 경마장 건물이 보인다.

48. 스크린 경마장 건물 복도 [낮]
경마장 밖으로 나오는 조 군의관. 돈을 따서 기분이 좋은지 콧

---

* FEBA. GOP/GP 철책 근무 후 물러나는 후방 부대.

노래를 부른다. 그때- 어디선가 콧노래를 따라서 부르는 휘파람 소리가 들린다. 복도엔 아무도 없는데-

조 군의관   (섬뜩함 느끼며 두리번) 어떤 새끼가 장난쳐?

그러자 통로 사이에서 몸을 쓰윽 드러내는 도배만. 마스크를 쓰고 있다.

도배만   좀 땄나 보네~ 기분 좋냐?
조 군의관   너 뭐야?
도배만   여기다 말밥 갖다 바치려면 별짓 다 했겠네? 예를 들면… (마스크 벗으며) 돈 받고 CT 사진 바꿔치기 같은 거?

차갑게 굳는 조 군의관. 그때- 그 뒤로 덩치들이 하나둘 들어선다.

도배만   (멈칫) !!

예닐곱의 덩치들이 각각 연장을 손에 쥐고 다가서는데. 그 가운데 설악과 흑범이 보인다.

설악   아이구! 도바리~ 징계 처먹고 궁한가 벼. 돈 딴 놈 삥이나 뜯으러 오시고.

조 군의관, 상황 파악이 잘되지 않는다. 뒤로 주춤거리다 흑범에게 덜미를 잡힌다.

조 군의관   (겁나는) 뭐야, 나한테 왜들 이래? 니들 다 한패야?

흑범이 급소를 지그시 누르자 그대로 기절하는 조 군의관.

도배만   니가 왜 그놈한테 관심을 갖냐?

설악   '하충불가이어어빙'이라고 니깟 게 알까나?

도배만   여름 한철 사는 벌레가 어찌 겨울에 대해 말할 수 있겠는가? 그
         거냐?

설악   (놀란) 어라? 도바리 너 유식하다?

도배만   군의관 잡아 오라고 시킨 놈은 따로 있고, 넌 그냥 하라는 대로
         생각 없이 움직이는 벌레라는 말이네.

설악   벌레? 이거 봐, 도바리. 타인의 인생은 다 역사여. 나도 내 대가
         리로 산다 이 말이여.

도배만을 향해 '우와~' 달려들면서 격투가 시작된다. 격투의 소
용돌이 속에서 한 놈씩 빠르게 제압해 가는 도배만. 설악, 그 틈
에 조 군의관을 데려간다. 도배만, 바로 따라잡으려고 하는데-
그 앞을 흑범이 눈 부라리며 딱 가로막는다.

흑범   (날카로운 눈빛) 도바리 동무, 오늘에야 내래… 지난번 한을 잠재
         우겠구마.

도배만과 흑범. 마주 보며 다가와 선다. 일전을 앞둔 긴장감. 불
꽃 튀는 시선이 부딪히고- 아슬아슬하게 귓가를 스치는 흑범의
주먹. 그와 동시에 도배만, 흑범의 무릎을 걸어찬다. 균형 잃고
주춤하는 흑범. 재차 흑범의 다리를 공격하는 도배만.
흑범, 결국 쓰러진다. 그 위에 올라타는 도배만. 사정없이 주먹
을 내지른다. 가드를 올렸지만 마구잡이로 맞는 흑범. 도배만 비
틀비틀 일어나면- 슈트가 엉망이 되어 있다. 쓴웃음 지으며 그
자리를 나오는데-

49. 국군 병원 간호사 데스크 (낮)

여기저기 뜯기고 피멍과 상처, 부어터진 얼굴로 들어오는 도배만. 데스크에 험악하게 나온 설악 사진 핸드폰 바로 들이미는데-

도배만   이놈이었습니까? 조 군의관 찾았던 놈?

간호사   (도배만 보고 놀라) 어머!! 지난번 오셨던!! 많이 다치셨네요?

도배만   (핸드폰 보여 주며) 이놈 맞습니까?

간호사   (핸드폰 속 설악 사진 보고) 아닌네요. (사진 관심 없고) 근데 괜찮으세요? (호들갑) 지금 당장 치료부터… 제가 해 드릴게요~!!

도배만   혹시 헷갈리신 거 아닙니까? 이놈이 맞을 텐데…

간호사   (그제야) 그 남자분이랑 이 조폭을 어떻게 헷갈려요? 완전 젠틀하고 멋진 신사분이셨는데…

도배만   (핸드폰에 다른 사진 띄워) 혹시, 이 사람입니까?

간호사   (용문구 사진 확인하고) 맞아요. 이분이에요.

도배만   확실합니까?

간호사   그럼요.

50. (교차) 도배만의 차 안 + 자료 보관실 (낮)

운전대 잡고 있는 도배만. 차우인과 통화 중이다.

차우인   조 군의관을 용문구가 빼돌렸다구요? 그럼 노화영이 (하는데)

도배만   아니야. 원기춘 사건… 용문구는 아무것도 몰랐어.

플래시백_____

11신 상황이다.

용문구   자네가 원기춘 중령 의족을 깬 거 말이야. 내가 아는 도배만은 확증 없이 그럴 사람이 아니야. 이유가 뭐지?

433

자료 보관실에서 통화 중인 차우인.

도배만	노화영의 지시가 있었다면 나처럼 직접 움직여 뭘 필요가 없겠지.
차우인	용문구가… 노화영 지시 없이 독자적으로 움직인다?
도배만	용문구도 우리만큼 지뢰 영웅 사건의 전말이 궁금하다는 거지.
차우인	…
도배만	군의관 카드가 날아갔으니 어쩐다?
차우인	…더 확실한 카드를 드리겠습니다.
도배만	(미소) 제보 편지 용의자 찾아낸 거야?
차우인	주소 찍어 드릴게요.

눈빛 빛내는 차우인, 그 뒤로- 도배만 책상에 앉아 입 벌리고 조는 서주혁에서-

51. 폐창고 [낮]

동아줄에 온몸이 묶인 채 거꾸로 매달려 있는 조 군의관. 얼굴은 이미 피떡. 설악과 흑범, 부하들이 지켜보고 있는데- 차량 한 대가 들어선다. 차에서 내리는 용문구. 설악 무리들 모두가 고개 90도 숙이는데-

설악	(조 군의관 톡톡 건드리며) 오시기 전에 따끈하게 예열을 시켜 놨응께 궁금하신 거 술술 다 불 겁니다.
용문구	(설악 보며) 제법이군, 이제부터 내 그림자처럼 움직여. 있지만 없는 사람처럼.
설악	(고개 더 숙이며) 없는 사람. 맘에 드네유. 대표님이 다 처리해 주시겠단 말처럼 들리고…

용문구, 섬뜩한 얼굴로 조 군의관 앞에 선다.

용문구	니가 중대장의 CT 사진을 바꾼 건 뭔가가 세상에 드러나면 안 돼서였겠지. 수색중대장 머리에 박힌 건 지뢰가 아니라 총알이니까.
조 군의관	(고통에 겨워) …네… 그렇습니다.
용문구	원기춘이 시켰나?
조 군의관	(자포자기) 네네…
용문구	(떠보듯) 더 위는 아니고?
조 군의관	…아닙니다. 수색대대장님 명령을 받았습니다.
용문구	확실해? 원기춘 말고 없는 거?
조 군의관	네…
용문구	그럼 이제부터… 본론으로 들어가자구.
조 군의관	(무슨 소린가 공포에 질려서 보는) 네? 뭘…
용문구	원기춘 다리에 대해서 말해 봐.

52. 빌딩 앞 (낮)

음식 배달을 마치고 빌딩에서 나오는 라이더(구 병장. 7화 16신 원 기춘의 가짜 영웅담에서 그려진 모습과 완전히 다른 분위기) 주차된 오 토바이를 타고 출발하면- 뒤에서 정차하고 있던 도배만의 차도 움직인다.

53. 거리 일각 (낮)

구 병장, 오토바이를 세워 두고 벤치에 앉아 핸드폰으로 들어오 는 콜을 확인하며 햄버거를 급히 먹는다. 도배만이 걸어와 구 병장 옆에 앉는데-

도배만	4사단 수색대대 구현석 병장 맞지? 추운데 콜은 많이 잡았어?
구 병장	(경계) 뭐야? 너?
도배만	수색중대장 병실에 편지, 니가 놓고 갔지?

구 병장	(움찔) 당신 뭐냐니까요?
도배만	나? 김한용 사건 담당이었던 군검사. 편지 니가 놓고 갔냐니까?
구 병장	(당황해서 화내는) 아닙니다!!
도배만	아닙니다라… 보통 이런 경우에 무슨 편지냐는 질문이 먼저 나오지 않나? 진짜 아니라면.
구 병장	!!
도배만	그건 무슨 편지인지 안다는 거잖아. 안 그래?
구 병장	몰아가지 마세요. 편지든 뭐든 저하고 상관없습니다.
도배만	니가 편지 놓고 갔던 날이 하필이면 너 제대하는 날이었더라구. (피식) 참 신기한 우연의 일치지? 필적도 일치하고.
구 병장	(멈칫) !!
도배만	왜? 군복 입고 있는 동안은 용기가 안 났어? 아니면 알량한 죄책감 그거 조금 덜어 보려구 그랬나?
구 병장	…
도배만	그래서… 편지 보낸 걸로 좀 덜어졌어? 죄책감?

그 말에 구 병장, 들고 있던 햄버거를 바닥에 던져 버린다.

구 병장	(버럭) 입 닥쳐. 나 제대했어. 당신 나한테 이럴 권한 없어. (분노 올라오는) 다신 개같은 군대하고 엮이지 않을 거야.

구 병장, 오토바이에 올라탄다. 당장이라도 떠나려고 시동을 거는데-

도배만	니가 쓴 편지가 김한용에게 방아쇠가 됐어.
구 병장	(멈칫) !!
도배만	김한용은 니 편지를 읽고, 원기춘에게 총을 쐈고… 5년형을 받았어.

구 병장	(믿기지 않는) …5년이라고?
도배만	편지라도 남기지 말던가. 김한용에 대한 죄책감은 또 어떻게 덜 거지?
구 병장	판결 났다면서요? 그럼 다 끝난 거 아닙니까?
도배만	(강한) 아니, 다시 시작할 거야.

도배만, 구 병장에게 가까이 다가간다.

도배만	니가 중대장을 제일 따랐다면서? 아무리 개같은 군대지만 넌 중대장을 그냥 지나치지 못한 거잖아. (잠시) 이제 중대장한테 남은 건 너밖에 없다.
구 병장	(눈빛 강하게 흔들리는) !!
도배만	니가 아는 진실을 말해 줘.

54. [과거] 비무장지대 [새벽]

구 병장 (E)	…그날은 안개가 너무 심하게 껴서 전방 확보가 힘든 날이었습니다. 정찰을 하던 도중 원기춘 수색대대장님이 잠깐 용무가 급해서 자리를 떴을 때…

안개가 자욱한 비무장지대. 수색중대장(김한용의 형)과 구 병장, 소대원들이 담배를 피우며 잠시 쉬고 있다. 그때, 멀리 고라니가 나타난다. 그 위로-

구 병장 (E)	그러다 고라니가 나타났습니다.

눈 몇 번 깜빡이더니 지뢰 지대 쪽으로 뛰어가는 고라니.

수색중대장	어? 저기 수색대대장님 가신 쪽 아니냐?

구 병장	(보면서) 맞는 거 같습니다.
수색중대장	(걱정) 저기 지뢰밭이잖아. 고라니가 지뢰라도 밟으면 큰일 나는데. (장비 챙기며) 너희들은 여기서 대기해.
수색대원들	(일제히) 네!
구 병장	(일어서는) 저도 같이 가겠습니다, 중대장님.

수색대원들 남겨 두고, 수색중대장과 구 병장이 지뢰 지대 쪽으로 가는데-

55. (과거) 지뢰 지대 (새벽)

사람 키만 한 갈대숲에서 볼일을 보던 원기춘. 그때- 다가오는 (고라니) 발소리에 놀라 재빨리 바지춤을 올리고 권총을 든다.

원기춘	누구야? 중대장이야?

안개 사이로 권총을 이리저리 돌리는 원기춘. 하지만 상대는 답이 없다.

원기춘	누구야? 관등성명 대지 않으면 쏜다!

하지만 여전히 상대는 대답 없이 주위를 맴도는데 짙은 안개로 상대의 형체만 보일 뿐 뚜렷하지 않은데- 그 순간, 상대(고라니)가 지뢰를 밟아 펑- 폭발한다. 그 폭압에 뒤로 튕겨나 나무에 처박히는 원기춘.

원기춘, 덜덜덜- 다리가 떨려 공포감에 일어나지도 못하고- 귀에서는 찌이잉- 이명이 들려 제대로 듣지도 못한다. 그때- 거침없이 다가오는 형체. 아까 그놈이다!

| 원기춘 | (공포에 질려) 이 새끼! 누구냐니까!!! |

드르륵- 우발적인 실수로 권총을 갈겨 버리는 원기춘. 상대가 총을 맞고 풀썩 쓰러진다. 원기춘, 숨도 못 쉬게 긴장한 얼굴로 일어나지도 못하고 포복으로 다가가면- 수색중대장이 철모에 구멍이 난 채로 쓰러져 있다.

| 원기춘 | !!! |

한편, 그 모습을 다른 풀숲에서 보고 있었던 구 병장. 쓰러진 중대장의 모습을 혼이 빠진 얼굴로 바라보는데-

56. (현재) **거리 일각** (낮)

숨겨 온 사실을 털어놨지만 여전히 죄책감에 고개를 들지 못하는 구 병장. 도배만, 사건의 전말을 듣고 나자 시원복잡한 얼굴이다.

| 구 병장 | 재조사가 시작된다면 재판에서… 모두 증언하겠습니다. |
| 도배만 | 당연히 재조사 시작할 거야. 법정에서 보자. |

57. (교차) **다방 아지트 - 비밀의 방 + 법무실** (밤)

아지트 스크린에 도배만, 강하준, 차우인 세 사람의 얼굴이 줌으로 연결되어 떠 있다. 도배만과 강하준은 아지트에, 차우인은 모두 퇴근한 법무실.

| 차우인 | 구 병장 증언대로라면 원기춘이 수색중대장에게 총기 오발 사고를 냈고, 그걸 은폐하기 위해… 원기춘을 지뢰 영웅으로 둔갑시킨 겁니다. |

도배만	(생각) …노화영 사단장이 개입되었다…
강하준	그냥 원기춘만 처벌하면 될 걸, 왜 그렇게까지 한 거지?
도배만	비무장지대에서 총기 인명 사고가 나면, 원기춘 선에서 끝나지 않아.
차우인	그토록 꿈꿨던 사단장에 취임하자마자 벌어진 일이기도 했구요. 노태남의 탈영도 연이어 터졌고…
강하준	그래서 사건을 조작해, 원기춘을 지뢰 영웅으로 만들었다? (잠시) 그렇다면 이 문제는?

강하준, '원기춘의 병실 동영상'을 스크린에 띄운다. 두 다리로 돌아다니는 원기춘 모습.

강하준	프로그램 돌려서 감정해 봤는데 수정이나 조작 흔적이 없어. 국과수가 감정해도 결과는 같을 거야.
도배만	구 병장 증언도 동일해. 그날 원기춘은 사고로 다리를 다치지 않았다고.
강하준	…그럼 다리가 왜 없어져?

차우인, 강한 눈빛으로 분명히 말한다.

| 차우인 | 다리를 자른 겁니다. 재판 전에. 그거 말고는 다른 답은 없어요. |
| 강하준 | …뭐? 다리를 잘랐다고? (입이 다물어지지 않는데) |

스크린에 떠 있는 노화영.

| 도배만 | 우리는 지금… 우리의 상상 이상으로 엄청난 괴물을 상대하고 있는지도 몰라. |

58. 노화영의 관사 [밤]

클래식이 흐르고 있다. 식사 전, 붉은 와인을 마시고 있는 노화영과 용문구. 양 부관이 정성껏 서빙을 하며 요리를 내온다. 핏물이 철철 흐르는 레어 스테이크다. 노화영 모르게 약간 눈살 찌푸려지는 용문구.

용문구   노 회장, 자대 배치 잘 마쳤습니다.

노화영   (와인 넘기는) 늘 촉각을 세우고 있어야 돼. 태남이든 IM이든. 용 변호사가 할 일은 사고를 미연에 방지하는 거니까.

대답 대신 와인 잔을 들며 여유롭게 향을 음미하더니- 의미심장한 미소를 짓는 용문구.

용문구   원 중령 지뢰 사건에 대해 알게 된 사실이 있습니다.

노화영   (똑바로 보며) 내 사단, 내 부하 일에 관심 끊으라고 분명히 말했을 텐데 내 경고가… 경고로 들리지 않나?

용문구   방금 장군님 말씀대로 사고를 미연에 방지하기 위함입니다. IM의 대표이사로, 장군님의 법률 대리인으로.

살짝 취기가 오르는 노화영.

노화영   그래… 뭘 알아냈지?

용문구   (와인 넘기며) 지뢰 영웅담의 진짜 주인공은 원기춘이 아니라 장군님이셨더군요.

노화영   (멈칫) !!

용문구   지뢰 지대에서 벌어진 총기 오발 사고. 그게 세상에 알려지면, 장군님은 사단장 취임하자마자 자리에서 내려오는 수모를 겪으셨을 겁니다. 거기에 노 회장 재판까지 겹쳐 있었으니…

노화영	그래서 내가 원기춘을 영웅으로 만들었다? 상상력이 좋군, 용 변.
용문구	그건 이미 제가 확신하는 부분입니다. 정말 궁금한 건 따로 있습니다.
노화영	(보는)
용문구	원기춘의 다리.
노화영	(차갑게 보는)
용문구	(처음으로 시선 흔들리지 않고 노화영 똑바로 보는)

남은 와인을 원샷 하고- 용문구를 보는 노화영. 노화영, 다소 풀어진 눈으로- 고개를 다른 쪽으로 돌리자- 두 다리 멀쩡한 과거의 원기춘이 바닥에 납작 엎드리며 호소하고 있다.

원기춘	사… 살려 주십쇼, 사단장님.

59. (과거) 노화영의 관사 (낮)

7화 44신 이어지는 장면. 노화영 앞에 엎드린 원기춘.

원기춘	(간절함과 애절함 섞이면서) 네… 네… 명령만 내려 주십쇼, 사단장님. 뭐든 다 하겠습니다. 뭐든지요.
노화영	그래. 넌 뭐든지 해야 돼. (결심이 선) 양 부관.

양 부관이 들어선다. 손에 들려 있던 것을 꺼내 드는데- 주사기와 주사제다! 원기춘, 영문을 모르겠다는 얼굴로 일어나 노화영과 양 부관을 번갈아 쳐다보고- 아무 표정 없이 주사기에 약물을 쭉- 밀어 넣는 양 부관.

원기춘	(두려워서) 사단장님…? 지금 뭐 하시는 (하는데)
노화영	(느긋하지만 섬뜩) 원기춘 중령.

원기춘	(군기 바짝) 네, 사단장님.
노화영	넌 자기 부하에게 총을 쏜 군인이 될 수도 있고, 모든 군인들의 영원한 추앙을 받는 영웅이 될 수도 있어.
원기춘	(더 간절해지는) 뭐든… 사단장님… 명대로 하겠습니다.

그러자, 양 부관이 원기춘의 목에 주사기를 박아 꽂는다. 손에 힘이 풀려 목발을 놓치는 원기춘, 그 자리에 고꾸라진다.

노화영	(보면서) …진짜 영웅으로 남아. 날 위해.

눈이 감겨 가고- 위압적으로 자신을 내려보는 노화영 모습이 점점 흐릿해져 간다. 원기춘, 곧 온몸이 완전히 늘어지는데 그 위로- 전기톱의 시끄러운 소음이 깔린다.

60. (과거) 폐군부대 내무반 (밤)

노화영 들어오면- 마취된 원기춘이 침상에 누워 있다. 투명 고글과 비닐로 군복 위를 덧댄 양 부관이 수술용 전기톱을 들고 있는데. 원기춘의 드러난 다리에 차마 톱을 대지 못하고 있다.

양 부관	(눈빛 흔들리는) !!!

뒤에서 지켜보던 노화영. 양 부관이 들고 있던 전기톱을 뺏어든다. 그리고 일말의 주저 없이 원기춘의 왼쪽 무릎에 톱을 대고 자른다.

뼈가 잘려 나가는 소리. 얼굴에 튀는 핏물. 한 치의 흔들림도 없이 고정된 눈동자. 노화영의 무표정하고도 섬뜩한 얼굴. 옆에서 그 모습 지켜보는 양 부관, 덜덜덜 몸이 떨려 오는데-

원기춘, 넋이 나간 표정- 패닉 상태로 누워 있다. 그런 원기춘을 내려다보는 노화영.

노화영	넌 다리 하나를 잃었지만 세상을 얻은 거야.
원기춘	(눈물 범벅된 채로 듣고 있는) …
노화영	이제 영웅을 연기할 필요 없어. 진짜 영웅이 된 거니까.
원기춘	(뭐라 말할 수 없는) …
노화영	명예 전역하면 금배지 달아 주겠다고 달려드는 곳이 한둘이 아니겠지. 네가 걷지 못하는 그 길은… 이재식 장관님과 내가 이끌어 줄 거야.

원기춘, 고개를 들어 자신의 잘린 다리를 쳐다보는데. 바닥에 흐르는 핏물이 노화영의 군홧발로 흐른다.

61. [현재] 노화영의 관사 [밤]

화면 가득- 레어로 구워져 핏물이 철철 흐르는 스테이크. 노화영, 나이프로 쓱쓱 썰어서 고기를 입에 넣는다. 입가에 살짝 묻어나는 핏물. 용문구, 노화영의 답을 기다리고 있다.

노화영	잘랐어.
용문구	… (호흡 불가)
노화영	내가 잘랐어.

스테이크를 씹는 노화영의 섬뜩한 얼굴에서-